中学化学可视化教学设计与案例

吴晓红　刘万毅　黄金莎　编著

北　京
冶　金　工　业　出　版　社
2015

内 容 简 介

本书是根据教育部对高等院校化学教育专业师范生的可视化化学教学设计技能训练要求而编写的教材。全书共分为六章，包括化学教学设计（概述、类型、模式等）、可视化教学设计（概述、基本理念和特征、价值分析）、可视化教学设计的理论基础（学习理论、思维科学理论、传播理论、实践基础）、可视化教学设计的设计工具（思维导图、概念图、ChemDraw）、化学教学设计与可视化方法（学情分析、教学目标设计、教学内容设计、教学活动设计、教学情境设计、教学媒体设计、教学评价设计、教学实验设计）以及中学化学可视化教学设计案例，理论与实践相结合，内容丰富，提供了大量可供参考的案例。

本书可用作师范院校、综合院校师范专业的本专科、硕士研究生或本专科函授学生的教学教材，也可作为课程与教学论（化学）、教育硕士（化学）和从事化学教育相关工作的教师、研究者的参考教材。

图书在版编目(CIP)数据

中学化学可视化教学设计与案例/吴晓红，刘万毅，黄金莎编著．—北京：冶金工业出版社，2015.2

ISBN 978-7-5024-6847-7

Ⅰ.①中…　Ⅱ.①吴…　②刘…　③黄…　Ⅲ.①中学化学课—教学设计—高等学校—教材　②中学化学课—教案(教育)—高等学校—教材　Ⅳ.①G633.82

中国版本图书馆 CIP 数据核字(2015) 第 015009 号

出版人　谭学余

地　　址　北京市东城区嵩祝院北巷 39 号　邮编　100009　电话　(010)64027926

网　　址　www.cnmip.com.cn　电子信箱　yjcbs@cnmip.com.cn

责任编辑　李　臻　于昕蕾　美术编辑　吕欣童　版式设计　孙跃红

责任校对　郑　娟　责任印制　李玉山

ISBN 978-7-5024-6847-7

冶金工业出版社出版发行；各地新华书店经销；三河市双峰印刷装订有限公司印刷

2015 年 2 月第 1 版，2015 年 2 月第 1 次印刷

169mm × 239mm；12.5 印张；243 千字；188 页

28.00 元

冶金工业出版社　投稿电话　(010)64027932　投稿信箱　tougao@cnmip.com.cn

冶金工业出版社营销中心　电话　(010)64044283　传真　(010)64027893

冶金书店　地址　北京市东四西大街 46 号(100010)　电话　(010)65289081(兼传真)

冶金工业出版社天猫旗舰店　yjgy.tmall.com

（本书如有印装质量问题，本社营销中心负责退换）

前　言

“中学化学可视化教学设计与案例”是一门基于化学教学特征和化学教学目标，以学习理论、心理学以及化学学科方法和特征为基础，以提高化学师范生的教育理论水平和教学设计能力为主要宗旨，以培养师范生的教学设计能力为主要目的，将可视化教学设计理念应用于教学设计实践的应用性课程。本书秉承“教学设计过程具体化，教学设计内容图示，教学设计思路可视化，教学设计成果共享化”的宗旨，在探讨教学设计方法、原则、过程的基础上，提出了教学设计可视化的途径和基本原则，引导师范生以可视化的形式呈现教学设计的过程和结果，避免师范生在教学设计的过程中呈现出随意性和盲目性。

本教材立足于教学设计的坚实基础，充分融合可视化理念，系统地呈现中学化学高效的教学设计。其价值在于：(1) 注重理性与创造性融合的教学设计观。将可视化理念运用于教学设计过程中，注重建构师范生教学设计的思维建模和设计思维可视化综合表现出来的方式，解放师范生程序化的教学设计方式，注重将理性与创造性、科学性与艺术性融合起来，构建一种融合理性与创造性为一体的教学设计观。(2) 注重从整体出发的综合教学设计观。可视化教学设计是以先进的教育教学理念为依据，关注对教学过程中各种因素的综合分析，以期达成教学目标系统化的设计。同时，可视化教学设计是从学生的整体发展和系统化的教学出发进行教学设计，注重教师的积极参与以及教师的能力特征和个性特征在教学设计中所起的作用。(3) 注重以教育技术为导向进行课程整合观。以融合可视化理念应用技术，借助技术的优势，发挥技术的特点，为设计者生动、有趣、创造性的教学设计增光添彩。技术支持下的设计和教学，更加注重思维的培养过程，更加顺应知识的构建方式，在潜移默化中培养师范生形成技术整合教学的观念和积极使用教育技术的意识。

本教材有如下三个特点：第一，内容设置合理，呈现设计方法和思路。落实新课标，重在教学设计，本书对教学设计的理论、教学设计前期学情分析、化学教学目标、化学教学内容、化学教学活动、化学教学情境、化学教学媒体、化学教学实验、化学教学评价等化学教学设计子环节进行系统的分析与阐释，重点阐述了设计的一般思路，为基本的设计方法搭建方法的脚手架。第二，融合可视化理念，呈现可视化方法。本书在第二章分析了教学设计可视化的价值意义，提供了可视化工具 Inspiration 软件、NovaMind 软件和 ChemDraw 软件使用手册，操作步骤清晰、具体，以化学学科为实例，为师范生使用可视化技术提供精细化的指导。同时，针对教学设计中的各个环节，本书提供使其可视化呈现的模板，以期形成可供参考的规则，为师范生的可视化教学设计提供方法指导。第三，选择鲜活的案例，展现完整的可视化教学设计。为增强教学设计的实践性，本书精选了全国教学设计大赛中一等奖的教学设计作为案例，这些案例都以可视化的形式表达设计者的设计思想，增强研究成果的科学性及可视化教学设计理论在实践过程中的可行性。

本教材在编写的过程中参考了部分院校的教材和专著，以及国内外相关资料和文献，在此表示诚挚的谢意。同时，选取宁夏大学化学化工学院高霞、孙婕、任斌、毕吉利、李文婷、肖敏、王希霞、黑晓霞、姚慧等同学的教学设计作为案例，一并表示感谢。

本教材可作为高等师范院校教育类师范生的教材、中等师范院校教育类教材，也可供从事化学教育研究和化学教学的相关人员使用。

由于时间和水平有限，书中不足之处在所难免，敬请广大师生给予批评指正。

编　者
2014 年 11 月于银川

目　录

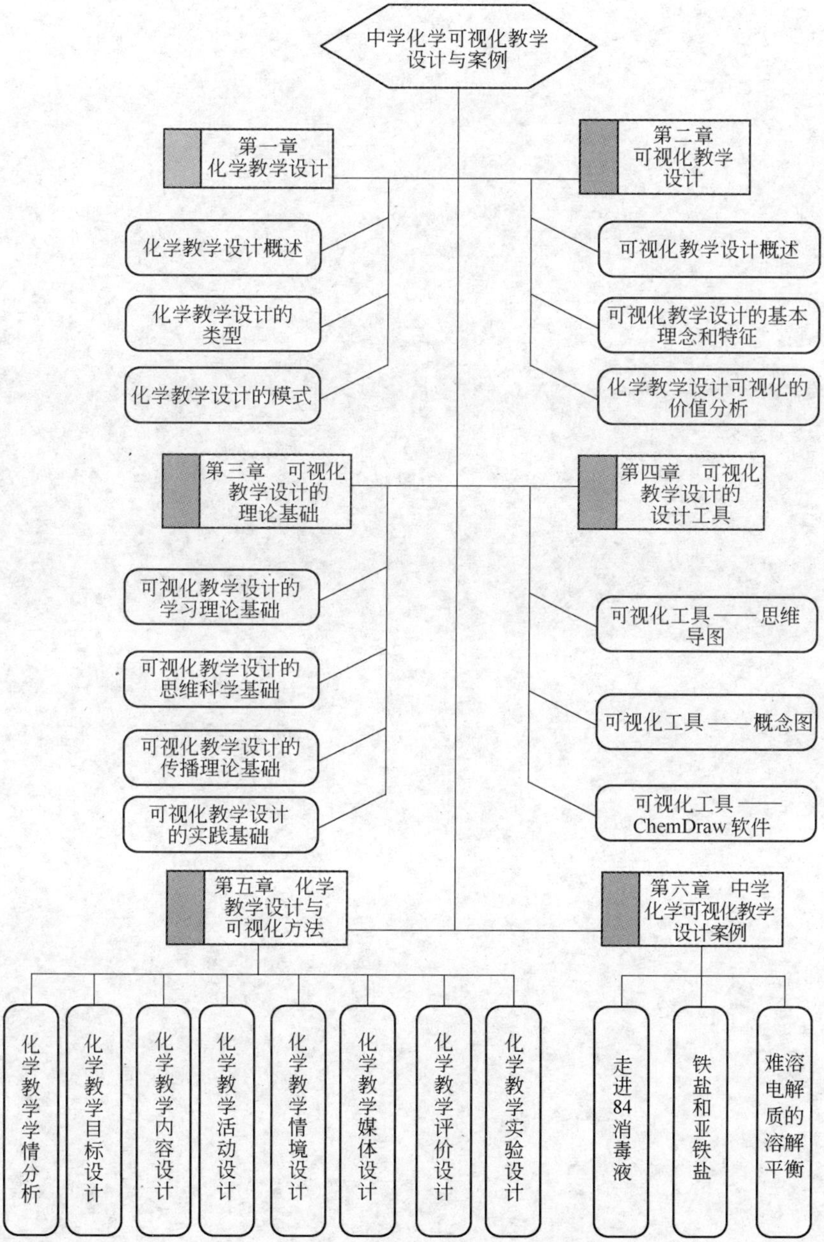
中学化学可视化教学设计与案例
第一章 化学教学设计
化学教学设计概述
化学教学设计的类型
化学教学设计的模式
第二章 可视化教学设计
可视化教学设计概述
可视化教学设计的基本理念和特征
化学教学设计可视化的价值分析
第三章 可视化教学设计的理论基础
可视化教学设计的学习理论基础
可视化教学设计的思维科学基础
可视化教学设计的传播理论基础
可视化教学设计的实践基础
第四章 可视化教学设计的设计工具
可视化工具——思维导图
可视化工具——概念图
可视化工具——ChemDraw软件
第五章 化学教学设计与可视化方法
化学教学学情分析
化学教学目标设计
化学教学内容设计
化学教学活动设计
化学教学情境设计
化学教学媒体设计
化学教学评价设计
化学教学实验设计
第六章 中学化学可视化教学设计案例
走进84消毒液
铁盐和亚铁盐
难溶电解质的溶解平衡

本书结构框架

第一章　化学教学设计

教学设计从设计的“教”到设计的“学”，为达成教学活动的预期目标，减少教学中的盲目性和随意性，进行着有计划、有目的的认识活动。

教学设计的特点：

超前性，始于实践之前；
预测性，创建教学蓝图；
想象性，构建理想效果；
创造性，体现过程独特。

知识：
了解教学设计、化学教学设计的概念和基本特征。

领会：
理解化学教学设计的不同类型和化学教学设计模式。

应用：
掌握化学教学设计的一般步骤和基本环节。

实践：
尝试设计化学教学设计片段。

第一节　化学教学设计概述

教学设计作为一个专业研究领域，与其他专业一样经历了漫长的发展历程。由于设计者的观念不同、态度不同，对教学设计的认识就不同。教学设计的思想源头可以追溯到古希腊时期，经过杜威、桑代克等大批学者有关教学心理学方面的研究做基础，教学设计的理论基础不断壮大，也更加坚实地奠定了教学设计的发展之路。

一、教学设计的概念

教学设计作为设计的一个子系统，设计的一般特点也适合于教学设计。教学设计针对教学目标，设计的过程随着教学对象、教学内容的不同而发生着改变，教学设计过程的社会性互动是至关重要的。教学设计的特殊性体现在它的对象是动态复杂的教学系统，这个教学系统中存在很多因素相互影响，并且需要综合考虑学生、教材、学习内容、学习目标等问题。关于教学设计的概念国内外学者有各种看法。

加涅认为："对用以促进学习的资源和步骤作出安排就是教学设计。"

何克抗认为："教学设计是以传播理论和学习理论为基础，应用系统理论的观点和方法调查分析教学中的问题和需求确定目标，建立解决问题的步骤，选择相应的教学活动和教学资源，分析、评价其结果，使教学效果达到优化的一种系统研究方法。"

皮连生认为："教学设计是运用现代学习与教学心理学、传播学、教学媒体论等相关的理论技术，分析教学中的问题和需要，设计解决方案、试行解决方法、评价试行结果，并在评价基础上改进设计的一个系统过程。它既具有设计的一般性质，又必须遵循教学的基本规律。"

乌美娜认为："教学设计是运用系统方法分析教学问题和确定教学目标，建立解决方案，评价试行结果和对方案进行修改的过程。"

总之，教学设计是依据对学习需求的分析，提出解决问题的最佳方案，使教学效果达到优化的系统决策过程。教学设计以学习理论、教学理论和传播理论为基础，应用系统科学理论的观点和方法，调查、分析教学中的问题和需求，确定目标，建立解决问题的步骤，选择相应的教学活动和教学资源，评价其结果，从而使教学效果达成最优化。

二、化学教学设计的概念

化学教学设计的概念在教学设计的概念之上，进一步具体到化学这一门学科上，要依据化学学科的基本特点和学习要求。化学教学设计的概念经过多次的探索和深入认识，国内学者对化学教学设计概念的主要观点如下：

（1）化学教学设计就是运用系统方法分析化学教学背景，确定化学教学目标，建立解决化学教学问题的策略，选择化学媒体，设计并实施教学方案，评价反思试行结果和对设计方案进行反馈修正的过程。

（2）化学教学设计是指为了实现一定的教学目标，依据化学学科内容主题和条件，用教与学的原理来策划教学资源和教学活动的过程。

（3）化学教学设计是在系统科学方法的指导下，依据现代教育理论（现代学习理论、传播学理论、教学媒体论、现代教学理论等）和教师的经验，对化学教学活动进行规划和安排的一种可操作过程。

学者因其对化学教学设计的关注点不同，对教学设计概念也各有侧重，综合教学设计和化学教学设计的概念，化学教学设计的概念是化学教师根据一定的化学教学目标和化学教学内容，以及学生的实际（包括知识基础、能力发展水平、生理和心理发展特点等），运用教学设计的一般原理和方法，对化学教学方案所做出的一种规划。

化学教学设计的过程主要包括以下几个环节：学情分析、化学教学目标设计、化学教学内容设计、化学教学活动的设计、化学教学情境的设计、化学教学实验的设计、化学教学评价的设计。由以上环节共同构成一个完整的化学教学设计，指导化学教学的有效展开。

教师在进行化学教学设计之前需要明确以下四个问题，即："Where"（我们在哪里）、"Where"（我们要到哪里去）、"How"（我们如何到那里去）、"How"（我们怎样知道到达哪里），教师只有充分明确这四个问题，才能准确把握课堂教学的方向和最终归宿，具体可参考图 1-1。

"我们在哪里?"是教师在教学设计之前进行的教学背景分析，教师在了解学习者的学习特点和学习环境，具备对学习对象的深入了解和掌控之后，明确"我们要到哪里去"，即确立教学目标，从教学目标开始才真正步入化学教学设计的过程当中，至此开始了"我们如何到达那里"的设计之旅，其中包括化学教学内容的设计、化学教学情境的设计、化学教学媒体的设计、化学教学活动的设计以及化学教学实验的设计，最终通过化学教学评价的设计判断"我们怎样知道到达哪里"。至此，完成了教学设计的整个设计过程。

三、化学教学设计的基本特征

化学教学设计的基本特征有：

（1）指导性。教学设计的方案一旦形成并付诸行动，就成为指导教师教学的基本依据，教学活动的每个步骤，每个环节都将受到教学设计方案的控制。教

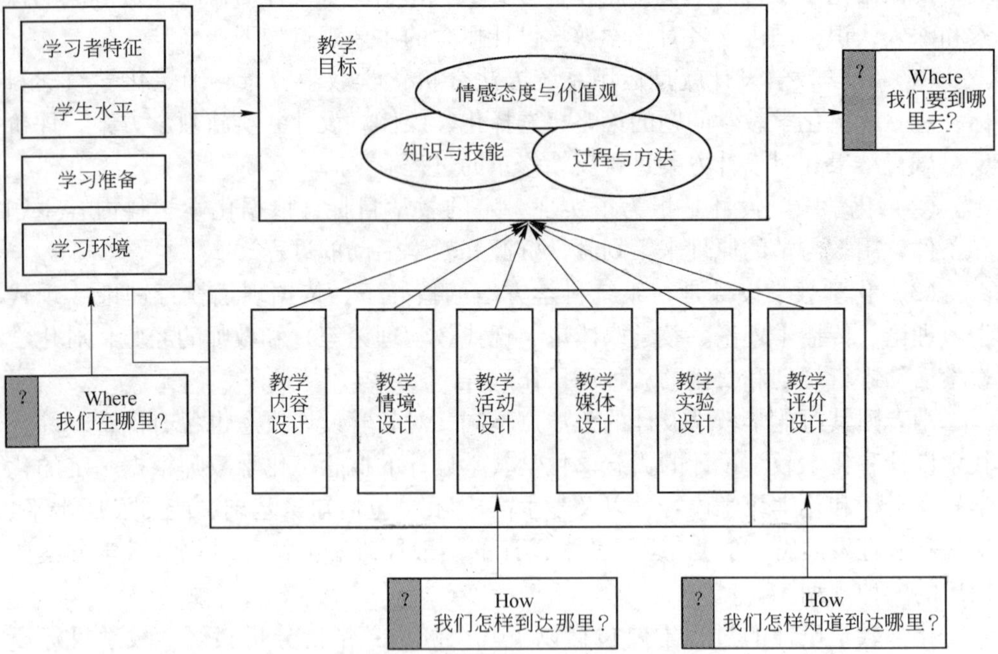

图 1-1　教学目标的两个 Where 和两个 How

师在教学设计时，一定要全面规划，提高设计方案的科学性和可行性。只有这样，才能在课堂教学中更好地发挥教学设计的指导功能，使教学取得良好的效果。

（2）整体性。教学过程是由多种教学要素组成的一个复杂系统，教学设计则是对这诸多要素的系统安排与组合。以系统科学方法指导教学设计，是科学教学设计与实际经验教学设计的重大区别。从系统科学方法出发，要求对由诸多要素构成的教学活动进行综合的、整体的规划与安排，使所有的教学要素在达成一致教学目标的过程中实现有机配合，成为一个完整的统一体。

（3）操作性。教学设计为教学理论与教学实践的有效结合提供了现实的结合点，它既有一定的理论色彩，又明确指向教学实践。在成型的教学设计方案中，各类教学目标被分解成了具体的、操作性的目标。教学设计者对教学内容的选择、教学方法的运用、教学时间的分配、教学环境的调适、教学评价手段的实施都作了具体明确的规定和安排，这一系列的安排都带有极强的可操作性，抽象的理论在这里已变成了具体的操作规范，成为教师组织教学的可行依据。

（4）预演性。教师进行教学设计的过程，实质上就是实际教学活动的每个环节、每个步骤在教师头脑中的预演过程。这一过程犹如文艺演出中的彩排一样，带有较强的预演性和生动的情境性。它能使教师如临真实教学情境，对教学过程的每一细节周密考虑、仔细策划，为教学活动的顺利进行提供可靠保证。

（5）突显性。教师在设计教学方案时，可以有目的、有重点地突出某一种或某几种教学要素，以达到特定的教学目标。如教师可以在教学方案中突出某一教学方法的运用，某一部分教学内容的讲述，一种新教学环境的设计，从而使教学活动重点突出，特色鲜明，富有层次感。

（6）易控性。这一特点表现在两个方面，一是由于教学设计是对教学活动的预先规划和准备，教师有充足的时间对整个教学过程进行周密计划，反复检查。二是教学设计要确定明确的教学目标，教学目标是课堂教学的出发点和归宿，是课堂教学的灵魂。教学目标对教学活动的诸多要素都具有较强的控制作用，它既控制着教学活动的方向，也控制着教学活动的大致进程、内容、程序和活动中主客体之间的动态关系。因此，重视教学目标的设计，是强化教学设计控制功能的一个重要方面。

（7）创造性。创造性是教学设计的一个基本特点，同时也是它的最高表现。教学设计是一项极富创造性的工作。教学设计的过程，实际上也就是教师在深入钻研教材的基础上，根据不同的教学目标，不同学生的特点，创造性地思考，创造性地设计教学实施方案的过程。为了适应教学活动丰富多彩、灵活多变的固有特点，适应学生学习的多种需求，教学设计十分强调针对具体情况灵活设计。每个教师设计的教学方案都会不同程度地带有个人风格与色彩，因而它为教师个人创造才能的发挥提供了广阔空间。

化学教学设计的指导性、统整性、操作性、预演性、突显性、易控性、创造性等特征，充分表明了化学教学设计在教学过程中的重要价值。从设计“教”到设计“学”这个过程是综合考虑和多因素共同作用的结果，其最终作用的结果就是达成课堂上的有效学习。

第二节　化学教学设计的类型

根据不同的分类标准，化学教学设计可分成不同的类型。依据化学教学形态进行分类，化学教学设计可以分为化学课堂教学设计、化学实验教学设计和化学实践活动教学设计。当前最主要的分类形式是根据化学学科知识的不同或者根据化学学习内容的不同，进行不同的分类，如图 1-2 所示。

一、根据化学教学形态的不同进行分类

根据教学形态的不同，化学教学设计可以分为化学课堂教学设计、化学实验

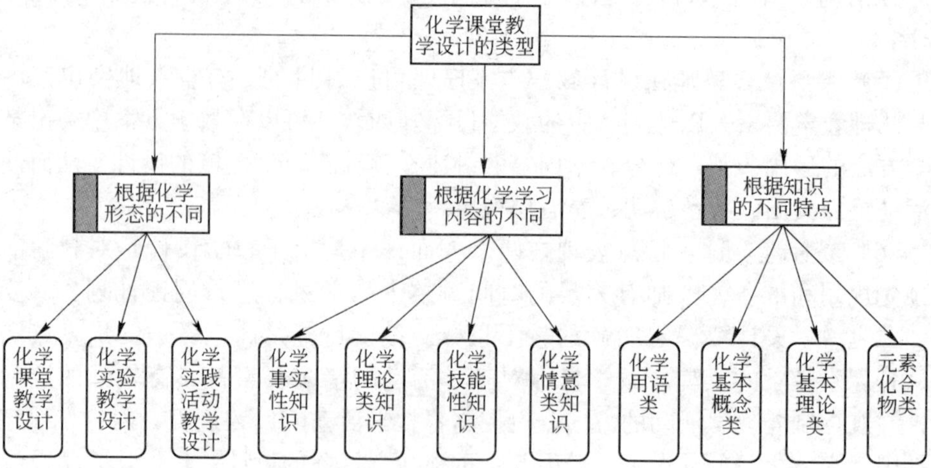

图 1-2　化学课堂教学设计的类型

教学设计、化学实践活动教学设计。

（1）化学课堂教学设计。化学课堂教学设计是化学教学设计中最常见，也是最多的教学设计形式。化学课堂教学设计就是为了实现化学课堂教学的目标，依据化学学科的教学内容和化学知识的特点，用教与学的原理策划教学资源和整个教学活动的过程。化学课堂教学设计从充分了解学生情况开始，依次进行教学目标的确立，教学内容的分析和选择，教学活动的设计等，整个过程实现教与学问题的解决。化学课堂教学设计的每一个环节是我们在第五章里具体研究的问题。

（2）化学实验教学设计。化学实验教学设计是教学设计中的重要内容，是能够充分体现化学学科特点，并专门针对化学学科独特特点而进行的具体教学设计。化学实验类的教学设计能充分突出学生在教学中的主体地位，让学生做化学实验教学的主人，避免被动地进行实验，体验实验探究的过程，激发学生学习化学的兴趣，巩固学生所学的化学基础知识和基本技能。化学实验教学设计以系统理论为研究方法，以教学理论和学习理论为理论基础，通过系统化的方法保证化学实验教学设计的完整性、程序性和科学性。

（3）化学实践活动教学设计。化学实践活动课是培养化学爱好者的一种最佳途径，它需要化学教师不断探索、研究和完善。教师通过实践活动的设计，培养学生的科学素质，发展学生智力，提高学生能力，还能使学生“知行统一”，培养学生运用化学知识解决实际问题的能力。化学实践活动的教学设计可以从趣味性实验活动、实用性实验活动、探究性实验活动入手，设计可操作性的教学设计。化学实践活动的设计要趣味性强、效果明显、操作简单、内容丰富，能够吸引更多的学生参与到活动中。化学实践活动的教学设计是课堂教学内容的深入和巩固，此类实践活动在实际教学过程中可能数量不是很多，但是非常有实践的意义。

二、根据化学学习内容的不同进行分类

根据化学学习知识内容的不同，化学教学设计分为：

（1）化学事实性知识的教学设计。化学事实性知识是指有关物质性质、存在、制法和用途等方面的知识以及化学与社会、生产和生活实际联系的知识，是学习化学知识的基础。在中学课程中，化学事实性知识是整个化学知识的主要内容，包括主族元素、副族元素及其化合物和各类有机物。此部分内容涉及多种元素及其化合物的物理、化学性质，内容零散庞大，学生易懂难学，在此类知识的教学过程中，应注重采取合适的方法和策略，总结零碎的知识点，帮助学生将知识进行整合和应用。

（2）化学理论性知识的教学设计。化学理论性知识是反映物质本质属性和内在规律的化学基本概念和基本原理，此部分理论知识比较抽象，逻辑性较强，是化学教学当中难度很大的一部分知识，学生在学习过程中理解起来比较困难，加重了学生的认知负荷。化学理论性知识主要包括化学基本概念和化学基础理论两部分。对化学理论性知识的教学设计应讲求方法，将抽象化的理论转化成学生易于理解的问题进行教学，或者通过实验、实物等直观性的教学用具进行教学。

（3）化学技能性知识的教学设计。化学技能性知识主要包括化学用语、化学实验以及化学计算三种类型的知识，技能性的知识需要经过教师的演示示范，学生自主实践之后，才能获得此类知识。在教学设计的过程中需要教师分析教学内容，根据学生的学习特点，运用恰当的方式给学生演示，力求演示步骤的准确和清晰，学生看得清楚，才能理解得透彻，最后才能获取有效的能力。化学技能性的知识需要学生大量反复的练习，在练习实践的过程中，技能性的知识得到进一步巩固和提升。

（4）化学情意类内容的教学设计。化学情意类的教学内容是指对学生的情感态度以及价值观产生一定影响的有关内容，包括学生对化学学科的学科观念、对待化学学科的认识、科学态度以及科学精神等。化学情意类教学内容具体体现在三维目标中的“情感态度与价值观”中，在潜移默化中，通过长时间学科知识的熏陶，使得学生形成正确的看待化学问题的态度，并且能够进行科学探究，形成科学的价值观念。化学情意类的教学设计要求教师关注对学生态度和兴趣的培养，在教学设计的过程中，无论是情境的渗透还是联系生活实际的教学，时刻以培养学生的观念为重任，促进学生化学科学素养的养成。

三、根据化学学科知识的不同进行分类

根据化学学科知识点的不同，教学设计可以分为以下四类：

（1）化学用语的教学设计。化学用语主要是指元素符号，表示物质组成和结构的化学式、电子式以及表示物质变化的化学方程式、离子方程式等三大类。

化学用语是学习化学的基本工具，是表征宏观现象和微观变化的桥梁，是支撑化学学习的骨架，在整个中学化学学习的过程中起着极其重要的作用，也承担着举足轻重的责任。化学用语的学习伴随着整个化学学习的历程。因此，化学用语的教学设计要讲求方法，注重策略，关注全体学生的掌握程度，以追求使全部学生掌握为目标，达到最佳的教学效果。

（2）化学基本概念的教学设计。化学基本概念是反映物质在化学变化中特有属性的一种思维形式。在化学教学的过程中，加强化学基本概念的教学是提高化学教学质量的关键，也是化学教学的关键性内容。化学基本概念主要包括组成、性质、变化、化学量、实验技术以及化学计算等方面。化学基本概念的教学设计要注重基础，以夯实基础为主，加强基本概念的全面掌握，为深入学习化学学科知识打下坚实的基础。

（3）化学基本理论的教学设计。化学基础理论的学习是引导学生从现象看本质，促使学生从本质上理解物质及其变化的知识，是化学知识学习从基础到理论的上升过程，是对化学基础知识高度概括、总结其规律性的学习过程。学生在掌握基本概念的基础上获得化学基本理论，在掌握化学基础理论之后，对后期元素化合物知识的学习又起到一定的指导作用，学生可以运用基本的理论来推断物质的基本性质。化学基本理论知识主要包括物质结构、元素周期律、化学反应速率、化学平衡以及电化学基础理论等内容。化学基本理论的教学设计要注重引导学生在归纳演绎的基础上，获得基本的理论知识。基础理论的学习不能一蹴而就，而要强调循序渐进的过程。

（4）元素化合物类教学设计。元素化合物知识是中学化学教学内容的重要组成部分，此部分知识约占60%。元素化合物知识主要研究物质的组成、结构、性质、制法、用途等，内容体系庞大，纷繁复杂，是化学教学内容的血和肉，丰富了化学教学的内容。元素化合物的教学设计应尽量通过实验和实物模型，通过宏观的观察现象掌握物质的性质和制备方法，再借助对性质的掌握推断其存在的形式和用途。教学设计还应该注重对知识的总结和概括，选择合适的方式和策略，减轻学生的学习负担，提高学习的效率。

化学学科的教学设计一定要体现学科的基本特点，针对不同的知识类型选择、运用恰当的方法进行教学设计。在教学设计时，要以实验为基础，以科学探究活动为手段，以学生的发展为目的，以科学方法论为指导，在综合考虑以上因素的基础上进行教学设计。

第三节　化学教学设计的模式

化学教学设计的发展伴随着模式的不断更新，化学教学设计模式的建立为教学设计的方向给予了清晰的指南。目标模式、过程模式、迪克-凯瑞模式的提出，都为教学设计的延续发展提供方法指导，其中的基本程序都是教学设计过程中需要经历的环节。

一、目标教学设计模式

这一模式又称系统方法模式，它是由美国教学设计专家迪克和科里提出的。目标模式强调系统分析、系统设计，强调以教学目标为基点对教学活动进行系统设计，以达成教学目标为基本目的。这一模式的基本程序有九点，呈直线型（见图1-3）。

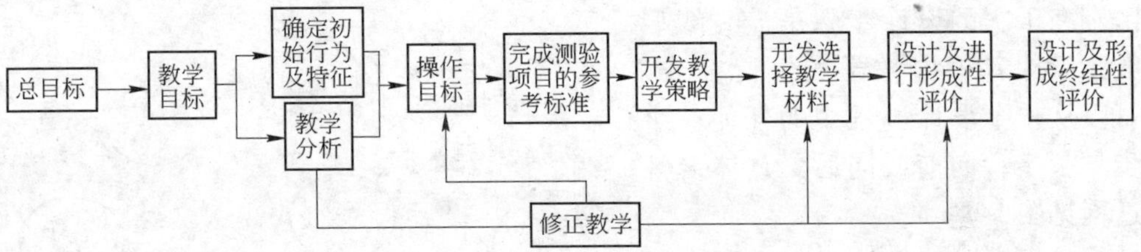

图1-3 目标教学设计模式

（1）确定教学目标。即根据总目标确定教学的行为目标，行为目标应对学生学习活动的预期结果、课程中的重点难点及其他特殊要求有明确规定。

（2）进行教学分析。确定教学目标后，要通过对目标的进一步分析，确定学生应掌握的各种知识、技能和技巧，并确定掌握某种技能技巧的过程或步骤。

（3）分析学生的现实发展水平。准确把握学生的现实发展水平，是教学取得成功的重要基础。学生的现实发展水平主要指学生已有的知识、能力水平，学习准备状态和一般的身心发展特点。

（4）列出操作目标。在完成前三项工作的基础上，教学人员要进一步列出具体的、可供操作的目标，亦即对已确定的教学目标作进一步分解和细化。

（5）确定测验项目的参照标准。这项工作要求以教学目标为依据，设立测验评价的参照标准。这些参照标准的好坏要用目标来衡量，并且测验项目的要求与目标所陈述的行为类型应有关联。

（6）确定教学模式。为达成预定的目标，教师必须考虑采用何种教学模式和方法来有效实施教学。

（7）选择教学材料。这项工作要求教师根据教学需要，合理选择和利用有用的资源，如教学材料、学生学习指南、教师指导书和试卷等。

（8）进行形成性评价。在构思了一个完整的教学方案之后，还需要作出一系列评价，以便对方案进行调整和修改。教师或教学设计人员可以从以下三类形成性评价中获得有益的反馈，即个体评价、小组评价和学科评价。

（9）修正教学。根据形成性评价所得到的资料，可以发现教学中的不足之处，从而修正教学方案。图 1-3 中的“修正教学”表示用形成性评价得到的资料重新测量教学分析的程度以及对学生初始行为的假定，并对操作目标、测验项目、教学模式等方面进行复查或修改，进一步完善教学方案。

这一模式的基本特点是强调教学目标的基点作用，设计过程系统性强，具体的设计步骤环环相扣，易于操作。

二、过程教学设计模式

过程模式由美国新泽西州立大学教授肯普提出。这一模式与目标模式的主要区别在于它的设计步骤是非直线型的，设计者根据教学的实际需要，可以从整个设计过程中的任何一个步骤起步，向前或向后。具体设计过程见图 1-4。

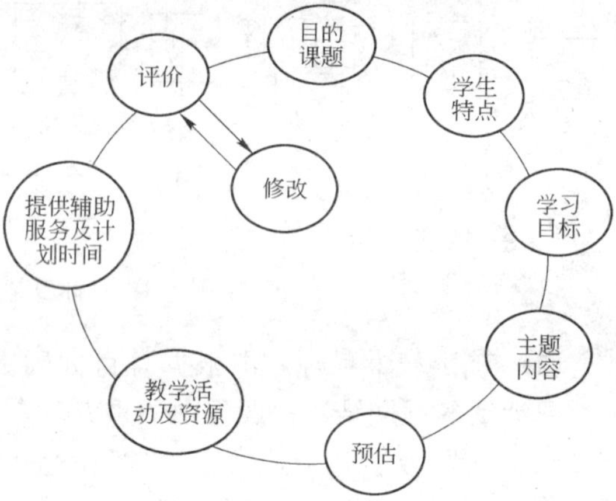

图 1-4　过程教学设计模式

过程模式的设计步骤主要有以下几项：

（1）确定教学目的和课题，主要是解决在教学中想要完成什么样的问题；

（2）列出学生的重要特点，如学生的一般特征、能力、兴趣和需求等；

（3）确定学习目标；

（4）确定学习目标的主题内容，主要是将学习目标具体化和操作化，如列出所学的事实、概念、原理等；

（5）预测学生已有的学习准备状况，如已有的知识经验水平和学习能力等，以便为学生的学习导向、定步，以及对教学方案的内容作必要修改调整；

（6）构思教学活动，选用教学资源，主要是确定完成教学目标用什么样的教学方法和教学资源最合适；

（7）评定学生学习情况，评价和修正教学方案。

这一模式的基本特点是灵活、实用，教学设计人员可以根据教学情境的需要有侧重地设计教学方案。

上述两种模式只是为我们提供了可供借鉴的设计思路和方法，在具体的教学实践中如何形成一个高质量的教学设计方案，还需要教师或教学设计人员依据教学设计的一般原理，发挥个人的创造性，具体问题具体处理。

三、迪克-凯瑞系统教学设计模式

自从 1962 年格拉泽提出将“教学系统”概念以及对教学系统进行设计起，教学设计作为一门正式的学科已经经历了半个多世纪的发展历程。我国在 20 世纪 80 年代中期引入教学设计，自此，我国许多的学者步入教学设计理论与实践研究的行列。教学设计的理论与实践发展到今天，有关教学设计的模式已经达到数百种，其中国外经典的教学模式有迪克-凯瑞的系统教学设计模式，此模式运用系统的方法综合考虑了教学设计过程中的各个要素，以系统的思想和方法为指导，充分依据教与学的科学理论，重视学习背景和学习对象的分析，使得设计的方案更符合学习者的需要，最终促进学生的学习和能力的发展。

迪克-凯瑞模式的主要组成部分如图 1-5 所示。

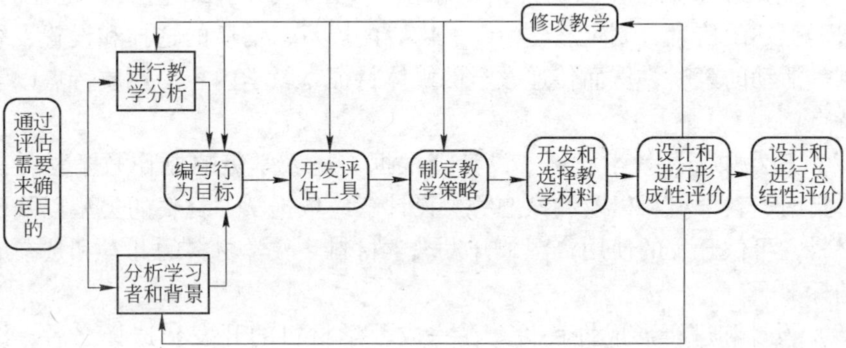

图 1-5　迪克-凯瑞教学设计模式

（1）通过评估需要来确定目的。该环节主要是通过多种需要分析的，决定学习者在教学结束后能做什么，如通过需要评估，根据实践中发现的学生学习困难，分析实际教学过程中学生的行为，或者新教学的其他需要，需要注意的是学习目的关注的是学习者将能做什么，目的明确有助于指导学习者学习的方向和提高学习成效。

（2）进行教学分析。在确定教学目的后，设计者将逐步确定当学习者执行教学目的时将能做什么，教学分析过程的最后一步是确定学习者学习的起点行为，即教学开始之前，学习者在知识、技能和态度方面的起点行为，从而为后期的编写行为目标做好充足的准备。

（3）分析学习者和背景。在进行教学设计之前，分析学习者的学习情况以及各方面的状态和背景是非常重要的，通过对学习者背景的分析，可以掌握学习者学习技能和知识迁移的背景，这些前期的背景分析不仅为后续工作提供信息，也将会影响后期教学方法及教学策略的制定。

（4）编写行为目标。在完成上述的对学习者背景的分析之后，设计者已经对设计对象的基本情况有了大体了解，设计者就可以编写行为目标，这些行为目标说明了学习者在学习内容之后要达成的标准，既是学习者的学习目标，又是设计者后续设计工作的参照依据，设计者时刻做到心中有目标，之后的设计工作才能把握住重心，掌握好重点。

（5）开发评估工具。教学设计中有一项非常重要的工作就是基于教学目标开发评估工具，用于检验、检查学习者的学习情况，从而修改教学设计。评估工具的选择是否得当，将直接影响到设计者对学习者目标达成情况的认识，因此，开发适合的评估工具也是教学设计中一项重要的工作。在实际的教学过程中，设计者往往忽视对评估工具的开发和利用，使得在后期的总结性评价环节做得不到位。

（6）制定教学策略。制定教学策略的环节是教学设计中极其关键性的环节，设计根据上述的信息，制定教学活动、内容的展示，情境的选择和设置，练习以及测试等活动的策略，从而传递教学的媒体特征、教学内容的性质特点以及学习者的特点。

（7）开发和选择教学材料。设计者根据上述教学策略制作教学材料，包括学习者指南、教学材料以及测试题等。设计者应依据学习材料的类型以及已有的相关材料，可供开发的使用资源来开发教学材料。教学材料的开发和选择应依据教学的标准。

（8）设计和进行形成性评价。在完成教学材料的开发和选择之后，设计者应根据评价过程中收集的资料和课堂教学的实际情况修改教学，从而进一步完善教学设计。形成性评价的方式有一对一评价、小组评价、现场评价等方式，多种形式的评价方式为教学设计者提供了修改教学的不同信息。

（9）修改教学。根据形成性评价的结果，掌握学习者无法完成学习任务的原因以及在教学过程中存在的一些问题。修改教学的过程包括重新检查教学分析的有效性，对学习者特征和背景分析的科学性和正确性，从而完善教学。

（10）设计和进行总结性评价。总结性评价是对教学效果的最终评价，是在经历了形成性评价和修改教学之后达到了设计标准的前提下才进行的。总结性评价一般由其他评价者进行而不是由教学设计人员进行。因此，总结性评价不包括在教学设计过程之中。

迪克-凯瑞的系统教学设计模式是迪克-凯瑞等人在美国背景下经过长期的理论研究和实践验证的产物，对系统教学设计本身认识的深化也同样离不开美国背景，而我国的教学设计以引进和介绍居多。迪克-凯瑞的系统教学设计模式对于我国课堂教学设计研究有很多的启示。

能否真正实现效果好、效率高、富有吸引力的教学，关键在于课堂教学设计。我国对教学设计的研究处在刚刚起步的阶段，不同的学者纷纷在研究国外成果并结合本国教学背景提出自己的看法，其中包括乌美娜的教学设计的一般模式，何克抗的“主导—主体”教学设计模式，徐英俊的教学设计模式，吴俊明的化学教学设计模式以及王磊的教学设计流程图，毕华林的新课程教学设计模型。这些教学设计模式都是在迪克-凯瑞教学设计模式的研究基础上提出的，这些研究成果是从本国的国情出发，研究适用于我国课堂教学实际的教学设计理论。

从目标教学设计模式到过程教学设计模式，再到迪克-凯瑞教学设计模式，每一种模式都是从总目标出发，展开一系列的过程，为教与学给予深入的诠释。其中迪克-凯瑞教学设计模式更符合我国的实情，将迪克-凯瑞教学设计模式本土化，切实为我国的教学设计模式研究搭建研究基础。

本章内容小结

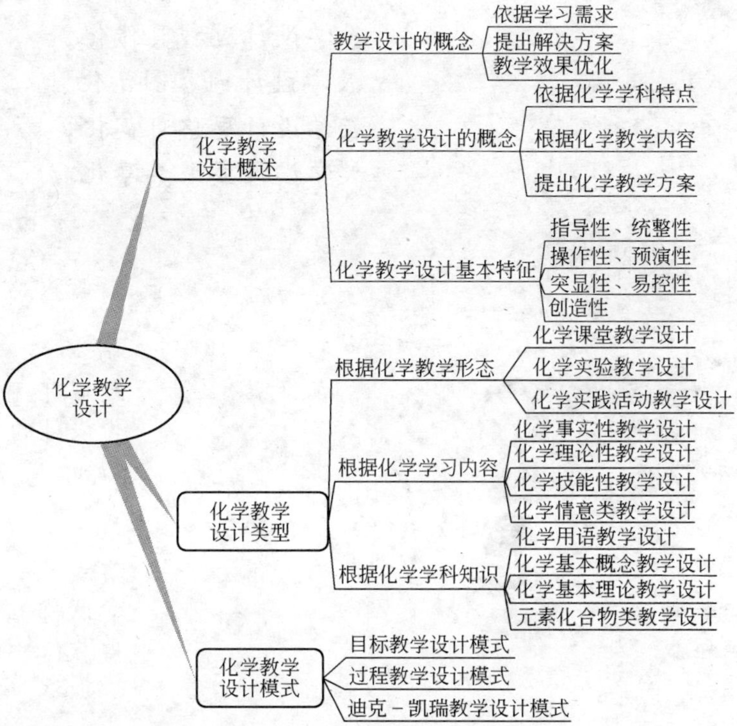

思考与讨论

1. 你对化学教学设计的认识有哪些？
2. 喜欢化学教学设计的哪种模式？为什么？

第二章　可视化教学设计

可视化教学设计既是为了简洁、明了地传递信息，也是为了更加深入地加工信息，是对语言、文字等思维活动的解释说明。

可视化教学设计关注：

教学设计过程具体化，
教学设计内容图示化，
教学设计思路可视化，
教学设计成果共享化。

知识：
了解可视化教学设计的概念、可视化教学设计研究成果和实践前景。

应用：
掌握可视化教学设计主线和特征。

领会：
理解可视化化学教学设计的多方面价值。

实践：
尝试将化学教学设计片段转化成可视化形式 。

第一节　可视化教学设计概述

教学设计是一个动态发展的过程，其本质特点是探索性和创造性，设计过程会因为对象或者内容的不同而随时发生变化，对于这样复杂的过程，使用图解的形式描述各个要素的关系，通过画图的过程，寻找其中的关系，将复杂的过程以最简单的可视化形式表征出来。可视化使得复杂的信息快速被人理解，将重要信息聚焦在压缩语言上，放大了人类感知的一种图形化表现形式。

一、可视化教学设计的概念

可视化教学设计是指利用各类可视语言将复杂的教学过程和思想直观地在计算机屏幕上或者纸本上呈现出来。可视化教学设计就是为了更加深入地加工信息，是对语言、文字等思维活动的解释说明。1983 年研究视觉媒体的霍尔蒂在自己撰写的论文《教学设计与图示化》一文中就建议教学设计者应该将自己内部的表征外显化。将教学设计外显化就是指利用图示的形式将教学设计的设计思路呈现出来的过程，可视化教学设计是一种教学设计方法上的思想革新，是一种思维范式的转变，更是一种行之有效的解决问题的方式。可视化教学设计将被感知、被认知、被想象、被推理的事物及其发展变化的形式和过程，用仿真化、模拟化、形象化、现实化的方式，在教学过程中尽量表现出来。利用知识的表现形式、概念、思想（想法）之间的关系，通过空间和图像信息的表示，使得自身能够更加关注知识的意义、知识的重组以及知识的运用，更好地利用视觉记忆。

二、可视化教学设计的研究现状

下面从三个方面来分析可视化教学设计的研究现状：

（1）教学设计实现可视化的方法。针对教学设计可视化方法的研究应该是很多的，在这个问题领域内研究得出的结论是：可视化教学设计适用于目标分析、学习者分析、内容分析、策略选择、教学内容、教学过程以及学习评价等方面，但进行具体的研究则主要集中在教学内容、教学过程、教学策略和学习评价，通过深入的研究提出从上述四个方面实现可视化的方法，并对其应用方法进行举例，形成一些基本的“规则”，为教师进行可视化教学设计提供方法指导。

（2）可视化教学设计的理论研究。针对可视化教学设计的研究还不是很多，在这个问题领域内得出的主要结论是：从思维科学和逻辑学、脑科学和学习心理学、建构主义理论、思维建模理论等方面对可视化教学设计的理论进行研究。在研究理论的基础上，提出可视化教学设计的价值和意义。

（3）可视化教学设计方法的可行性与应用效果。在这个问题领域内的研究相对来讲是非常少的，在国内仅有华东师范大学的硕士论文《参与式可视化教学设计的应用研究》中对可视化教学设计的应用效果进行了探究，通过研究，验证了参与式可视化教学设计在教学实践中的可行性及其对课堂教学效果的促进作用，同时，也发现参与式可视化教学设计在推广应用方面受到一定的限制和困难。可视化教学设计研究的发展历程如图 2-1 所示。

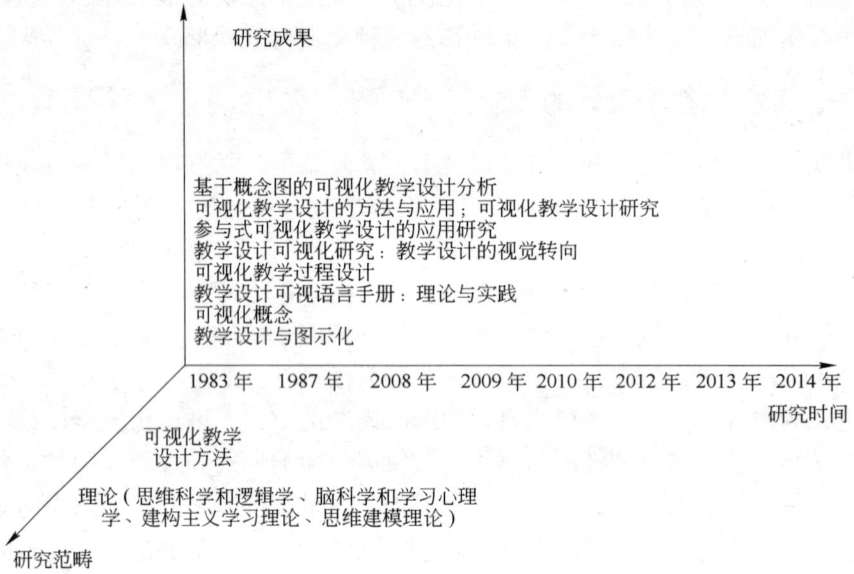

图 2-1　可视化教学设计研究发展历程

三、可视化教学设计的实践前景

可视化教学设计作为一种全新的教学设计方法，是一种设计方法路径的转变，也是一种全新的技术，使得教学设计体现出“技术”的本质特点，重归教学科学的磐石，打破传统文字呈现的设计范式，为教学设计研究领域的发展增添新的血液，真正体现出教学设计宽阔而包容的多元化发展路线。同时，可视化教学设计过程与结果的简易性、直观性和深度加工性，非常适合学校教学的特点，是学校应该大力倡导的教学设计方法。

可视化教学设计从被提出至今，经历着方法规则的不断变化，但无论是以何种可视化的形式呈现，其最终目的都是实现教学设计以简洁、清晰和系统化的形式呈现。教学设计并不是要穷尽它的图形，而是希望形成一定的可视化规则，满足教师的需求，为更多的教师提供可供参考的使用模板。随着对可视化教学设计研究的深入，教学设计可视化展现出各种各样的形态。目前，主要集中在对教学内容可视化、教学策略可视化、学习评价可视化、教学活动可视化等方面的具体研究，为可视化教学设计的更进一步研究做好基础和积淀。教学设计的每一个阶段都能够实现可视化将是未来可视化教学设计研究继续深入研究的方面。随着教育技术的飞速发展，教师设计实现可视化的梦想将越发容易，有了技术的支撑，可视化教学设计才能真正发挥其作用和功能。

第二节　可视化教学设计的基本理念和特征

可视化教学设计作为一种全新的设计理念，需要设计者转变原有的对教学设计方式的认识，勇于接受技术带来的便捷和效率。在将教学设计进行可视化设计的过程中，需要从三方面转变设计理念，把握三个设计主线，深化对可视化基本特征的认识。

一、可视化教学设计理念转变

（一）由文字叙述向图示设计转变

由文字叙述向图示设计是教学设计方法最大的突破。传统的教学设计教师运用文字表达的形式传递整个设计思路，而往往过多的文字表述容易给人以枯燥乏味的感觉，久而久之，教师会逐渐失去教学设计的热情和耐心，完成教学设计仅仅是为了完成任务，而并没有将其作为一项重要的工作对待。同时，用文字表述完成的教学设计不适合在教师之间进行交流，不利于教学信息的共享和传播，在当今信息爆炸的时代，人们每天接触的信息量非常多，那么如何在短时间内有效地获取信息则直接关系到人们对待信息的态度。在与其他教师交流的过程中，过多的文字内容存在较多的弊端，一方面不能充分体现出教师的创造能力和创新能力，时间一长教师的兴趣和热情会随之下降；另一方面，过多地使用文字表述不利于教师把握教学内容之间的逻辑关系和组织结构，从而导致教师无法全面把握教学设计的内容。

（二）由线性表述向多维度呈现转变

文字叙述的最大弊端就是自始至终思路的呈现都是线性的，从一而终，缺乏并行性。教学设计早在20世纪60年代中期，在系统科学方法论的指引下，就已经将教学设计放在系统科学的研究定位上，并得到迅速的发展和深化。吴俊明认为化学教学设计是一个系统设计的过程，并不是单一维度的线性结构，而是具有多重维度的结构。他将时间阶段维和逻辑步骤维复合成逻辑阶段维。把领域维和基础维复合成基础领域维，以三维的形式呈现教学设计的过程和方法。可视化教学设计正是基于这种多重维度的模式，被直观化、形象化地表现出来。因为只有以图示的形式才能做到将教学设计这一系统科学系统化地表现出来，体现出教学设计中一些要素的并行关系和相互作用。根据脑科学的理论，以多维度进行教学设计才更能够顺应人类的思维过程，才更能体现出人类的思维特点。

（三）由教师思维的局限性向教师思维的创造性转变

教学设计是一个解决问题的过程，而画图是一种非常有效的思维表达形式，画图的过程是教师进行创造性思维的过程，是思路流畅表达的过程。教师在运用"画图"这种可视化的形式设计教学方案时，能够分清楚主次，能够更清晰地认识教学系统中各要素的关联，从而全面认识整个课堂，促进教学设计的完整性和可操作性。可视化的教学设计理念，给教师的教学设计方法带来了新的曙光，在一定程度上开放了教师的视野和思路，解放了教师传统的观念和态度。图示为教师搭建了一个非常有用的设计平台，在这个平台上教师可以肆无忌惮地发挥其设计的才能，任意凸显其创造的能力，运用形式多样的图示充分展现出教学设计的各个方面。可视化教学设计也要求教师要敢于并且勇于大胆地表现自己，手脚并用并全身心地投入到设计中，积极地发挥出主动性和创造性。可视化教学设计的价值在于真正体现出教师是设计者的角色，赋予图形以创造性知识，给予教师制造呈现形式的机会，并且充分展示课堂教学的生命活力。可视化教学设计理念转变过程如图 2-2 所示。

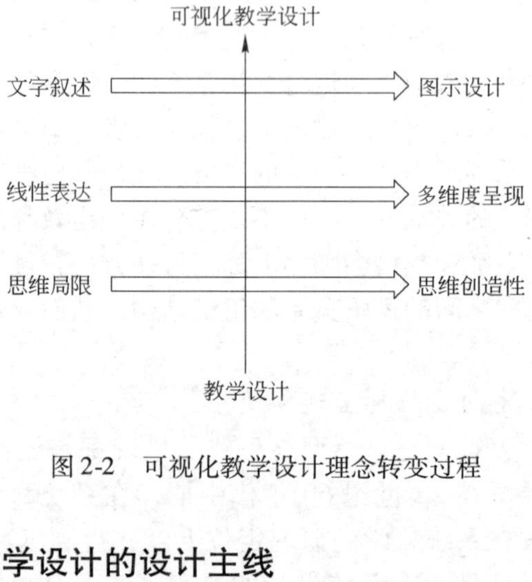

图 2-2　可视化教学设计理念转变过程

二、可视化教学设计的设计主线

（一）以时间序列发展为主线

可视化的教学设计必须牢牢地按照时间的序列发展为主线来呈现。教学设计越来越注重各种因素整合下学习环境的建构，而这种建构过程也必须建立在课堂可以承载下的时间范围内，无论是知识发展的顺序还是学生认知规律发展都是伴随着课堂的时间发展在进行的，从而最终实现教学目标。有效的教学强调的是高效，有效的教学设计也应注重在有效的时间内使学生获得知识。可视化的教学设计要强调时间的重要性，时间的准确安排对教学设计方案的有效性起着举足轻重的作用，依据时间来呈现可视化的教学设计，不仅有助于帮助教师及时地把控课堂教学，也有助于教师在教学过程中做到心中有数，教学设计也更能体现出对课堂教学的指导性和指引性。

“金属铝及其化合物”教学设计中，教师以课堂时间的发展，呈现教学的基本环节，如图 2-3 所示。

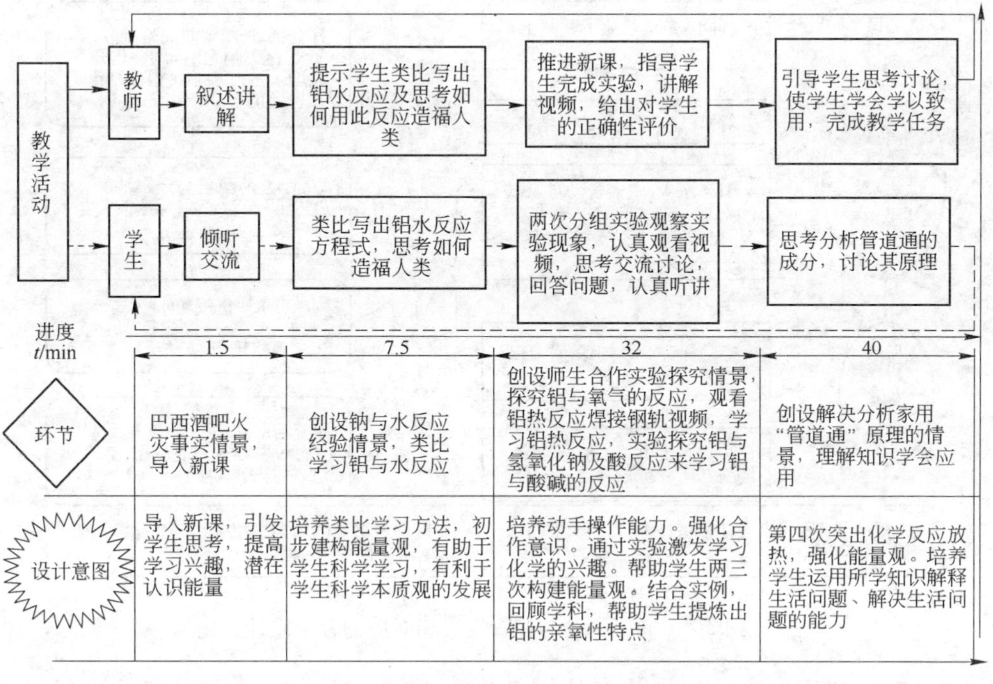

图 2-3　时间序列发展的教学设计

（二）以教学活动间的层次和逻辑顺序为主线

可视化教学设计过程重在教学活动的依次呈现，表达活动间的层次和逻辑关系是可视化设计的一大主线。可视化教学设计过程的形式化描述，降低了教学过程设计的难度；教学过程设计环节就可直接将实际的教学过程元素（包括认知工具和资源）有机集成，从而将教学活动的规划环节和最终的实施紧密结合起来，提高教学过程设计的效率。根据活动理论，在教学设计过程中，最佳的分析单元是活动，教学设计者的核心任务就是分析活动系统的要素及各要素之间的动态关系。为此可尝试从学习活动及其流程的可视化表征入手，寻找解决方案。既然教学过程本身属于教学系统的一种运动形式，是由一系列的活动组成的，这些活动一般有着比较明确的逻辑先后顺序。因此，教学过程的可视化应该具备描述教学活动时间先后顺序及其相互层次逻辑关系的双重功能。教学活动与逻辑发展相对应的教学设计如图 2-4 所示。

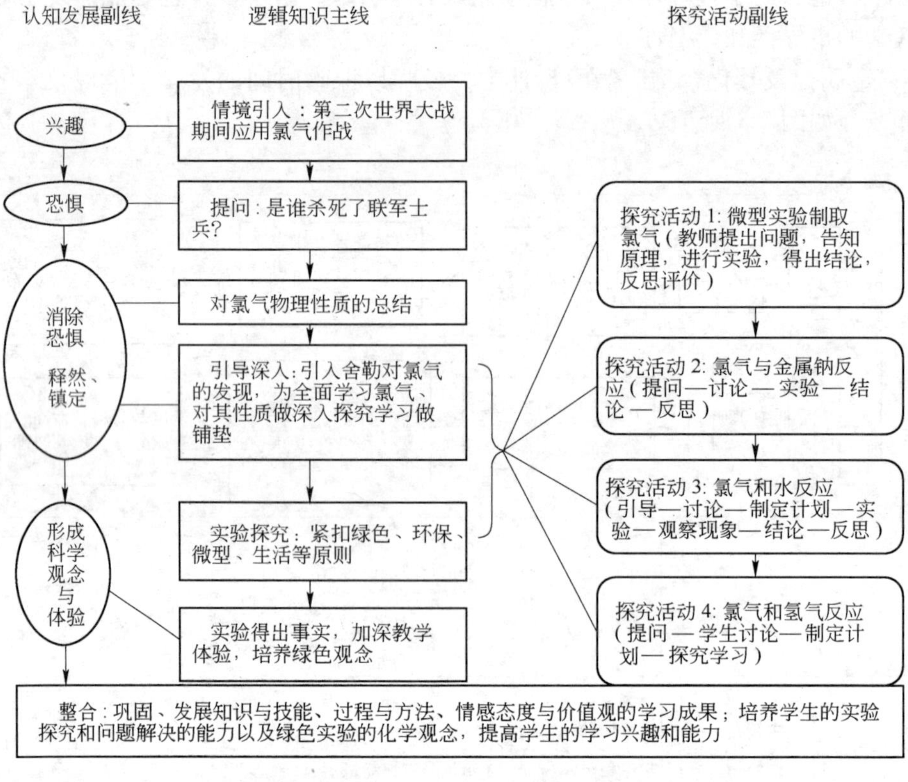

图 2-4　教学活动与逻辑发展相对应的教学设计

（三）以具体活动和工具直接绑定为主线

可视化教学设计中教学活动需要教师深入、具体的描述，在教学活动实施的过程中，伴随着教师的方式方法和教学媒体等的应用。将具体活动和特定活动下使用的工具进行绑定，有利于教师正确把握实施环节过程中的具体操作，活动作为主线贯穿于教学的始终，工具作为辅助与其一一对应，提升教学实施过程中的效果和效率。同时，活动与工具的相互绑定，也是在一定程度上关注教学方法的有效实施，注重教学过程中多种形式的信息流通以及工具对学习者的积极刺激。因此，教学设计的可视化将教学活动与具体工具相对应进行描述，具有其实践价值。

"金属铝的化学性质"教学设计中，教师将教学活动与具体的教学用具绑定，如图 2-5 所示。

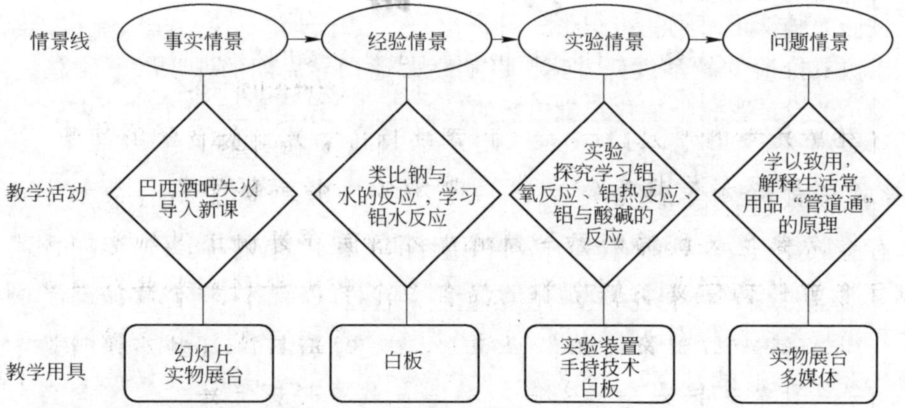

图 2-5　教学活动与教学用具绑定的教学设计

三、可视化教学设计的基本特征

（一）教学设计的角度多样性

在传统教学设计过程中，由于文字是唯一的表述方式，文字表述只能是线性的叙述，这无疑给教师多维度、多角度地呈现教学设计思路造成了很大的困难，但是在可视化教学设计中引入可视化工具，将文字表述转变为图示表述，就轻松地解决了表达上的困难。教师可以任意借助图形、模型的空间组合，轻松表达复杂、动态发展的教学过程。教师可以选择空间立体图形表达，也可以选择坐标轴多维度表现，或者用特殊符号表达信息，简化文字繁多的压力。总之，多维度地呈现教学设计是可视化教学设计最大的突破和特色。

（二）教学设计的整体把控性

可视化教学设计最大的优点就是始终将教学设计过程当做是一个系统，每一个设计的环节都充分地将教师、学生、教学内容等组成部分有机地结合起来。在可视化教学设计的过程中，综合容纳教学系统中的每一个子系统，其中教与学两个主要要素始终相互影响，相辅相成，共同体现教学设计的科学系统观。画图的过程，便于教师发现信息之间的联系和关系，构建信息的组织形式，表征信息的思维特点，教师站在更高的视野下，从全局的角度审视整个设计过程，对整个设计思路具有整体上的把握和操控。

（三）教学设计的视觉思维性

可视化教学设计是基于脑科学和逻辑学提出来的，其目的就是顺应人脑的思维认知规律，简化教学设计繁重的文字表述形式。可视化最大的亮点就是要注重视觉的表现形式，以人们接受信息的方式来呈现，使得人们在短时间内能够接受有效的信息，降低接受信息的潜在压力。图示的设计遵循大脑的思维逻辑结构，并且按照人脑认识事物的组织形式呈现出来，真正地将理论与实践有机地结合，创生出更具价值的教学设计方案，以期高效地指导后期的课堂教学。总之，图形、图示的设计紧紧把握住视觉传播的最佳效果，结合思维的非线性表达，呈现了美妙绝伦的视觉盛宴。

（四）教学设计的过程创造性

有些学者把教学设计描述为一种创造性的过程，他们强调教学设计的艺术性和创造性。如果教学设计是创造性的过程，那么将教学设计可视化的过程，则更要凸显出其艺术性和创造性，更应注重设计者的直觉性和思想的丰富性以及对问题解决方案新颖性的追求。所以说可视化教学设计在一定程度上解放了设计者的灵感与直觉，重视人的想象力、创造力以及主观能动性。可视化的教学设计给予教师自由发挥的广阔平台，在这个平台上每一个图示的设计形式都是教师自己独特创造性的结晶，是教师专属的设计产品，设计的每一个环节和过程，都时时刻刻体现着教师的创造能力和创新精神。

心理学的研究成果告诉我们，人的创造性不仅取决于人的逻辑思维，而且取决于人的形象思维，而且后者更为直观。为了解事物之间的相互关系及发展趋势，通过可视化技术来进行表征是一种常用的方法。

第三节　化学教学设计可视化的价值分析

化学教学设计实现可视化具有存在的价值。从传播视角和视觉视角来看，可视化教学设计具有应用价值；从思维视角和逻辑视角来看，可视化教学设计具有学术价值；从多元视角和国际视角来看，可视化教学设计具有实践价值。

一、从传播视角和视觉视角分析

图示传播已经成为非常常见的一种传播形式。在传播学的研究领域里，人们已经形成一个共识：21 世纪必将是一个图形的时代。从传播的视角来说，图示是最直观的交流形式，能够有效传播信息内容的方式，具有良好的艺术性。从视觉的视角来说，人类的信息 65% 来自于眼睛所看到的，视觉信息的传播是最广泛、最迅速、效果最好的形式。在这个被称为“读图时代”或“眼球经济”的时代，视觉化的信息传递给人们留下深刻的印象，视觉传播展现出点石成金、意义非凡的艺术效果。

教学设计作为呈现教学思想、教学理念、教学活动的信息，是很多信息内容交织、杂合之后的复杂产物，单纯地运用语言形容很难呈现出信息之间的关系。教学设计通过视觉传播活动可以把一些难以用语言表达的信息诠释为视觉信息，这种将教学设计视觉化传播以及渗透的能力作用非凡，而且影响力深远。传统的教学设计、大量的文字信息使得教学设计失去了其色彩，使用之后往往就会被遗弃，包括设计者通常都不愿再多看一眼，教学设计以视觉元素来呈现，使得教学设计转变为用眼睛来欣赏的艺术作品，也必将更能体现出其应用价值，增强其实用性。图 2-6 展示了视觉传播效果良好的初三化学知识设计框架。

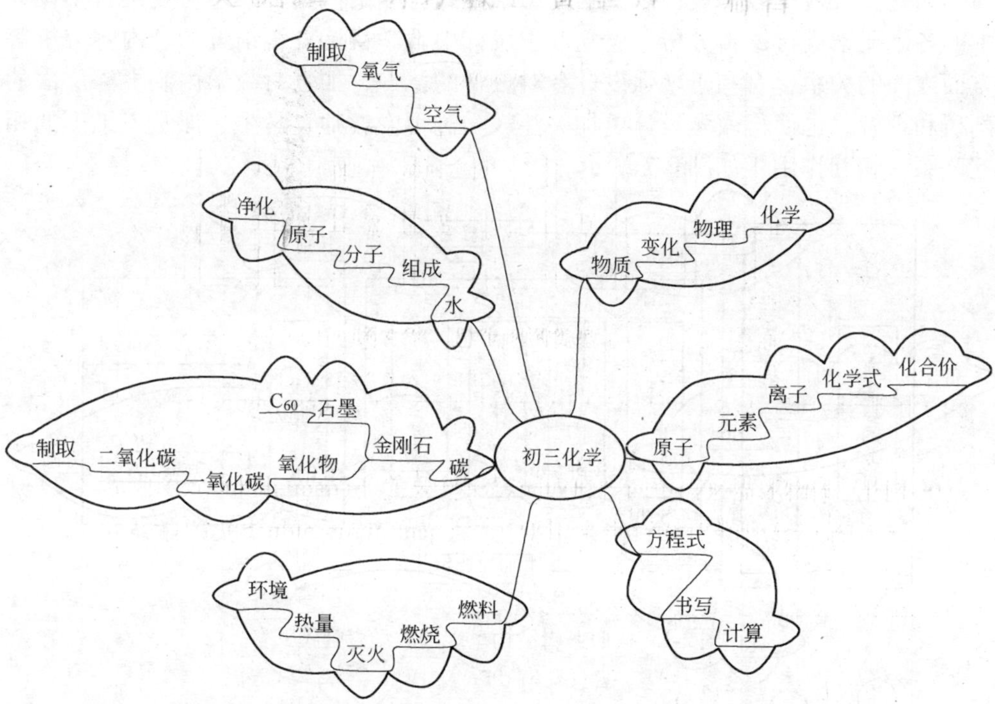

图 2-6　视觉传播效果良好的初三化学知识总结设计框架

二、从思维视角和逻辑视角分析

思维是大脑的机能，而思维科学教会人类养成自觉动脑的习惯并培养人类形成科学的思维方式。人的思维水平经过一定的训练是可以逐渐改变、不断提高的。教学设计的过程其实就是建立教学思维认识模型的过程。教学设计可视化实现的方式就是通过画图，画图是一种良好的训练思维的工具，而在画图的过程中，需要经过对微观事物的想象，抽象出具体的符号，需要对信息进行分析、概括，获取综合性的信息并进行表征。同时，在此过程中需要对图示进行多次的修正和重建，在这个过程中，帮助人们全方位地思考问题，寻求更有效的解决问题的方式，实现思维的逐渐提升。

从逻辑学的视角来说，面对复杂的问题往往是将其分解为几个简单的问题，从简单问题入手，寻找它们之间的逻辑关系，使其连接起来，在分析推理的过程中，最终解决问题。教学设计就是一个复杂的教学问题，并非我们所看到的简单意义上教学活动的设计，设计过程中所牵扯的对教学内容、学生情况和教学环境等诸多因素的考虑，使得教学设计成为一个动态发展的过程，是富有创造性的行为发展过程。

因此，可视化教学设计以大脑的思维模式为立论依据，通过对复杂教学设计中的各个要素进行逻辑分析，建立教学设计中教学目标、学情分析、内容分析等方面之间的关系，有利于增强设计者对教学的认识，加强对教学内涵更深层次的剖析和理解，也使得教学设计更加关注教学过程中教师、学生、课堂三维度的相互联系、相互作用，如图 2-7 所示。

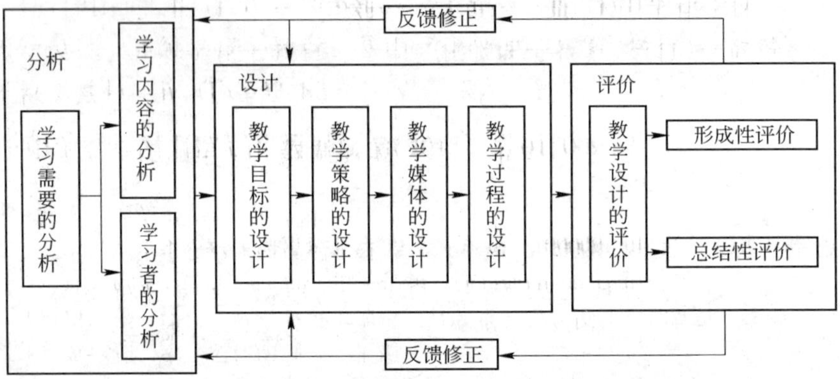

图 2-7　按照逻辑结构呈现的教学设计模式

三、从多元视角和国际视角分析

教学设计并非简单的直线性序列活动的依次排列，而是静态的结构呈现与动态的行为表现相结合，微观的内隐形式与宏观的直观表象相呼应，平面的单维表征与立体的多维呈现相作用的复杂过程。教学设计承担着课堂教学顺利、高效进行的重任。对教学设计的认识不能仅从表观去看待，而是要多元化、多维度，全面认识教学过程的全貌。可视化教学设计以可以“看得见”的形式多维度地呈现教学的各个环节，使设计者能够清楚地认识教学内容之间的联系，能够更直观地领会教学设计的思想和理念，能够更全面地认识整个教学过程，能够打破线性看待教学活动的思维范式，能够以视觉语言提高信息传达的感染力和丰富性，具体可参考图 2-8。

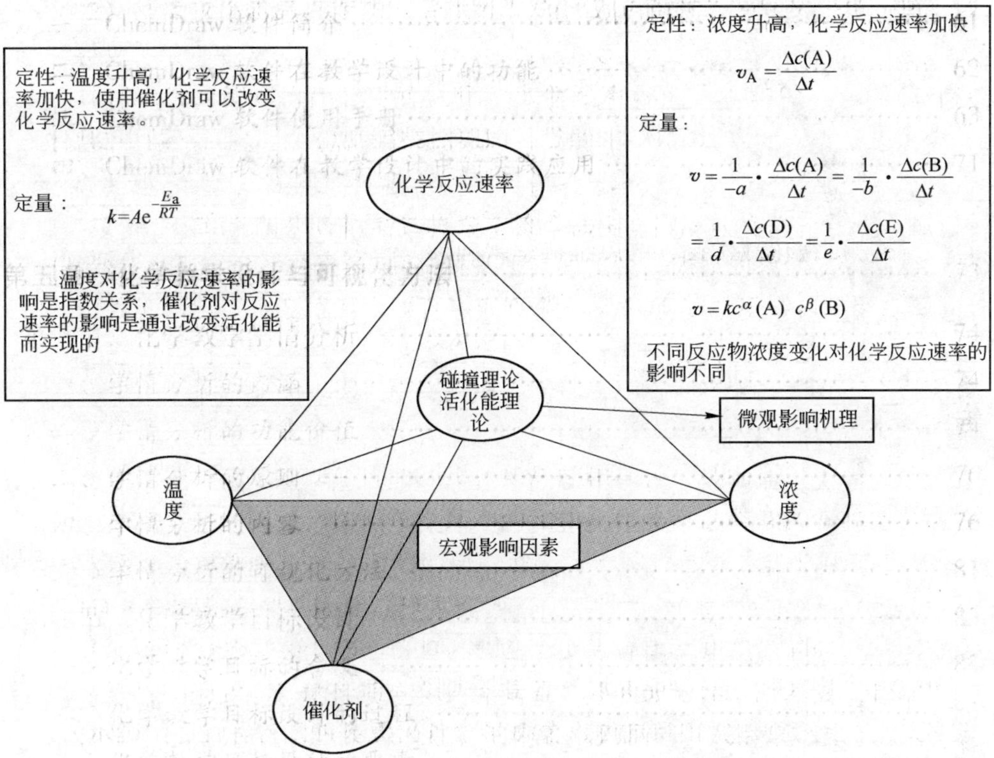

图 2-8　多元角度展现影响化学反应速率各因素之间的关系

教学设计研究至今，由于专业化路线的不同，教学设计的研究范式呈现多元化的视角，教学设计研究领域一直不断地超越传统，并向一切的新思想、新知识、新技术和新方法敞开大门，大胆地进行着创新和变革。随着教学设计研究的蓬勃发展，对教学设计的研究已经呈现出国际化的趋势，对可化教学设计的深入探讨更是各个研究者有待进一步完善研究的方面。

教学设计是教与学的需要，是实施课堂教学的基本保障。教学设计过程的复杂性和多元性，决定了教学目标分析、学情分析、内容分析、教学模式选择分析和学习评价分析的独特性、全面性和发散性特征。教学设计需要采用可视化的形式来传递复杂的设计过程，将理性与创造性、直觉性思维综合起来。同时，教学设计的可视化，在一定程度上解放了设计者的设计灵感，给予设计者无限创造和表达的空间。

本章内容小结

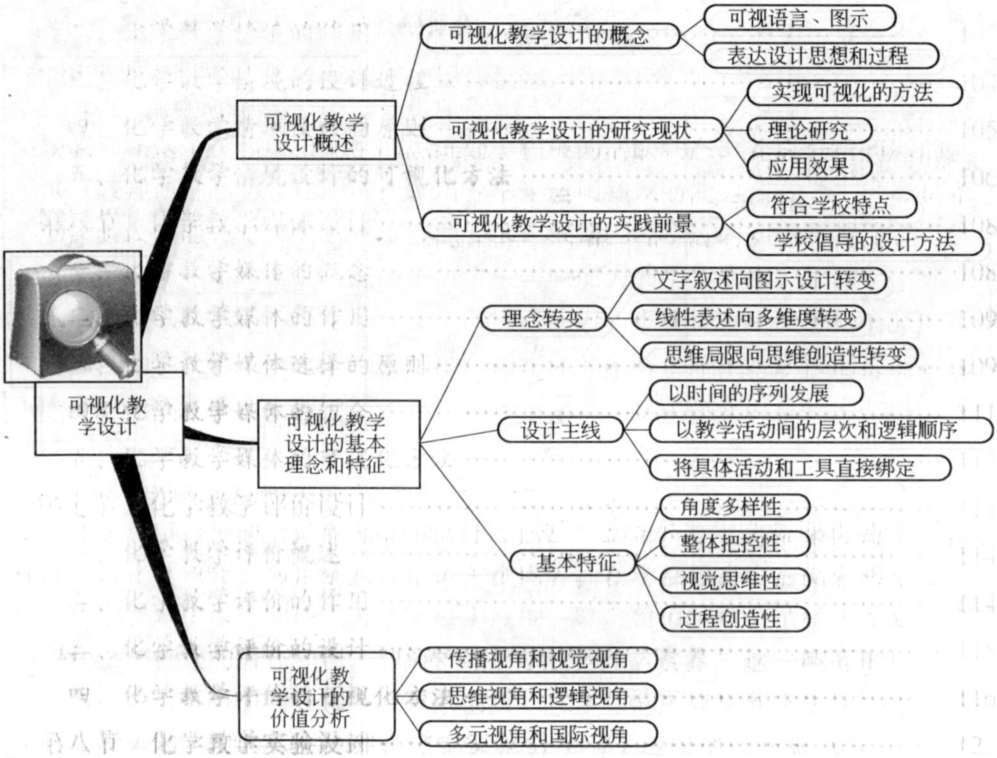

思考与讨论

1. 谈谈你对可视化教学设计的理解和认识。
2. 你认为可视化教学设计与传统文字描述的教学设计的区别和联系是什么？
3. 你喜欢可视化教学设计吗？为什么？

第三章　可视化教学设计的理论基础

没有理论上的成熟就没有真正意义上的成熟。理论上的成熟意味着思考问题是从本体论角度，全面、系统、辩证地思考，而不是从事物的现象，片面、个别、教条地思考。理论上的成熟意味着想得深、想得透，行动起来就实际、自如、果敢。

知识：
了解可视化教学设计的理论基础。

领会：
理解建构主义、信息加工理论、学习支架理论的深刻含义。

应用：
熟练运用思维科学理论解决教学设计的问题。

实践：
尝试用图示、图片表达教学设计思路。

第一节　可视化教学设计的学习理论基础

教学设计的可视化将各种设计环节及其关系进行综合、分析，将教学设计中的重要内容进行加工、概括，并按照人类对知识储存的层级结构进行排列，从而依次呈现出来。可视化教学设计注重教学设计者理解教学的过程，强调从整体的角度把握教学的全过程，帮助设计者组织、建构教学问题，并使之概括化、网络化。建构主义学习理论、信息加工理论、学习支架理论都为可视化教学设计提供理论依据。

一、建构主义学习理论

建构主义是当代学习理论的革命，是影响教学设计理论与实践发展的重要力量。知识的建构需要对所学内容进行阐释、表达或展现，这是建构知识的必要方式，也是检测知识建构水平的有效方式。有意义的建构可以通过交流来进行。交流是人类的天性，交流的目的是检验或确证自我观点，获得某种认同。建构主义理论中一个重要的概念是图式，图式就是指个体对世界的知觉理解和思考的方式，也是心理活动的框架或组织结构。图式是认知结构的起点和核心，是人类认识事物的基础。教学设计的过程，其实也是设计者对于教学自身的感知理解和思考方式，是整个设计过程连续统的建立。连续统是一种联系的、综合的、平衡的、倾向性的和动态性的思维理念。可视化教学设计中图示的呈现形式，正是将教学信息建构、表现的过程，是将知识的客观性与建构性、个体性与社会性、抽象性与情境性、简单性与复杂性、显性与隐形建立平衡的过程。

二、信息加工理论

信息加工理论是 20 世纪 70 年代，人们运用现代信息理论的观点和方法，通过计算机模拟出来的学习理论。随着信息加工理论的深入研究，已经取得了很多研究成果，信息加工的过程主要包括注意刺激、刺激编码、储存与提取信息。注意刺激是说当物理信号被感觉记忆时，人类的记忆系统就开始加工信息，当对感官施以大量的信号时，记忆系统会选择有用的信息，而不是接受所有的信息，然后再过滤掉其中一部分，而图示对人们的大脑刺激比文字的刺激更强烈，图示的重要特征也有利于人们识别信息。刺激编码则是对注意刺激内容加工以便之后回忆。图示呈现的教学设计已对信息进行提炼，具有重要的特征和识别度，有利于设计者将设计思路长时间地保留在记忆中。信息的回忆程度在很大程度上取决于信息储存的形式，设计者将图示储存在大脑中，有助于提升设计者对教学设计的印象，便于在教学的过程中快速有效提取信息，促进教学的高效进行。

三、学习支架理论

支架教学是一种重要的教学策略。在支架教学的过程中，通过为学习者提供支架或者支持来促进其发展，通过临近发展区，使学习者能够完成自己无法独立完成的任务。随着学习者知识和能力的增加，越来越对自己的学习负责和自信时，教学者可以适当减少所提供的支架支持。

思维导图、概念图作为一种教学支架，能够为学习者提供一种支持结构，这种支持结构能够有效地促进学习者形成思维结构，帮助学习者跃过思维障碍。思维导图、概念图能够通过特定的图示来表示知识体系间的关系以及整合体系之间的逻辑关系，为教学者和学习者提供了一种使用和加工信息的认知支持框架。一种图示的设计就代表着一种思维模式或者认知方式。

第二节 可视化教学设计的思维科学基础

可视化教学设计并非凭空臆想出来的概念，而是基于脑科学、逻辑科学的研究提出的，教学设计实现可视化符合人脑思考和解决问题的方式。脑图和概念图的提出就是基于大脑的发散式思考方式，按照逻辑的思维顺序帮助表达知识结构。

一、脑科学

脑科学是研究人脑的结构与功能的综合性学科，以揭示人脑高级意识功能奥秘为宗旨，与心理学、人工智能、认知科学、创造学以及教育学等一些跨领域研究的学科有着密切联系和交叉渗透。生物生理学研究发现，人类的大脑中约有上万亿个脑细胞，其中有上千亿个活跃的神经细胞，这些细胞与其他细胞构成两万多个连接，形成大脑的神经元网络系统。既然人的大脑是一个巨大的网络系统，那么人的大脑思维也可以看做是在庞大、错综复杂的网络结构下进行的并行性、放射性的信息传递和加工过程。现代脑科学的研究发现更是证明了这一点。

泛脑网络学说认为，人的大脑是从宏观到微观依次分化的有层次的网络结构。人的学习和记忆在这样的网络结构下进行工作，进行学习思维的方式也必然以并行的方式进行工作。而传统文字表述的学习材料，是沿着自始至终的顺序进行的，缺乏并行性，与大脑的思维方式明显不相符，不利于建立教学内容之间的有机联系，也妨碍了设计过程中的进一步分析研究和创新理解。可视化的形式可以突破时间和逻辑的线性轨迹，使人的各种想法都能够自由翱翔，进行任意的跳跃。

脑科学的研究发现，人的大脑左右两半球以不同的方式进行思维活动，左半球是垂直的、连续的、因果式的，侧重于抽象思维，如语言、逻辑、数学、分析、判断等，而右半球是并行的、发散的、整体式的，侧重于形象思维，如空间关系、艺术、情感等。根据大脑两半球分工说，有些学者提出了以开发右脑为主，进而开发全脑的教学原则，如同一思维原则，直观、情境性原则，情感性原则，两种思维最佳结合原则等。这些教学原则无疑对教学设计具有重要的指导意义。

二、逻辑科学

教师设计是一个解决问题的过程，在解决问题的过程中会遇到一些问题。在遇到复杂的问题时，逻辑科学的观点是将复杂问题分解成多个相对简单的问题，通过解决多个简单问题，从而实现复杂问题的解决。逻辑理论对教学设计中的需求分析和评价富有启示意义。这些分析在教学系统设计模式中居核心地位。从逻辑理论的角度来看，在理念与行为之间常常存在一种非线性的关系，因此，运用逻辑来作为一种分析工具，更能有效地解释行为。逻辑理论对认识、处理学习者的感知问题更为有效。运用逻辑论超越决定论的思维和设计方法，在解决和评价“现实生活”的问题方面显得更为有效。教学设计的过程中对每一个教学设计的项目都有创新和创造，设计者并不是每一次都遵循相同的方式教学，但是其遵循的逻辑原理是不变的，即通过几种逻辑关系表示出各种思想，这种简单性的逻辑思路促进共识和信息共享。

三、思维建模

乔纳森在研究技术支持学习的理论中，提到思维建模的相关内容，他指出学习者可以通过使用认知工具对思维进行建模，从而促进自我认知概念的转变，并最终实现有意义的学习。建模就是构造模型，并运用思维建模方法进行学习的过程。它要求学习者积极地自我建构、适时地反思调节，并能够恰当地运用各种思维能力进行学习。思维建模旨在让学习者在整个问题解决过程中，依据现有的问题和观念，积极主动地探索、建构知识体系和方法体系，并在此过程中形成思维建模的方法和问题解决的能力。思维建模对培养学习者的思维品质、开发学习者的智力、培养学习者的能力等诸多方面都是非常有益的。

图示作为教学设计的思维建模工具，帮助学习者形成内部的认知概念模型，促进设计者在建模过程中积极地调整与修改自我的概念模型结构，并通过多种形式的认知呈现，帮助学习者丰富和拓展内部的认知概念模型。

可视化教学设计的过程可以看成是一个利用可视化工具，设计者将自身对教学设计的思维认知结构进行建模的过程。在建模的过程中，促进设计者在后期教学设计的过程对认知概念的模型结构进行调整与修改，从而更好地认知教学。同时，开发设计者的智力，开阔设计者的思路和视野。

第三节　可视化教学设计的传播理论基础

化学教学设计不仅是教师提前预备课程，表达实际课堂教学进程的预想方案，为教师的实践教学提供指导性，而且也是表达自己教学思想的作品。教学设计在一定程度上具有传播教学的功能，可视化教学设计的视觉传播和图示传播、图片传播都具有很好的传播效果，从传播的角度来看，可视化教学设计具有重要价值。

一、视觉传播理论

人类在早期接受信息的重要途径是看和听，在文字出现后，文字传播成为主要的信息传播形式。文字在人类信息的传播中一直占据主导地位，视觉传播则处在一个次要地位。然而随着互联网信息爆炸时代的到来，视觉信息传播的内容制作越来越方便，传输的容量和速率越来越快。视觉传播在人类信息传播中的地位得到很大的提升，在这个“眼球经济”的时代，人们也逐步认识到视觉传播在人类传播过程中的重要性和价值。视觉传播是传播行为最重要的内容和形式之一，在信息传播日益加快的今天，运用视觉传播形式传递信息收到了良好的效果，这种效果是仅仅通过文字表述所不能达到的。视觉传播从生理角度来看，是视觉系统从外界获取图像，由视觉接收器将光图像信息转化为视网膜的神经活动电信息，最后通过视神经纤维，把这些图像信息传送入大脑，由大脑获得图像感知，大脑对视神经纤维传送来的图像信息进行了分析和理解，通过图像获得对周围世界感知的信息和知识。视觉传播过程如图 3-1 所示。

二、图示传播理论

图示即是指用图形来表示的。图形包括画像、图绘形象、图样以及几何图形等。图示传播理论认为，人类在吸收新的信息和知识时，需要将新信息与已有的知识经验相联系，并且对新的信息进行解码和重组，即转换刺激，最终便于吸收成为自己的信息。在这一信息吸收的过程中，色彩、图形、维度以及形态等特征的图示信息比起单一、枯燥的文字更加具有吸引力和冲击力，更能引起大脑对信息的接受和储存。

大脑对于图示呈现出来的信息整合能力也要远远高于对文字信息的综合能力。利用思维导图这种可视化工具进行教学设计，不仅解决了文字理解和表达上所造成的沟通障碍问题，同时，还可以充分调动设计者头脑中已储存的知识结构，促使新识别的信息更容易被吸收和理解，并积极地融合到已有的信息图式中，从而丰富头脑中的信息图式内容。最终每一个教学设计项目，以可视化的形

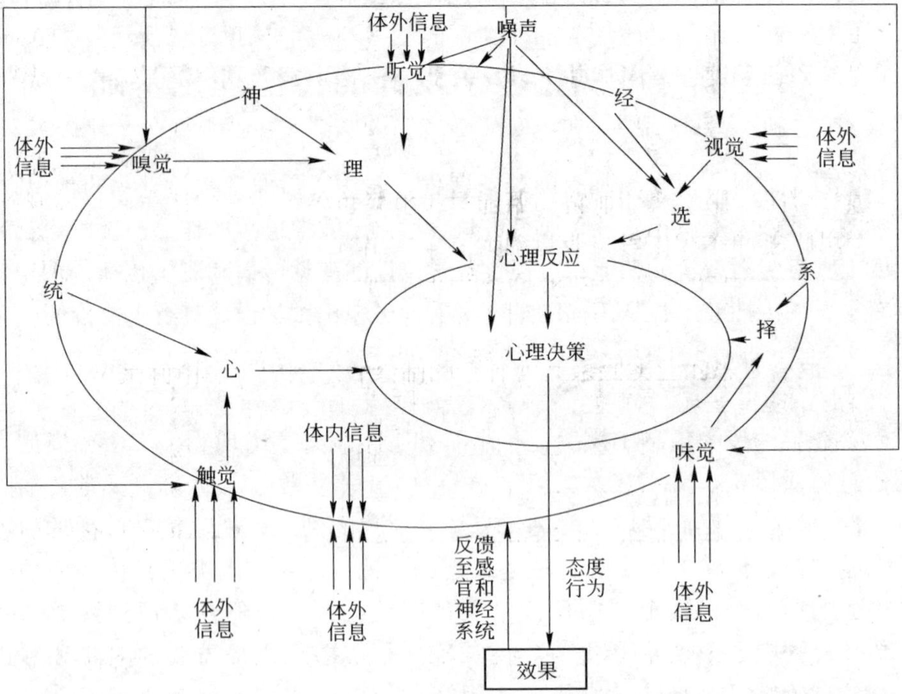

图 3-1　视觉传播过程

式使学习者能够更有效地记忆和理解新内容，并且借助思维图式进行分析和记忆，设计者还能站在更高的层次上整体性地看待事物，统摄设计的每一个步骤，学会用系统化的观点看待教学设计中教与学这一系统相互作用的关系。图示传播过程如图 3-2 所示。

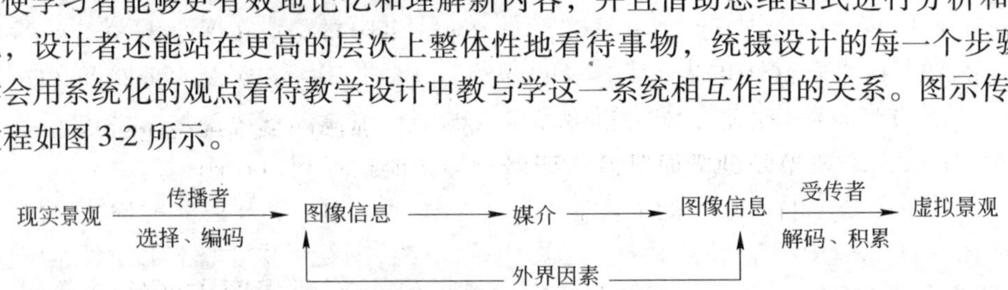

图 3-2　图示传播过程

三、图片传播理论

人类总是习惯于用视觉表达思想。五大洲所有的原始人类，都曾不约而同地在岩洞里留下记录生活的壁画。汉字的“六义”也是以象形为核心的造字规则。时至今日，尽管文字已经异常发达，成为使用最频繁且表述能力最强大的传播符号，人类依然还习惯于将非视觉性的东西视像化。例如，一向提倡个性化教育的大学也要求教师上课使用课件，即多媒体图像展示。这样比口头言语更直观和热闹，当然也显得更加真实。

图像化的兴起令大众传媒和公共关系从业者面临着前所未有的挑战：当绵延传承数千年的文字的影响力在如此迅速地被削弱时，越来越多的试图影响受众的行动被寄托给视觉手段。图片给读者的感觉更加直观，而且视觉冲击力更强。图片特别是彩色图片，由于色彩的丰富性和多样性，容易抓住读者的眼球，而且通过图片，读者更容易理解企业所要传播的核心信息。图片能够在最短时间内使读者接受传播的信息，极大地减少了读者阅读的时间成本，从而受到读者的青睐。从读者的记忆曲线来看，图片比文字更能容易在受众脑海中形成记忆点和兴奋点，传播到达率比文字更高。

这是一个读图时代，读者更愿意从图片获取信息乃至心灵的愉悦，而非费劲地去从字里行间揣摩文字后面的含义。图片相对文字而言，版面要求和编辑的时空跨度显得更灵活。图片在传播过程中没有文字要求那么强烈，在很大程度上，图片可以拥有更多搭顺风车的机会。图片对细节性信息的传递有时比文字更丰富。有些场合，图片能够提供一些文字不利、不宜、不便披露的信息，但是却是读者感兴趣的内容，所谓“一切尽在不言中”。

可视化的教学设计正是基于视觉传播信息的高效性和实用性所提出来的，将有效信息高度概括和精确提炼之后，呈现出来最核心的部分，既减少了无效信息占据大脑的信息储存空间，减少冗余效应，又有利于大脑积极地接受信息和快速地提取信息。

第四节　可视化教学设计的实践基础

教学设计作为一个研究领域和一个专业共同体一直经历着持续的变革，而目前的变革正是处在一个从量变到质变的关键阶段。信息技术更是将教学设计带入了更多元化的领域中，教学设计与技术整合，发挥了技术所带来的提高学习和教学能力思维系统化的作用。

一、可视化教学设计是教学设计发展的必然趋势

20 世纪以后，伴随着计算机的大量普及和信息技术的飞速发展，人类已经进入信息技术时代。信息时代对社会的各个领域和各行各业的发展都提出了新的要求，当然教育也不例外。教育领域也积极接受各种各样先进的信息技术手段，并应用于教学实践中。同时，新的教育理论也在教育实践中不断被践行。随着信息技术对教学设计的不断渗透，教学设计的主要变化就是来自于技术对教学内容和教学方法的影响。这种影响也不断丰富着教学设计的方向和方法，转变着教学设计的思维范式，依据全新的“可视化”理念，为教学设计的过程提供方便的

同时，也在改善着教学的效益和效果。教学设计经历了半个世纪的发展，对它的研究已经呈现出可视化的形态，并且这种形态将会继续延续和深入下去，从可视化教学设计到可视化教学，这是发展的必然趋势，这也将是我们的教育梦想。

二、可视化教学设计是基础教育改革的必然要求

我国新一轮基础教育改革正如火如荼地进行，并取得了很大的成绩，此次教育改革的重点就是改变传统教学过程中的机械式、接受式的教学现状和落后的教育教学理念，倡导将学生放在教学的主体地位，注重培养学生分析问题、解决问题的能力，重视对学生思维方式的培养和智力的开发。教育要想改革，首要问题就是要转变教师的教学理念，只有教师掌握新型的教育技术，拥有先进的教学理念做指导，才能真正地落实改革的效率和效果。

可视化教学设计作为一项新的教学设计范式，是基于以丰富理论为基础的设计方式，旨在改变传统繁琐的文字教学形式，通过可视化的教学设计，帮助教师进行可视化教学，以更直观的形式表达知识，促使学生建立起与知识的直觉联系，在潜移默化中改变学生的思维方式和思维习惯。由此可见，可视化教学设计已经成为基础教育改革的必然要求和实践发展的方向。

本章内容小结

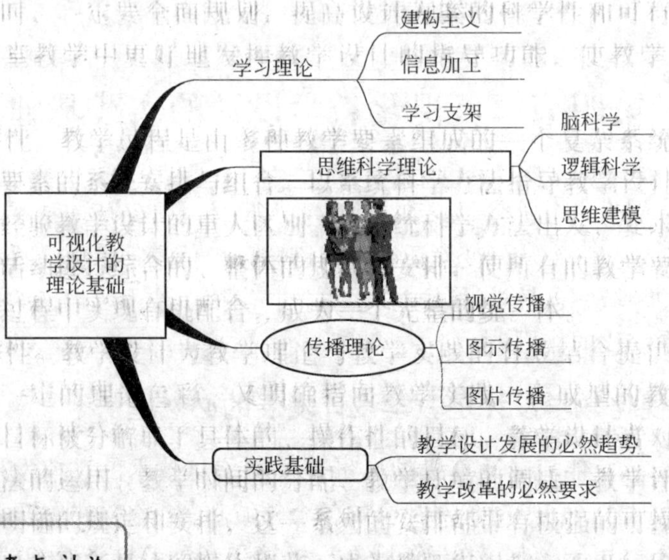

思考与讨论

1. 谈谈你对建构主义学习理论和信息加工理论的理解和认识。
2. 你认为可视化教学设计有实践的价值吗？谈谈你的看法。
3. 你认为可视化教学设计还有哪些理论基础？

第四章 可视化教学设计的设计工具

技术不再只是被视为一种传递教学信息的媒介，而更多的是在创新教学，学习者可以通过使用认知工具对思维进行建模，从而促进自我认知概念的转变。

思维导图实现设计的层次性；
概念图实现设计的概括性；
ChemDraw 实现设计的科学性；
可视化工具实现设计的可能性。

知识：
了解思维导图、概念图、Chemdraw软件的简介和应用领域。

应用：
掌握使用思维导图、概念图、Chemdraw软件进行教学设计的方法。

领会：
理解思维导图、概念图、Chemdraw软件在教学设计中的功能和应用优势。

实践：
熟练运用可视化工具设计一堂课。

第一节　可视化工具——思维导图

思维导图（MindMap）又称作脑图、心智图。它是一种将放射性思考具体化的方法，一种新的思维模式。它结合了全脑的概念，按照大脑从中心向外无限扩展的放射状思考方式如同一把钥匙，瞬间打开了大脑里千万个信息存储空间。这种通过关联联想，不断产生新的思路、新的想法，大大提高了创造性思维能力。

一、思维导图简介

英国著名的心理学家托尼·博赞在研究大脑的力量和潜能的过程中，发现伟大的艺术家达·芬奇在他的笔记中使用了许多图画、代号和连线。他意识到，这正是达·芬奇拥有超级头脑的秘密所在。在此基础上，博赞于19世纪60年代发明了思维导图这一风靡世界的思维工具。思维导图是一个简单、有效的思维工具。它依据全脑的概念，按照大脑自身的规律进行思考，放射性思考是人类大脑的自然思考方式，每一种进入大脑的资料，不论是感觉、记忆或是想法——包括文字、数字、符码、食物、香气、线条、颜色、意象、节奏、音符等，都可以成为一个思考中心，并由此中心向外发散出成千上万的关节点，每一个关节点代表与中心主题的一个联结，而每一个联结又可以成为另一个中心主题，再向外发散出成千上万的关节点，而这些关节的联结可以视为记忆，思维导图将这种放射性思考的方式具体化，全面调动左脑的逻辑、顺序、条例、文字、数字以及右脑的图像、想象、颜色、空间、整体思维，使大脑潜能得到最充分的开发，从而极大地发掘人的记忆、创造、身体、语言、精神、社交等各方面的潜能。不但可以协助我们记忆，增强我们的创造力，也让思维导图更轻松有趣，且具有个人特色及多面性。

思维导图功效如此强大，是因为它基于对人脑的模拟，它的整个画面正像一个人大脑的结构图；这种模拟突出了思维内容的重心和层次；这种模拟强化了联想功能，正像大脑细胞之间无限丰富的连接；人脑对图像的加工记忆能力大约是文字的1000倍。让你更有效地把信息放进你的大脑，或是把信息从你的大脑中取出来，一幅思维导图是最简单的方法——这就是作为一种思维工具的思维导图所要做的工作。它是一种创造性的和有效的记笔记的方法，能够用文字将你的想法“画出来”。所有的思维导图都有一些共同之处：它们都使用颜色；它们都有从中心发散出来的自然结构；它们都使用线条、符号、词汇和图像，遵循一套简单、基本、自然、易被大脑接受的规则。使用思维导图，可以把一长串枯燥的信息变成彩色的、容易记忆的、有高度组织性的图画，它与我们大脑处理事物的自然方式相吻合。思维导图的特征如图4-1所示。

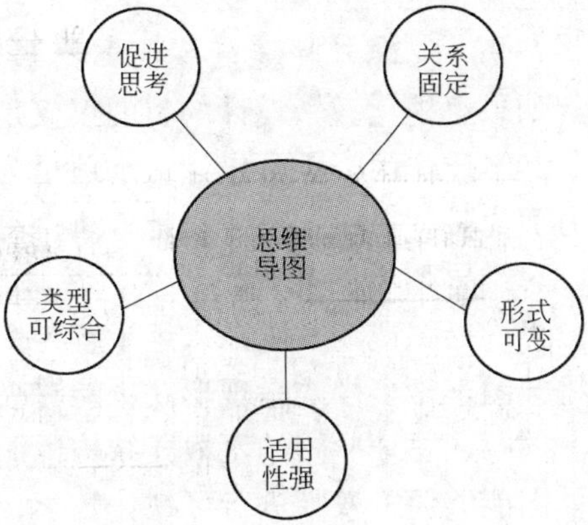

图 4-1　思维导图的特征

二、思维导图在教学设计中的功能

（一）实现设计思维的可视化

使用传统的语言文字等来呈现设计者的思维情况，不仅枯燥乏味，而且也是对老师的文字阅读和理解能力的一种考验，无形之中会增加教师进行教学设计的负担和压力，降低教师教学设计的兴趣和创造性。思维导图按照大脑的工作原理，帮助教师高效地工作，帮助教师快速地记忆，增强教师的立体思维能力，使得教师在设计教学活动的过程中思维具有层次性和联想性，也增强教师的整体规划教学的能力。思维导图这种可视化工具将教师的思维结构直接而形象地表征出来，更加形象有效地将教学信息传递给学生们。同时，思维导图所具备的形式多样的表达方式和多元化、多维度的表征形式，能够提高教师的设计兴趣，也激发了教师创造性的思维。

（二）引发教师的“头脑风暴”

可视化教学设计理念的提出，打破了传统的教学设计方法，改善教学设计的思维范式。其目的是帮助教师将信息技术整合到教学工作中，适应如今飞速发展的信息社会，体验信息技术带来的便利和快捷，提升信息资源的共享，有利于教师学习共同体开展集体备课。思维导图对新教师和师范生的辅助教学的作用可能会更大，帮助新教师围绕一个主题把与之相关的各种零散信息有序地组织起来，快速理清知识点之间的逻辑关系，从而帮助教师进行可视化教学，而且不同教师创造性的思维导图设计，是教师教学观念的直观体现，可以迅速引发一场头脑风暴，引发教师进行积极的思想交流和思维的激励碰撞，不断拓展教师的思维能力，教师集思广益，共同为丰富教学设计的内容而贡献自己的力量。

（三）提升教师的创造性思维能力

当教师在使用思维导图这一可视化思维工具时，他们将经历对教学内容进行可视化构建的智力挑战，以及知识点之间逻辑关系的组织，在这个过程中促进教师在思考和解决问题时养成特定的认知结构和思维模式。经常性的使用思维导图也将教师的思维结构一次次地外显化，也在潜移默化中帮助教师创新思维，促进教师创造性思维能力的不断提升。思维导图的功能强大，文字和图形可以一起搭配，实现图文并茂，并将复杂抽象的理论知识直观地展现出来，需要教师的思维能力达到一定水平和高度。

（四）促进教师进行可视化教学

如果可视化教学设计的目的仅仅是为教师提供方便的话，那么教学设计就失去了其本质作用，教师设计最终还是为了学生的学习，同样地，可视化教学设计一方面为教师提供了新的设计方法，另一方面是为教师开启可视化教学的教学理念。思维导图不仅教师可以用，教师也可以指导学生用，运用思维导图进行教学。思维导图帮助学生深入地了解各个知识点的内在逻辑关系和组织结构，并且思维导图丰富多样的呈现形式也能够吸引学生的注意力，激起学生主动学习的兴趣。同时，思维导图的发散式结构也能够培养学生形成发散性思维。因此使用思维导图能够促进教师进行可视化教学，也能更好地促进教师与学生之间的沟通和协作。思维导图作为一项工具，无论是教师还是学生，只有学以致用，才能用以促学，实现学用相长。

三、手绘思维导图

思维导图是表达发射性思维的有效的图形思维工具。思维导图运用图文并重的技巧，把各级主题的关系用相互隶属与相关的层级图表现出来，把主题关键词与图像、颜色等建立记忆链接，思维导图充分运用左右脑的机能，利用记忆、阅读、思维的规律，协助人们在科学与艺术、逻辑与想象之间平衡发展，从而开启人类大脑的无限潜能。

绘制思维导图的 9 个步骤：

（1）制作工具：

1）纸：一些有空白页面的本子或纸张，大小标准可根据个人的需要来定，常用的一般是 A4 或 A3 的白纸。

2）笔：1 支铅笔；至少 2 支以上不同颜色、色彩明亮的涂色笔；1 支钢笔或水性写字笔。

（2）调整状态：以腹式呼吸法进行调息，集中注意力。

（3）开始绘制：从一张白纸的中心开始绘制，周围留出空白。从中心开始，可以使你的思维向各个方向自由发散，能更自由、更自然地表达你自己。

（4）使用图像或图画：用一幅图像或图画表达你的中心思想。一幅图画抵得上 1000 个词汇，它能帮助你运用想象力。图画越有趣，越能使你精神贯注，也越能使大脑兴奋。

（5）使用颜色：颜色和图像一样能让你的大脑兴奋。颜色能够给你的思维导图增添跳跃感和生命力，为你的创造性思维增添巨大的能量，而且它很有趣。

（6）连接：将中心图像和主要分支连接起来，然后把主要分支和二级分支连接起来，再把三级分支和二级分支连接起来，依此类推。人的大脑是通过联想来思维的。把分支连接起来，会更容易地理解和记住许多东西。把主要分支连接起来，同时也创建了你思维的基本结构。这和自然界中大树的形状极为相似，树枝从主干生出，向四面八方发散。假如大树的主干和主要分支、或主要分支和更小的分支以及分支末梢之间有断裂，那么它就会出现问题。如果你的思维导图没有连线，一切（特别是你的记忆和学习过程）都会崩溃，连接起来。

（7）分支自然弯曲：让思维导图的分支自然弯曲而不是像一条直线。因为大脑会对直线感到厌烦，曲线和分支就像大树的枝杈一样更能吸引你的眼球。

（8）使用一个关键词：单个的词汇使思维导图更具有力量和灵活性。每一个词汇和图形都像一个母体，繁殖出与它自己相关的、互相联系的一系列“子代”。当使用单个关键词时，每一个词都更加自由，因此也更有助于新想法的产生。而短语和句子却容易扼杀这种火花。标明关键词的思维导图就像有灵活关节的手，而写满短语或句子的思维导图，就像手被固定在僵硬的木板上一样。

（9）使用图形：每一个图形，就像中心图形一样，相当于1000个词汇。所以，假如你的思维导图仅有10个图形，却相当于记了10000字的笔记。

注意事项：

（1）线条要弯曲、柔软，向四周发散时应像树枝一样自然；线条长度刚好包住关键词。

（2）关键词要简短，可以引发下级分支的联想，有较强的概括性；图片选择可遵循“夸张、有趣、关己、有情”的原则。

（3）发挥导图本身具备的强大的助记功能，充分利用各制图元素帮助记忆，如背景、颜色、字号、空间位置等。手绘水果思维导图如图4-2所示。

四、思维导图软件——NovaMind

NovaMind的功能更加完善，栏目设置更加人性化，操作简单，提供了大量的模板、示例，能够更好地满足教育工作者教学的需求。其最大的特点就是，新颖的手段和交互性弥补了PPT上下文联系不强、不易突出逻辑结构的问题，被誉为PPT的替代者，解决了传统思维导图无法演示的问题。NovaMind软件非常有创意的“欢迎屏幕”；可以任意指定幻灯片中显示的节点；可以指定幻灯片显示的视野范围；幻灯片的切换通过动画无缝完成；幻灯片和总的导图连为一体，不会丢失上下文；支持自由遍历、顺序遍历、键盘导航遍历和鼠标遍历等形式。同时，提供演示时的编辑模式，方便在演示过程中随时修改；有助于及时地和观众互动，在修改完成后易回到原来的演示过程。

（一）菜单功能简介

NovaMind包含文件、主页、插入、思维导图设计、视图、演示和格式七个操作界面，如图4-3所示。

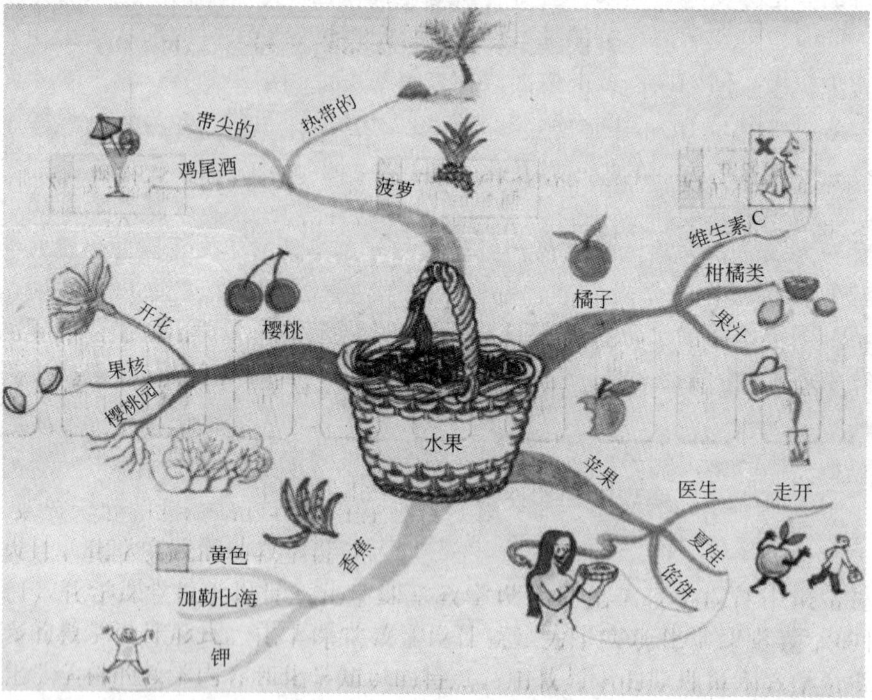

图 4-2　手绘水果思维导图

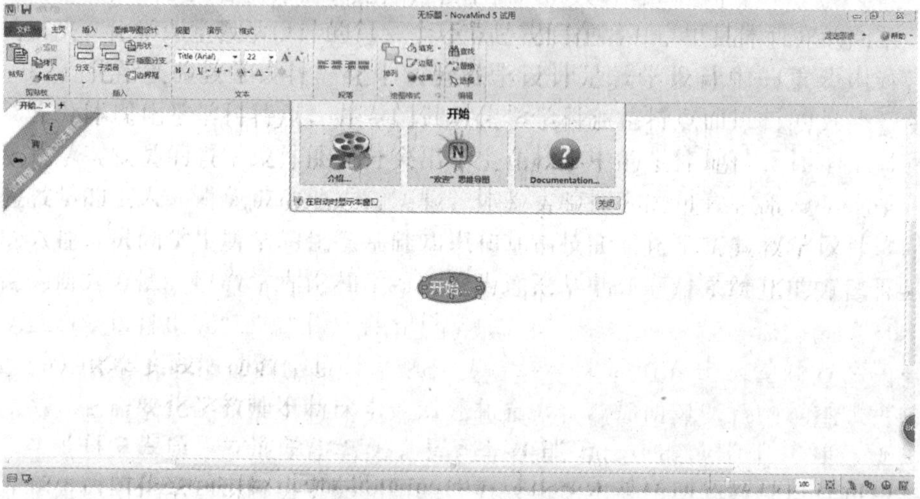

图 4-3 NovaMind 工作界面

(二)“文件”操作界面

文件菜单栏中有常用的保存、另存等选项，其性质和 Word 一样。在“最近打开”中可以直接打开近一段时间里做的思维导图。“新建”子菜单栏下有“新建”

和“模板”两种形式，其中“新建”可以新建一个空白的文档，也可以从现有文件中创建，在现有文件的基础上再绘制。“模板”则是为我们提供了三个模板，作出决策、定期状态回顾和待办事项，选择所需要的模板，点击右边的“打开”，就可以得到模板，在此基础上再进行深加工。新建菜单栏的状态如图 4-4 所示。

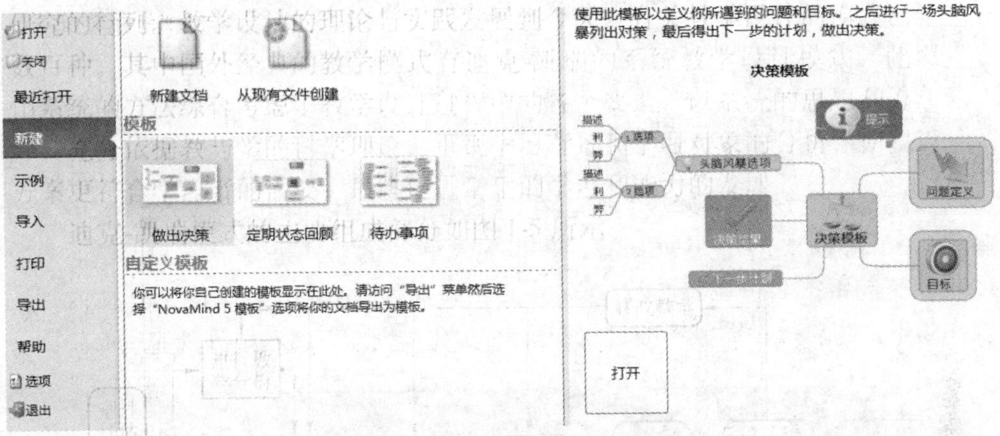

图 4-4 新建菜单栏的状态

“示例”中通过下拉可以看到很多形式多样的思维导图模板，选择任意一种，点击右边的“下载”，在有网络的状态下就可以直接下载该模板。“导入”中 NovaMind 软件可以将 NovaMind 格式文件、MindManager、XMind、FreeMind、iMind、纯文本、OPML 等文件直接导入，其兼容性非常强大。“导出”中可将思维导图导出为 PDF、PNG、MS Word、MS PowerPoint、MindManager、纯文本等格式，其中最常见的形式是导出为 PDF 格式或者 PNG 格式，PDF 格式的清晰度更好，PNG 格式在导出的过程中图片的清晰度会受影响。在文件操作界面的最下面有一个 NovaMind 模板，可以将自己设计的思维导图保存为模板，以便以后使用。

（三）“主页”操作界面

“主页”操作界面如图 4-5 所示。

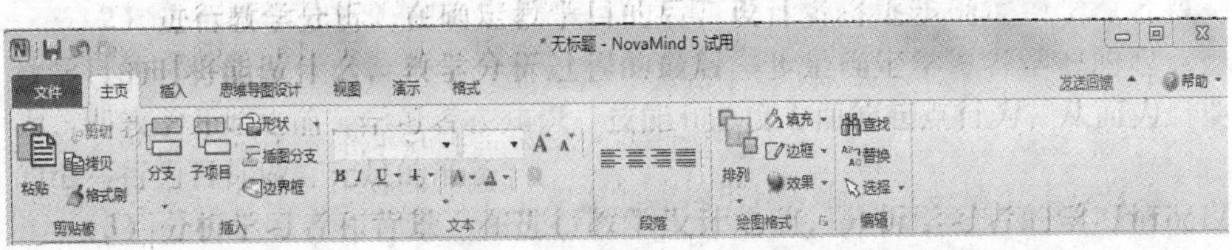

图 4-5 “主页”操作界面

基本形式如同 Word 操作形式，可以进行拷贝、粘贴，使用格式刷，“剪切”可以将文字、线条和枝干同时剪切下来，“拷贝”只能将文字本身进行复制，“粘贴”则可以将文字和线条都粘贴下来。在第二项中有插入分支、子项目，形状、边界框等选项，在第三项文本中可以对字体、字号等进行设置，段落格式中有文字的对齐方式的设置，以及在绘图格式中进行填充效果、边框中颜色效果的设置。

（四）“插入”菜单栏

“插入”菜单栏的操作界面如图 4-6 所示。在此菜单栏下，可以在同一主题下插入其“子项目”，也就是分支，“同级项”可以帮助实现同一主题下插入多个子项目，在“形状”子菜单栏下可以插入矩形、椭圆等各种各样的形状，“浮动分支”和“插图分支”可以插入思维导图的任何地方。点击“文本”“图片”可以将文本和图片插入思维导图中，点击拖放图标可以将插入的文本和图片移动到我们需要的地方。“关联线”可以在两个相关项目中间加入连接线，选中“关联线”，单击右键“关联线格式”，可以对关联线的格式进行设置和调整。“附件”和“超链接”可以将图片、Word 文档、视频、音频、PPT 等文件插入到思维导图中，在思维导图演示的过程中打开功能与 PPT 中插入超链接的功能相同。

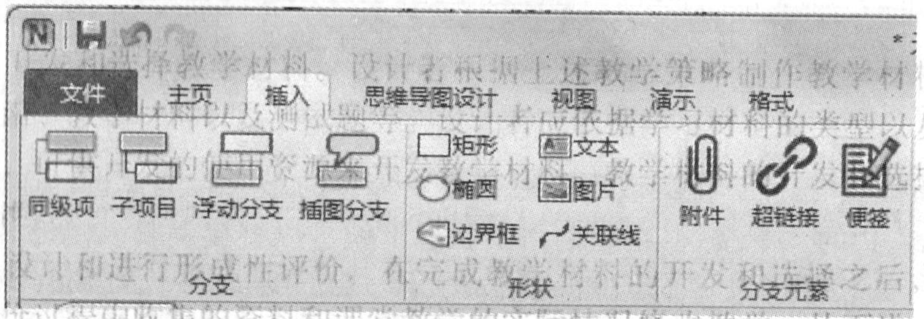

图 4-6　“插入”菜单栏的操作界面

（五）“思维导图设计”的操作界面

“思维导图设计”的操作界面如图 4-7 所示。在该菜单栏下提供“基本”“商务”“草稿本”“柔性彩虹”“剪报板”“演示”等主题风格，在绘制思维导图的时候，可以先选择“思维导图设计”中喜欢的风格，先确定风格，再进行绘制。

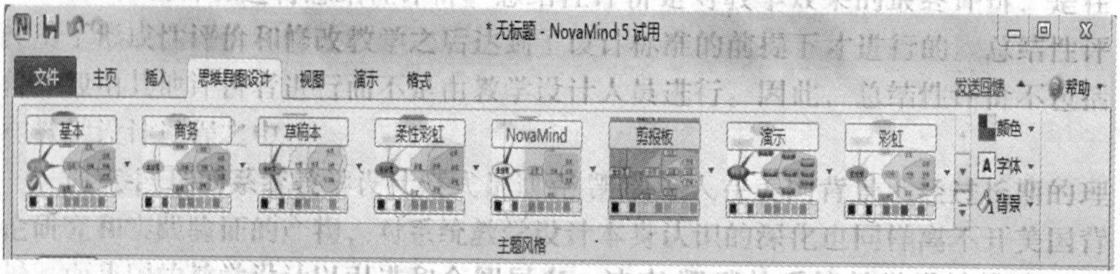

图 4-7　“思维导图设计”的操作界面

（六）“视图”操作界面

“视图”操作界面如图 4-8 所示。在“视图”菜单下，“全屏”可将思维导图绘制的界面实现最大化；“详细信息级别”点击下面的小三角，可以展开思维导图的一级项目、两级项目、全部项目以及收起所有的项目。“聚焦到分支”可以一次性地将所有的分支打开。“大纲视图”在思维导图非常庞大，信息非常多的时候会用到，可以迅速地查找信息并且进行修改。“媒体库”是系统自带3000多个高质量的图标、图形和背景，点击安装就可以使用。“任务信息”了解思维导图绘制的基本信息、完成度和时间等。在网络环境下，可以在线搜索视频、音频等插入思维导图。

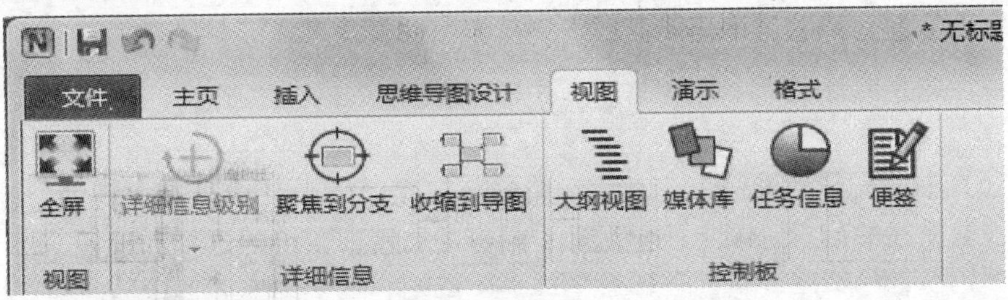

图 4-8　“视图”操作界面

（七）“演示”操作界面

“演示”操作界面如图 4-9 所示。在该工具栏下，可以帮助使用者将思维导图转化为 PPT，实现思维导图与 PPT 的相互交换。在幻灯片面板下，可以将思维导图转换成一页一页放映的 PPT。单击“幻灯片面板”创建面板，选中思维导图中的第一个项目后，点击“依据选择创建”就可以将第一个项目中的内容转化成一页幻灯片，依据同样的方法，将思维导图的所有内容就转化成幻灯片了；接下来单击“从第一张幻灯片”就可以开始演示幻灯片了。还可以选择“遍历”模式，遍历整个思维导图，它提供了一种便捷的方法来展示你的思维导图，在遍历的过程中 NovaMind 会自动替你展开/收缩相关分支。如果需要对思维导图的整个文字、格式进行检查的话，可以使用“遍历”模式，方便逐层检查。如果需要对演示过程进行更详细的控制，建议采用“幻灯片”模式。“导出”则是将幻灯片导出成图片格式，还可以对导出图片的尺寸、宽度、高度等进行设置，如图

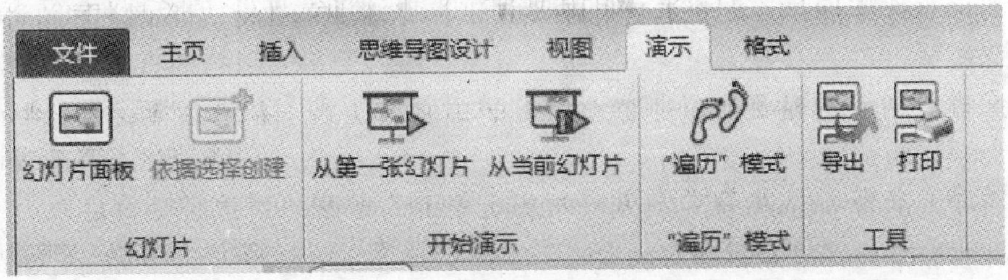

图 4-9　“演示”操作界面

4-10 所示。将思维导图导出一张张图片，导出图片效果如图 4-11 所示。

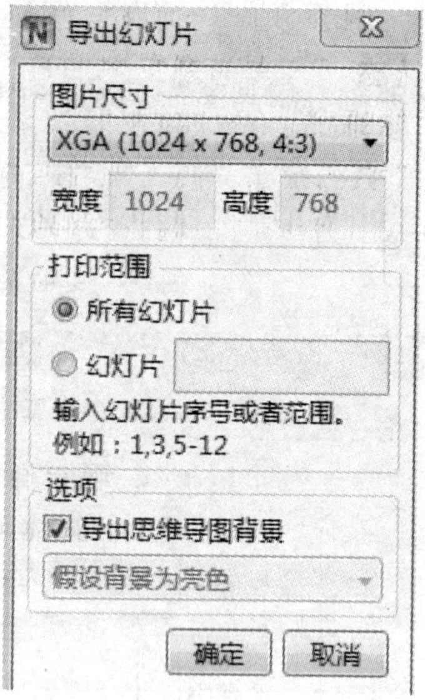

图 4-10　导出幻灯片图片设置

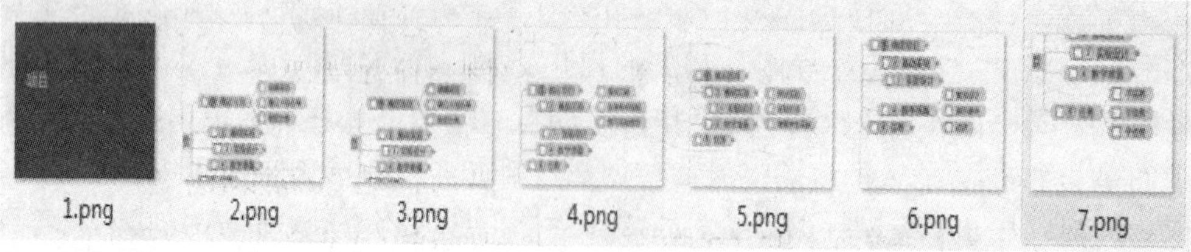

图 4-11　导出图片效果

（八）“格式”操作界面

“格式”操作界面如图 4-12 所示，它是使用最多的界面。选择项目，单击“布局”对思维导图的布局进行调整，可以选择“紧”“远”“正常”等布局间隙，快速调节思维导图的布局。在“高级设置”中也可以对思维导图的布局快

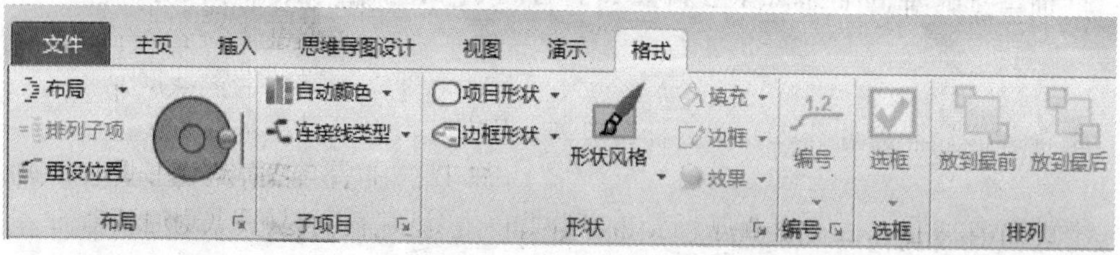

图 4-12　格式操作界面

速设计。“排列子项”和“重设位置”可以使思维导图回到最原始的布局。“自动颜色”和“连接线类型”对项目线条的颜色和连接线的类型进行设置。在“项目形状”中选择自己喜欢的形状，“边框形状”可以将同一项目下的内容放置在边框里。“填充”里可对边框里的颜色进行随意的选择，“边框”中可对边框的颜色以及宽度等进行设置。

（九）基本鼠标键盘操作

先从基本的鼠标键盘操作开始，这些小技巧用熟悉后能极大提升你的效率：

（1）回车创建同级节点，“Insert”键创建子节点，“Shift + 回车”键在当前节点前插入同级节点，“Ctrl + Shift + 回车”创建一个插图节点。

（2）上下左右键切换选择节点。选中节点后，按 F2 编辑文本（鼠标单击也可以），如果没有用输入法，直接打字就可以编辑了。这个功能很好用，可以帮助你不用鼠标就完成导图编辑。

（3）在导图背景上用鼠标右键拖曳可以卷动整个导图，按住 Ctrl 键滚动鼠标滚轮可缩放导图，非常好用的功能！

（4）用鼠标左键在导图上画框（就像星际争霸里选兵一样）就可以同时选择多个节点。你也可以按住 Ctrl 键点击来选择/不选择节点。

（5）Ctrl + D 可以切换当前选中的节点的子节点的展开层数。

（6）和 Office 一样的，Ctrl + Z 撤销、Ctrl + Y 重做、Ctrl + S 保存、Ctrl + W 关闭文档、Ctrl + O 打开文档、Ctrl + N 新建文档。

（7）F1，切换到全屏。

（十）布局

NovaMind 的布局功能算是它的一个法宝，很有特点和特色，在人性化方面做得更是很出色，一旦掌握了以下几个小技巧后，你就能轻易用它做出几乎任何你想要的效果。

（1）任意的移动拖放思维导图节点，怎么办？

鼠标移动到节点上之后会浮动出拖放图标：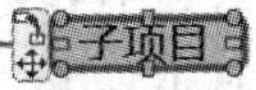

。拖放图标的不同部位即可改变节点的位置。

（2）图片放到思维导图的某个地方同时又不希望影响其他节点的位置，怎么办？

在插入的图片/形状上点“右键菜单→布局→布局时忽略形状”即可。选择“右键菜单→排列→放到最前/最后”可以设置图片/形状覆盖的先后顺序。

（3）点拖得乱七八糟，想要回到原来的布局上，怎么办？

在节点上选择“右键菜单→布局→排列子项”即可将手工拖动过的子节点的位置重新排列。可以在子节点上点击“右键菜单→布局→重设位置”来重置子节点的位置。

（十一）图片和节点的设置方法

（1）与其他思维导图软件不同，NovaMind 的节点大小你是可以随便任意调整的，选中节点后拖动边上的节点尺寸调整工具即可。一旦手动调整过节点，鼠标移动到节点上方时旁边会出现一个“锁”的图标，点击即可重置节点尺寸。

（2）点击窗口右下角的“媒体库”图标，打开媒体库。把图片拖放到节点上，选择位置即可插入图片，有六个插入选项，分别是上、下、左、右和浮动节点、背景图。

（3）选择图片后拖动旁边的尺寸调整工具就可以调整图片尺寸。图片最大尺寸受节点的尺寸限制。

（4）在图片上点右键，可以选择图片的变形方式。缩放以适应、缩放以填充、拉伸以填充三种形式。

（5）把图片从节点的一个位置拖放到另一个位置，也可以直接拖放到其他节点上。拖放时按住 Ctrl 键，就能复制一个图片到目标节点上。

（十二）格式设置

（1）NovaMind 提供了一些预先设置好的模板，也可以在高级格式对话框里设置格式。点击右键，选择“形状格式”即可调出高级格式对话框。注意 NovaMind 的高级格式对话窗口和 MindManager 格式对话窗口的模式对话框不一样，你不用关闭高级对话框，可以继续编辑操作。可以在快速完成整个导图之后，再把高级对话框调出来设置格式。可以一次设置多个节点的格式，只需要选择多个节点后再设置即可。

（2）设置了父节点的格式，想让子节点也采用类似的格式的话，可以先选中父节点，在每种格式设置界面下方都会有个“应用父项设置到子项”按钮，点击一下就可以了。

五、思维导图在教学设计中的实践应用

图 4-13 是教师运用思维导图绘制的教学设计图，教师的教学内容注重渗透能量观，教学过程关注能量观，教学目标达成能量观。在教学内容的设计和教学过程的实施中，将化学反应伴随着能量转换这一观念，对学生进行了由浅到深的渗透。从巴西酒吧失火的国际事例创设情景导入新课，通过设计使学生从视觉和听觉上潜在感知能量。在钠与水反应放热的背景下类比学习铝与水反应，设计类比感知能量。通过现场实验探究铝与氧气的反应，铝与酸碱的反应，设计现场触摸，现场体验，使学生真切感受和认识能量。现场播放铝热反应焊接钢轨视频，让学生从视觉、听觉、感觉上直观感受和认识能量。整个过程以思维导图的形式呈现，实现图文并茂和关键信息的有效提炼，帮助教师有效地展开能量观建构过程，从而最终达成教学目标。

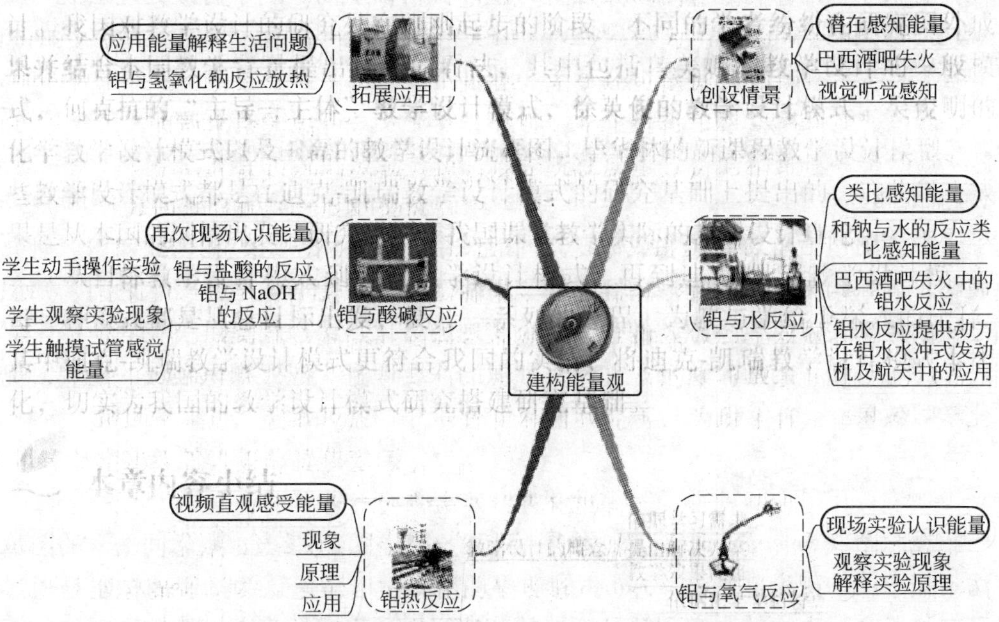

图 4-13　用思维导图绘制的“金属铝的化学性质”的教学设计图

图 4-14 是用思维导图软件绘制的化学课中“自然界的水”的教学设计图。

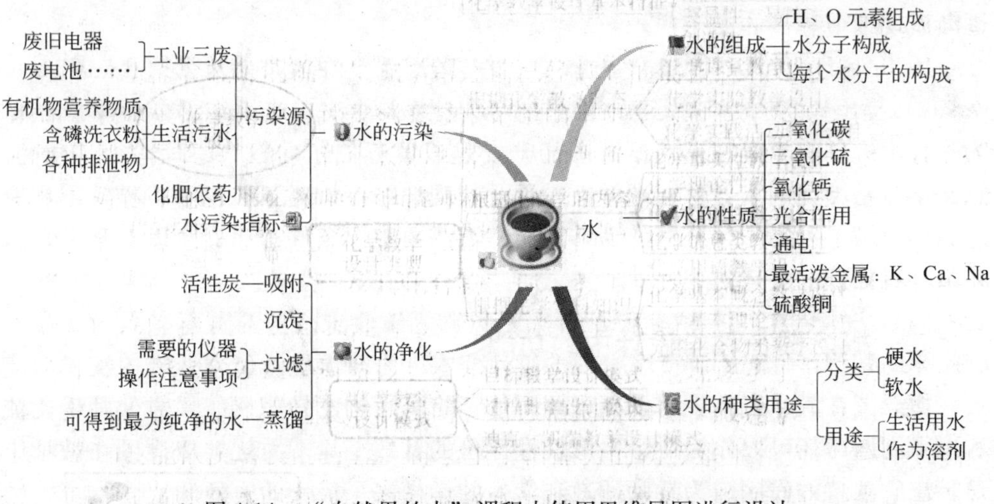

图 4-14　“自然界的水”课程中使用思维导图进行设计

思维导图利用本身所具备的逻辑归纳的特点，帮助我们从教学材料中找出重点，选择并提炼出关键词，进行全面的逻辑梳理与归纳，不仅锻炼了归纳思维能力，而且使材料本身变得条理清晰。思维导图从多维空间显示了高度的全局整体性，着眼于全局，可以从宏观角度进行整体分析，从而有利于有效处理宏观与微观之间的关系。

第二节　可视化工具——概念图

概念图包括概念、概念或命题之间的关系，主要用来组织和表征知识。研究表明，用结构图的方式呈现内容，比文字描述更容易使学生明白概念之间、知识之间的逻辑关系。概念图软件也为知识实现网络化、结构化提供极大的便捷，促进学习者对知识的形象认知，加深对知识的深度理解，把握知识领域的全貌，优化学习效果。

一、概念图简介

概念图（concept map）是一种用节点代表概念，连线表示概念间关系的图示法。概念图的理论基础是 Ausubel 的学习理论。学习理论认为知识的构建是通过已有的概念对事物的观察和认识开始的。学习的过程就是建立一个概念网络，不断地向网络增添新内容，使其网络结构更加庞大，学生的知识概念更加丰富，并且是有序的。为了使学习有意义，学习者个体必须把新知识和学过的概念联系起来。Ausubel 的先行组织者主张用一幅大的图画，首先呈现最笼统的概念，然后逐渐展现细节和具体的东西。

1970 年 Joseph D. Novak（约瑟夫·D·诺瓦克）在康奈尔大学（Cornell University）提出概念图绘制技巧。当时，Novak 将这种技巧应用在科学教学上，作为一种增进理解教学技术的概念图的开发是以奥苏伯尔的教育心理学为基础的。意义学习是奥苏伯尔教育心理学中最重要的观念之一，奥苏伯尔对机械学习和有意义学习做了重要的区分，认为有意义学习需要三个条件，而概念图对于满足这些条件有独到的优势。

二、概念图在教学设计中的功能

概念图在教学过程中帮助师生整理加工信息，构建知识网络，方便师生交流和思考问题，还可以作为对学生形成性评价的有效工具。总之，概念图在教学中显示出它独特的作用，为教师的教和学生的学带来了极大的方便和快捷。

（一）概念图作为教学设计工具，表达教学思路

概念图可以用形象直观的图式来表达教学设计的流程。教师借助概念图辅助教学设计，有助于教师理清概念间的关系，理清教学内容之间的关系，并根据教学内容的内在结构设计合理的教学计划。同时，概念图帮助教师降低教学设计的

难度和复杂性，减少传统教学设计复杂的文字叙述。此外，教师还可以利用概念图进行学习资源与学习过程的设计，用来组织学习资源，达到信息综合和有效组织的效果。

（二）概念图作为教学生成工具，辅助学生学习

教学过程是师生互动、共同发展的协调互动过程，常规的教学软工具只起到了演示功能，而不能即时地把教学过程中产生的信息记录和表达出来。概念图作为教学生成工具，真正参与到教学互动之中。教师可以运用概念图软件进行教学，系统化地呈现知识结构，不仅帮助提高学习者的思维认知水平，而且使他们的认知水平提升到一个新的层面上，辅助学生解决各种更加复杂的问题。

（三）概念图作为教学任务支架，促使完成任务

利用概念图可以制作学生的学习支架，从而促进学生有效地开展学习活动，明确学习活动的基本步骤，及时完成学习任务，积极讨论和拓展一些思想等。在实际操作过程中，教师可以利用概念图搭建一个思维的脚手架，运用特殊的符号标出其中需要学生自己解决的问题以及它们之间的关系等，提示学生认知其中的关系，为学生搭建扶梯，达到完成学习任务的目的。教学任务支架概念图如图 4-15 所示。

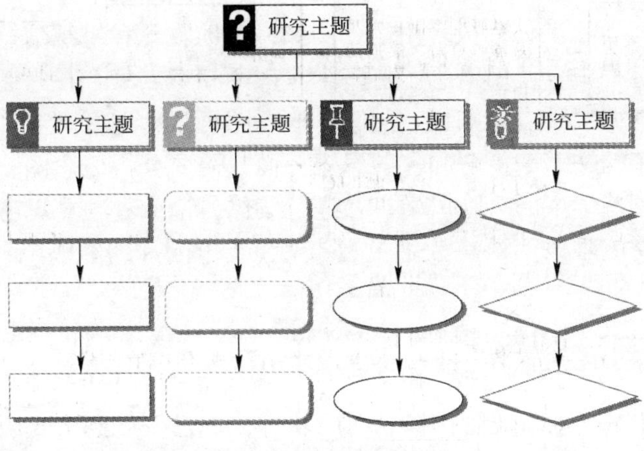

图 4-15　教学任务支架概念图

（四）概念图作为教学反思工具，提升教学效果

教师可以借助概念图（图 4-16）进行教学反思，通过对学习效果、是否实现教学目标、教学设计方案的可行性以及教学过程等方面来进行反思，有助于认清教学中存在的不足，提升自我教学水平；学生们可以通过自我检测和对比概念图，找出所创设概念图中的缺陷，制定进一步的修改方案，在完善概念图的过程中，提升对知识的理解和融会贯通，学会在反思自己学习作品的过程中获得成长。

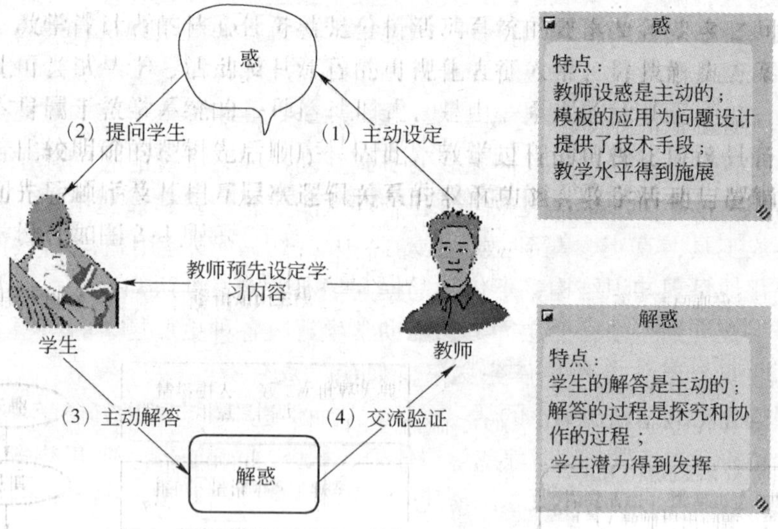

图 4-16 教学反思概念图

（五）概念图作为学生学习工具，整合知识体系

概念图作为学习工具有很多用途。例如，帮助收集和组织信息，在收集和整理教学内容的过程中，使用概念图将多个零散的知识点集合在一起，帮助学生从纷繁的信息中挖掘出重点的知识。同时，概念图可帮助进行交流和协作，师生不再需要阅读繁多的文字来了解同伴的思想，而只需要分析概念图，就可以快速理解。概念图也支持学生的头脑风暴，在进行集体讨论或者独立思考时，用概念图来帮助表达和交流难以用语言表达的复杂观点。图 4-17 给出了设计的物质的物理属性概念图。

三、概念图绘制软件——Inspiration7

Inspiration7 是一款专业制作概念图的软件，现已发展到 7.6 版本。它的功能强大、工具齐全，将学习者的思维过程以视觉符号的形式来呈现和记录，被广泛应用在语言艺术、科学、社会研究以及任何的思维构建过程当中。

Inspiration7 软件具有以下几方面的特点：

(1) 在 Windows 中启动 Inspiration7。打开【开始】菜单，选择【所有程序】，单击【Inspiration 7】，即可打开一个新窗口，默认为无标题的图表形式。

(2) 介绍图表界面（图 4-18）。打开 Inspiration 7，即进入图表界面。主要功能都列在了顶部的图表工具条、底部的格式工具条和左侧的符号控制面板中。

(3) 输入主题内容。当你打开 Inspiration7 时，在工作区中央就显示出一个符号框图，默认状态下里面写着“Main Idea”字样，这就是开始主题。单击符号

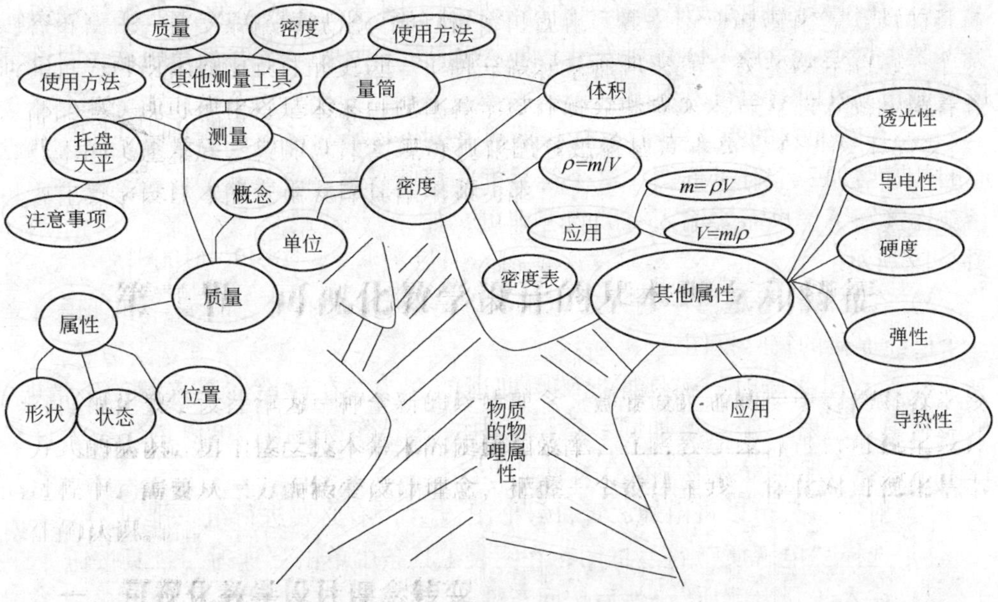

图 4-17 物质的物理属性概念图

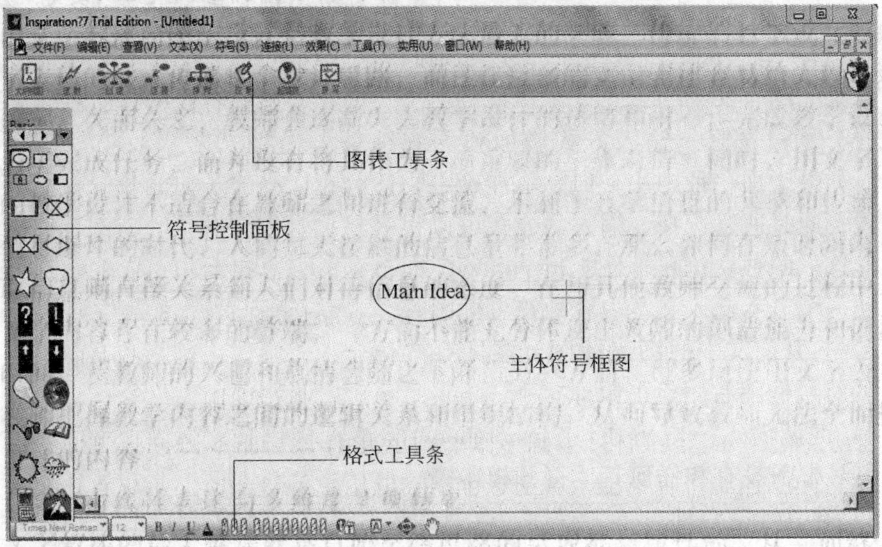

图 4-18 图表视图界面

框图，选择符号控制面板中的符号，输入有关主题内容为“化合物”。

（4）利用创建工具增加已经互相连接的符号框图。在视图界面中有多种增加符号框图的方法，其中利用创建工具增加已经互相连接的符号框图是一种简单的方法，利用这种方法可以直接进行选择。

1）在符号控制面板中选择一种符号框图，图表工具条上的“创建”按钮处于可操作状态，当将鼠标移到按钮上面，指向每一点时，该点改变颜色，即可直接增加相应方向的新符号框图。

2）在右上方的点上单击鼠标，即可在对应的位置增加一个符号框图，这个符号框图已经被连接好了，只需要输入有关内容即可，如图 4-19 所示。

图 4-19　创建图标

3）在新的符号框图中输入“电解质”。然后单击右上边的点，再直接建立一个已经连接的符号框图。

（5）利用“速射”工具捕捉转瞬即逝的念头。在讨论你感兴趣的事情时，可以利用“速射”工具增加同一层概念中的一个符号框图，可以创建多个符号框图，更容易把注意力集中在有关思想内容上。

“速射”工具可以自由地放置符号框图，没有必要进行组织排列。

1）选择“电解质”符号框图，在图表工具条中单击“速射”工具按钮。

2）输入“强电解质”，然后按回车键。

3）输入“弱电解质”，然后按回车键。

4）输入“导电性”。

5）再次点击闪电工具按钮，取消该项操作。

结果如图 4-20 所示。

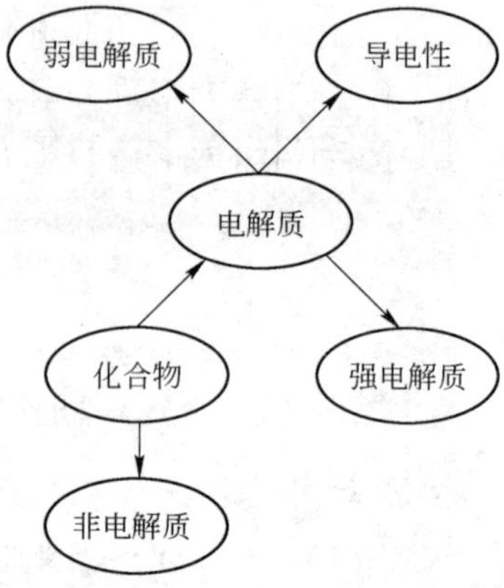

图 4-20　效果图

（6）通过选择、输入方式增加独立的符号框图。如果增加一种想法，但是不能确定它适合的位置，此时通过选择、输入的方式可以很容易地建立这样的独立符号框图。Inspiration7 能自动地创建一个显示输入文本内容的符号框图。

1）打开前文中的图表视图，在标有“化合物”的符号框图右侧点击鼠标。

2）键盘输入“电解质”。Inspiration7 能够直接创建输入文本的符号框图，这个符号框图没有和任何其他符号相连接。

3）在其他空白地方单击鼠标，取消对当前符号框图的操作。

（7）改变符号框图的图形。利用符号控制面板中的符号框图可以很容易地替代图表视图中的符号图形。软件提供了 1300 个彩色的常用符号图形，其中包括几百个图像品质高的和动画符号图形，这些符号框图被分门别类地放置在符号库中。

1）选择“化合物”符号框图。

2）在符号控制面板中，打开符号图库，选择其中的“科学”（每天的）中的“化学工具”项。

3）点击“试管”。“化合物”的符号框图就自动变换为这个图形了（图 4-21）。

（8）利用拖曳方式增加特殊的符号框图。利用拖曳方式从符号控制面板中选择符号框图，这时的符号框图没有和任何其他符号框图相联系。

1）在符号控制面板中，打开“科学”图库，选择“化学工具”项。

2）用鼠标左键点击“烧杯”的符号框图，并拖动它到工作区，然后释放鼠标。

（9）连接符号框图。现在开始进行符号框图间的连接，从而显示出彼此的关系。

1）选择“强电解质”符号框图，这是连接的起点。

2）在图表工具条中，点击连接工具按钮，使它处于激活状态。

3）选择“导电性”符号框图，它是连接的末端，此时就出现了一条有箭头的线指向这个符号框图。

4）再点击“强电解质”符号框图。

5）点击“烧杯”的符号框图，又一条有向直线指向了这个符号。

6）点击连接工具按钮，关闭连接工具（图 4-22）。

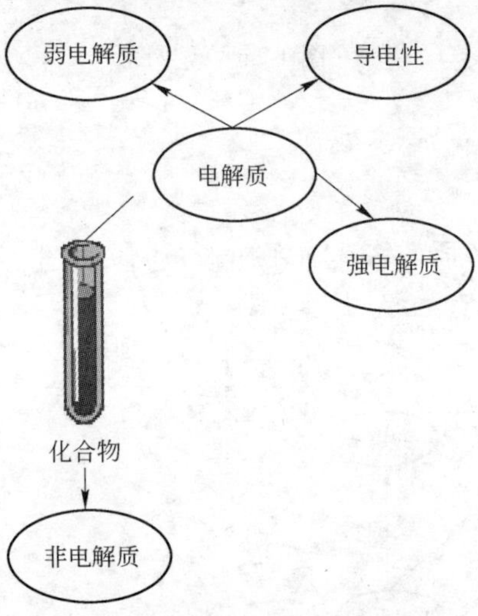

图 4-21　效果图

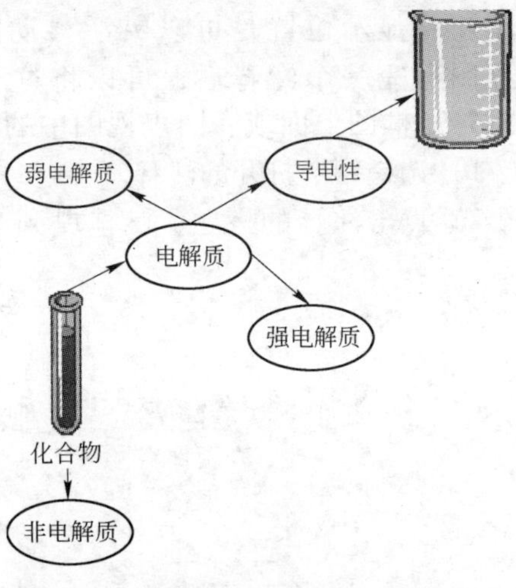

图 4-22　效果图

（10）加入连接说明的方法。当每个连接被选中时，就会显示出一个文本框，在此可以加入对两个符号框图关系的详细说明。

1）选择“强电解质”和“导电性”两个符号框图间的连接，你会看到与此连接相关联的一个文本框，可以在其中输入你的内容（图 4-23）。

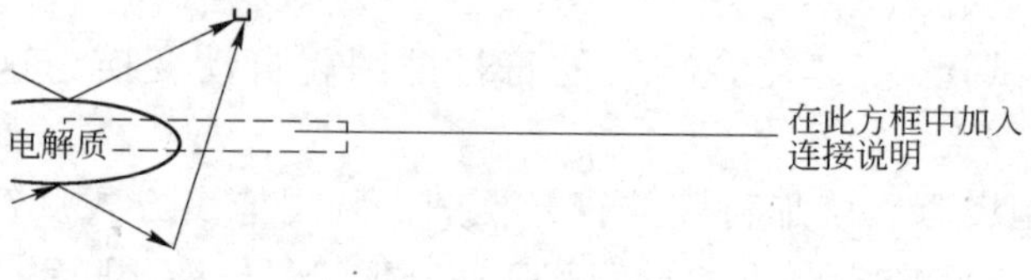

图 4-23　添加内容

2）输入“导电性强”，再点击鼠标取消输入状态，结果如图 4-24 所示。

（11）加入符号框图的注释。在图表视图中，为每个符号框图加入注释是非常有用的。这些注释允许你拓展自己的思想，并且当能够坚持用这种可视化方式思考时，事实上加入注释就是写作过程的开始。

1）选择“弱电解质”符号框图，在图表工具条中点击“注解”按钮。

2）在注解中输入“部分电离，弱酸、弱碱、水”。

（12）移动注解。因为有不同的情况，所以注释显示位置是可以灵活移动的。为某框图写完一个注释后，可以将这个注释移到符号框图上面或者图表视图中的其他任何位置。

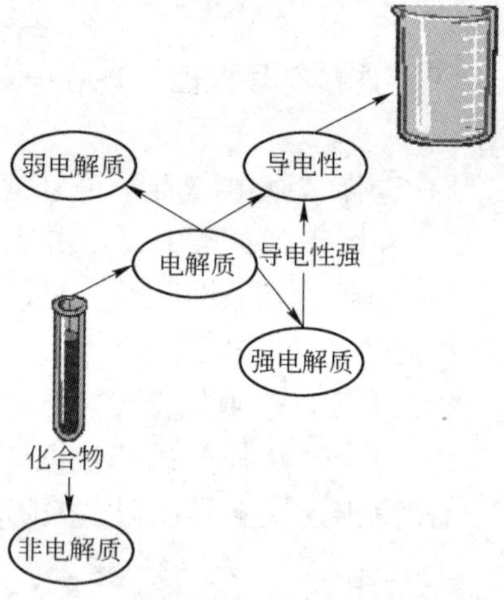

图 4-24　效果图

1）选择一个打开的注释。

2）点击注释的标题栏，拖曳到“弱电解质”符号框图的右边，如图 4-25

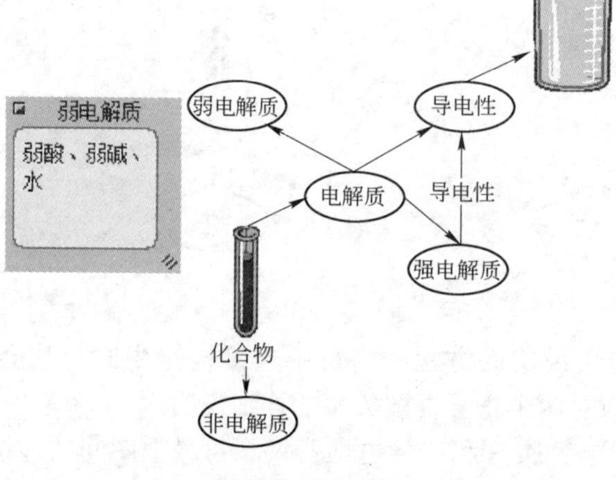

图 4-25　效果图

所示。

（13）移动符号框图。你也能够将符号框图移到图表视图界面的其他位置。

1）选择“弱电解质”符号框图。

2）拖动这个符号框图到“导电性”和“弱电解质”两个框图的中间，再释放鼠标。

（14）改变符号的背景颜色。颜色对符号图像是很重要的，它有利于区别图表视图中的不同项目，也常用来标识同一类的相关思想。

1）选择“弱电解质”“强电解质”和“导电性”三个符号框图。

按下“Shift”键可以同时选择多个符号框图，同时改变颜色，也可以单个改变其背景颜色。单击选择符号框图。

2）在格式工具条，点击填充颜色按钮，并在弹出的调色板中选择一种颜色。

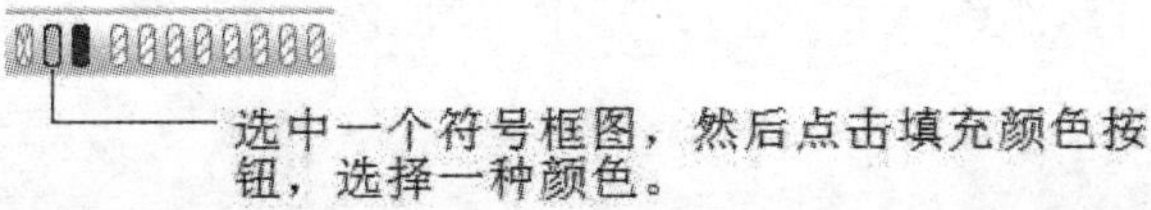

当你选择一种颜色后，符号框图中的背景颜色就变化了。

3）点击鼠标取消当前对符号框图的操作，将符号框图变得五彩缤纷。

（15）图表视图转换为大纲视图。将图表视图转换为大纲视图后，原来的信息内容结构会按照习惯的层次展现。

1）选择“化合物”符号框图。

2）点击图表工具条中的大纲视图按钮（Outline），即可将图表视图转换为大纲视图，现在符号框图以及注释的内容以提纲的形式展现出来，即使是原来没有命名的“烧杯”的符号框图也被自动地按照图片的主题进行了转换，并且在转换过程中不会丢掉任何思想间的关系，如图 4-26 所示。

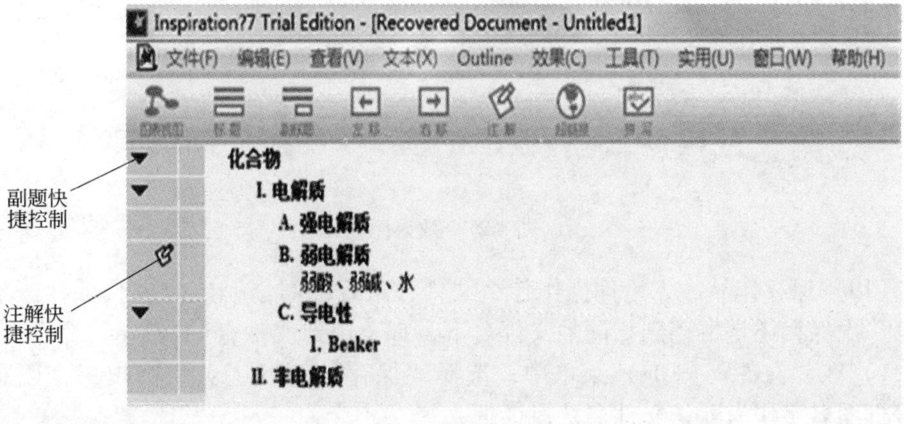

图 4-26　大纲视图界面

（16）增加主题。在大纲视图中也可以像在图表视图中一样容易地增加主题。

1）点击“化合物”主题的选择控制条，在该主题周围显示出一个方框，即表示处于被选中状态。

2）在大纲工具条中点击标题按钮。Inspiration 会增加一个主题，并自动地进行标识序号，同时新增的主题处于编辑状态，你就可以输入内容了。

3）输入“至少两种元素”。

（17）增加副题。增加副题内容也很容易，还提供了为主题追加信息等功能。

1）选择“至少两种元素”主题，点击大纲工具条中的副题按钮。当为一个主题增加副题时，Inspiration 会自动地在该主题下增加栏目，并且标识序号，该栏目处于编辑状态。

2）输入“氧化物”。

（18）移动主题。有许多方法组织大纲视图，其中一种比较简单的方式是拖动主题或者它的副题至某处。

1）选择“氧化物”主题。

2）直接将它拖到“强电解质”副题，释放鼠标。

在你释放鼠标之前，被拖动的主题还在原处，你可以从移动的黑线确定主题将到的新位置，黑线上的小箭头表示出该主题在新位置的层次，如图 4-27 所示。

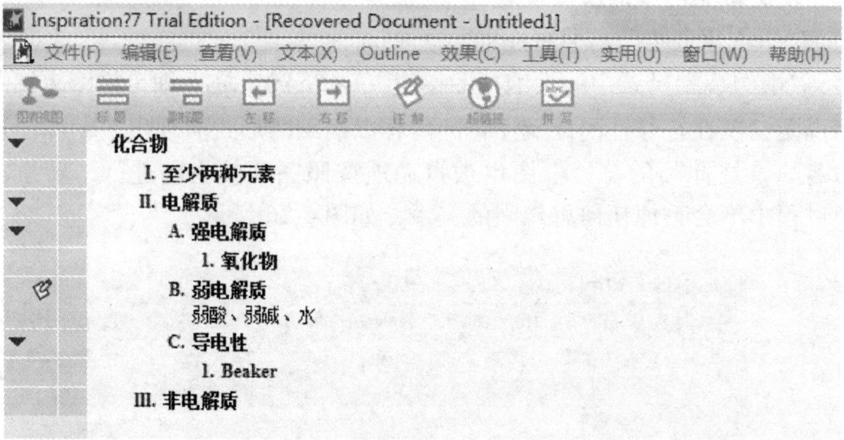

图 4-27　效果图

（19）保存作品。无论你操作什么文件，最好的习惯是定时进行保存。不论是第一次保存还是再存到相同的文件名下，都要用到“保存”（Save）命令。

1）在“文件”（File）菜单中，选择“保存”（Save），会弹出一个以主题符号框图名字作为默认文件名的对话框来。

2）如果有必要，选择你存储文件的文件夹。

3）单击“保存”。在 Windows 系统中，文件的扩展名是 . isf。

4）退出 Inspiration。如果你准备中断教程学习，在保存你的文件后可以退出 Inspiration，下次可以跳过这步选择下一个教程内容。

①在“文件”菜单中选择“退出”（Quit，Exit）即可关闭文件，退出 Inspiration，如果你改变了当前文件，系统会提示是否进行保存。

②点击“是”即保存了你的修改并推迟 Inspiration。

四、基本的思维地图

基于人的大脑接受机制，思维地图可分为八种类型，分别对应人在思考时的八种基本思维过程，如图 4-28 所示。思维是人脑对客观事物间接的、概括的反应。思维过程是在头脑中对事物进行分析、综合、比较、抽象、概括、分类、推理、因果分析等。

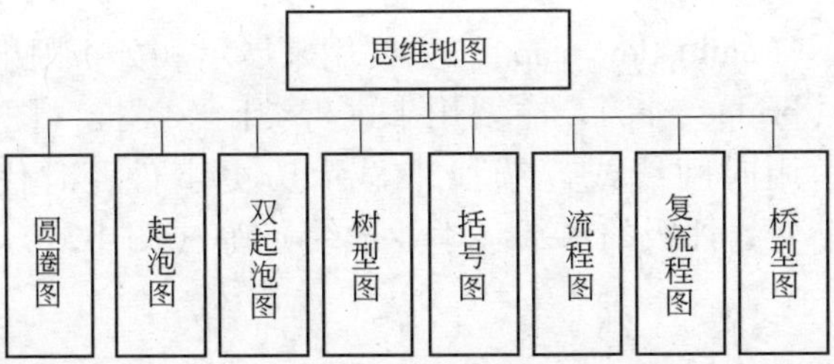

图 4-28　思维地图类型

（1）圆圈图（circle map）。主要通过提供相关信息来展示与一个主题相关的知识（图 4-29）。

（2）起泡图（bubble map）。主要是形容词或形容词短语来描述物体（图 4-30）。

（3）双起泡图（double circle map）。主要用来进行对比和比较（图 4-31）。

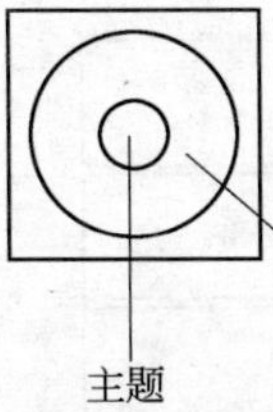

图 4-29　圆圈图

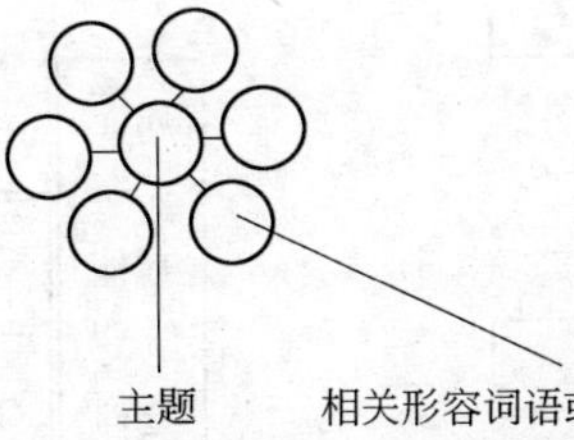

图 4-30　气泡图

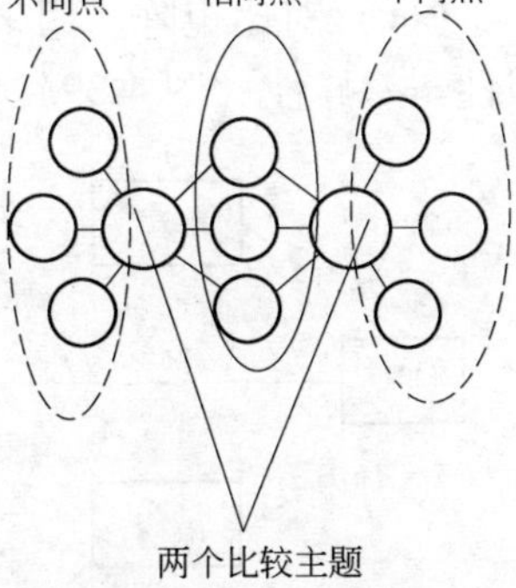

图 4-31　双气泡图

（4）树型图（tree map）。主要用来对事物进行分组或分类（图 4-32）。

（5）括号图（brace map）。主要用于分析、理解事物整体与部分之间的关系（图 4-33）。

（6）流程图（flow map）。主要用来列举顺序、时间过程、步骤等。用来显示一系列事件是如何相互作用而产生一系列结果的（图 4-34）。

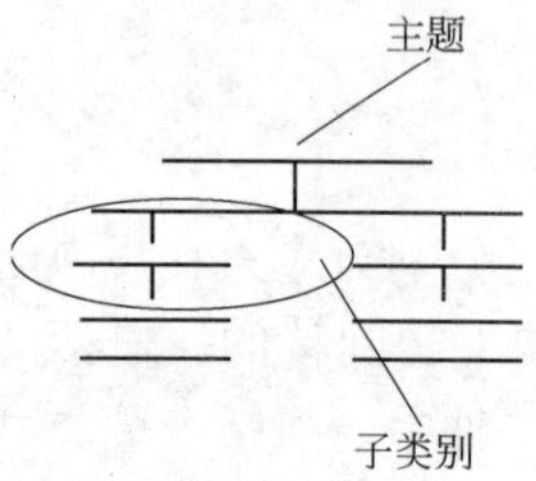

图 4-32　树型图

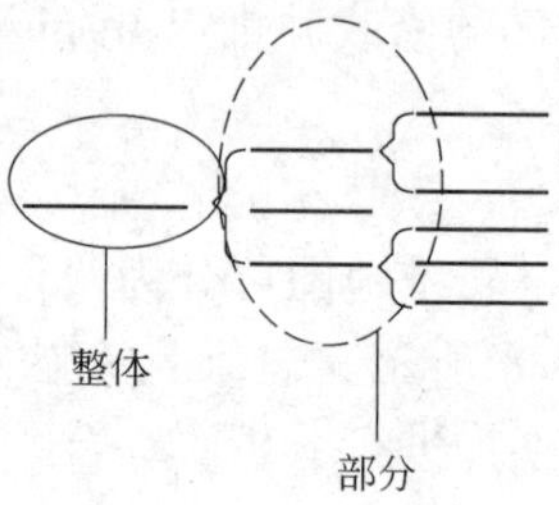

图 4-33　括号图

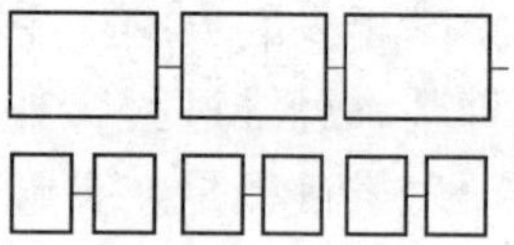

图 4-34　流程图

（7）复流程图（multi-flow map）。主要用来展示和分析因果关系（图 4-35）。

（8）桥型图（bridge map）。主要用来进行类比、类推（图 4-36）。

（9）连续体。用时间线或连续线来显示历史事件、时代年龄、事物程度（高低）、意义的渐变、评级的水平（学业成绩）等（图 4-37）。

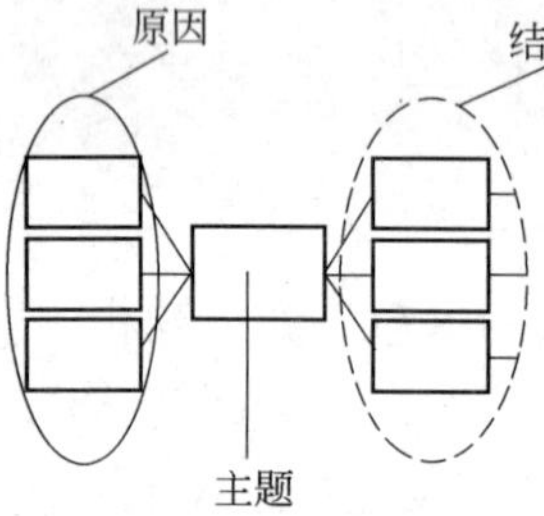

图 4-35　复流程图

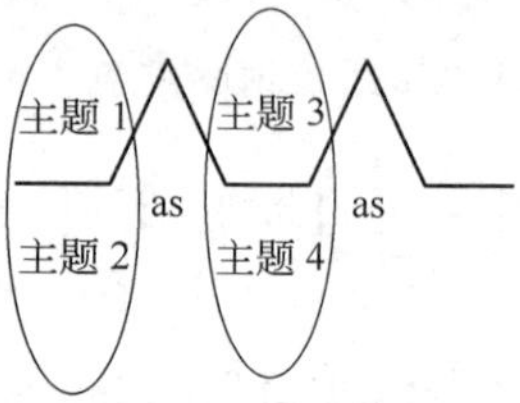

图 4-36　桥型图

图 4-37　连续体

（10）鱼骨图。用来显示一个复杂事件或复杂现象的因果互动（图 4-38）。

（11）对比矩阵。用来表达两件事物（人、地点、事件、想法等）之间的相似性与差异性（图 4-39）。

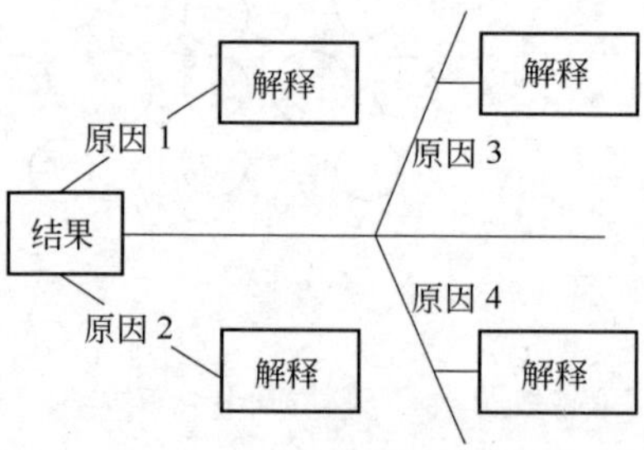

图 4-38　鱼骨图

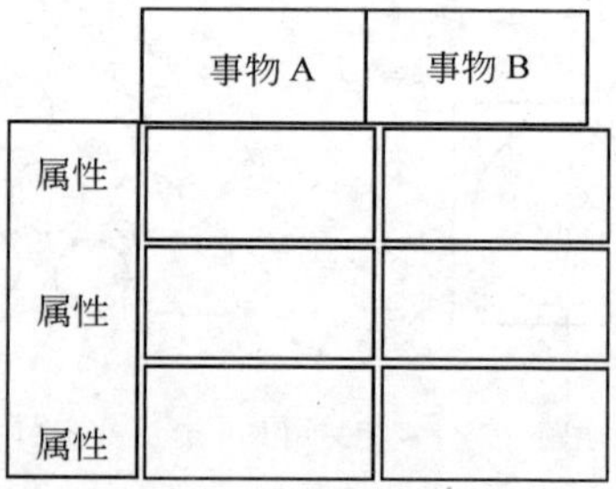

图 4-39　对比矩阵

（12）对比图。用来对比不同事物间的相似性与独特性等（图 4-40）。

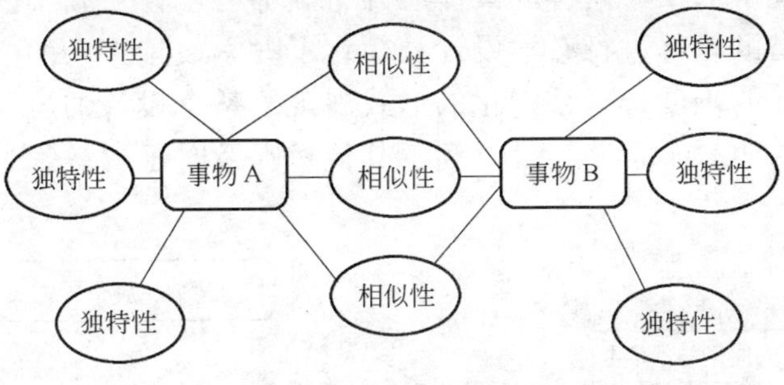

图 4-40　对比图

（13）主题树。用来显示因果信息、层级关系、分支程序、整体局部、主题专题等关系组织信息的层级序列，反映上位的或从属的元素（图 4-41）。

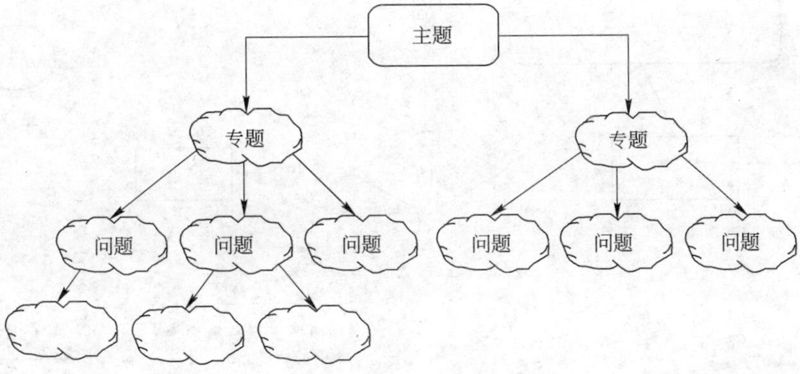

图 4-41　主题树

（14）维恩图。用于显示事物异同点，由两个或两个以上互相部分重合的圆组成。每一个圆代表一个特定的概念和观点。概念之间的共同特征（相似点）写在两个圆重叠的区域内，独有的特征（不同点）则写在相应的圆中重叠区域之外的部分（图 4-42）。

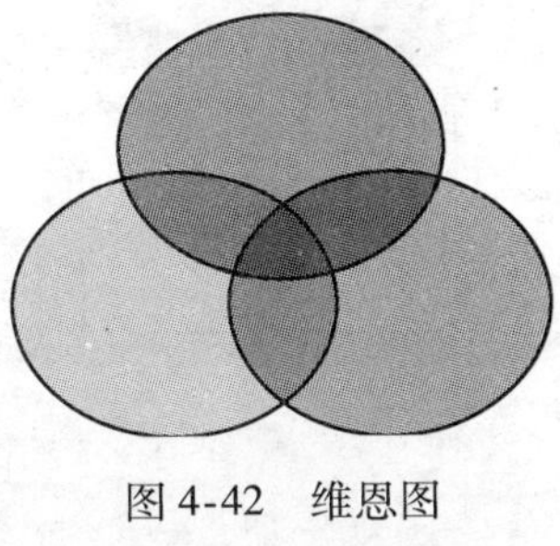

图 4-42　维恩图

五、概念图在教学设计中的实践应用

图 4-43 是运用概念图设计的“构成物质的微粒”一节课。教学设计从原子入手，依次呈现原子的结构，并以图示的形式直观展现原子的结构，帮助教师直观认识原子的结构，同时，提醒教师在教学的过程中进行可视化教学。从原子为起始点，表现出原子与离子、分子以及离子之间的关系。教学设计的整

个过程始终围绕着原子展开，并关注原子与其他概念之间的关系。概念图软件的注解功能实现了对某一内容的具体展开，教师可以针对教学内容展开深化和深入的剖析。借助软件进行教学设计，简化了教学设计繁杂的文字叙述，降低了教师教学设计的难度，以结构化的形式展现了整个设计的思路过程，不仅帮助教师有效地阐明教学思路，也有利于其他教师及时了解教学过程，共同分享教学思想。

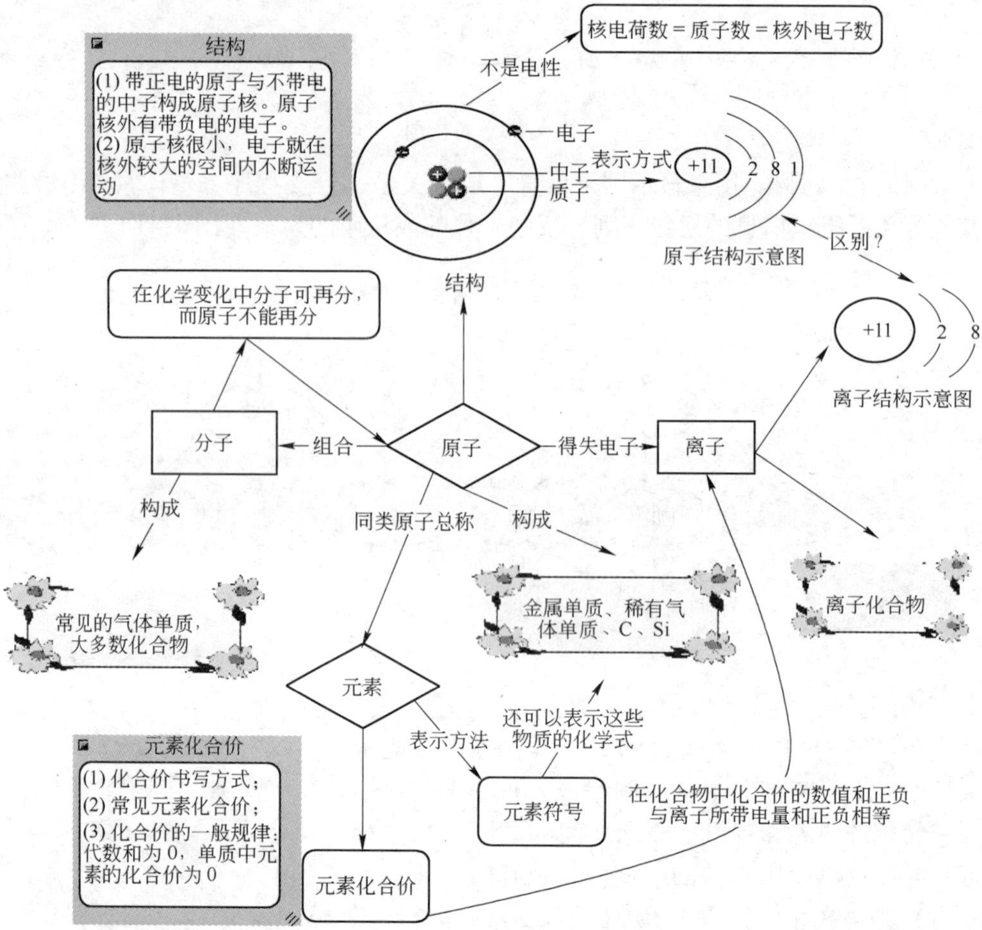

图 4-43　Inspiration7 概念图案例

知识概念图案例如图 4-44 所示。

概念图可以用形象直观的图示来表达教学设计的流程。在教学设计的过程中，教师建立所有的宏观概念图，纳入所有的主要概念和原理，并将这种主要概念之间的关系表示出来。使用概念图辅助教学设计，有助于教师理清概念间的关系，并根据教学内容的内在结构设计合理的教学计划。

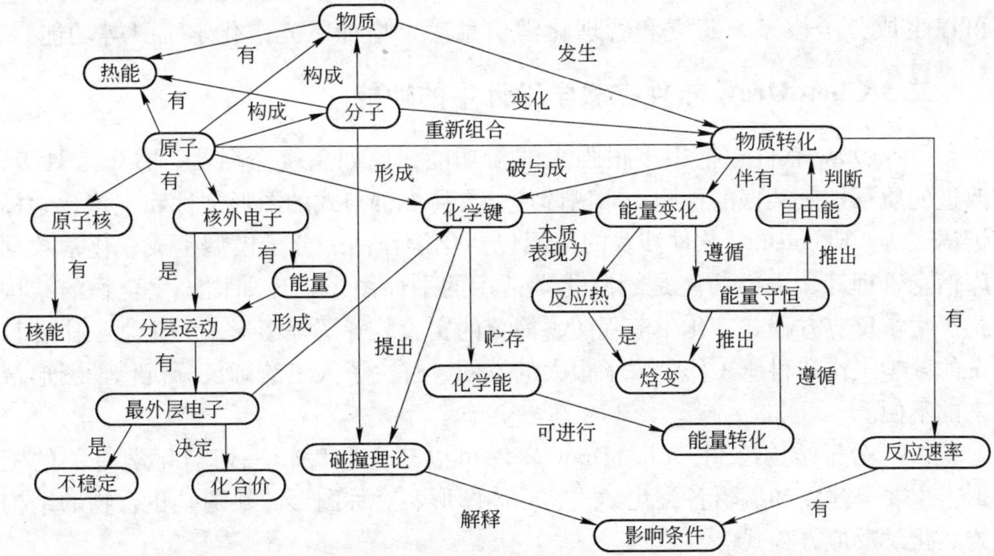

图 4-44　知识概念图案例

第三节　可视化工具——ChemDraw 软件

利用多媒体计算机工具可以优化教学手段、辅助化学教学过程。将计算机软件应用于化学教学中，就能很直观、很形象、很生动地表达出在传统的教学模式下不能表达出的微观的、抽象的过程，能够使化学教学中抽象的问题具体化、微观的问题宏观化、静止的问题动态化、枯燥的问题有趣化等。计算机工具软件使教学形式和教学内容多样化，使传统教学模式与现代化的教学模式相结合，在这种教学模式下能够弥补传统教学模式中的不足，共同优化教学过程。

一、ChemDraw 软件简介

ChemDraw 软件是目前国内外最流行、最受欢迎的化学绘图软件。它是美国 CambridgeSoft 公司开发的 ChemOffice 系列软件中最重要的一员。由于它内嵌了许多国际权威期刊的文件格式，近几年来成为了化学界出版物、稿件、报告、CAI 软件等领域绘制结构图的标准。

ChemDraw 软件的功能十分强大。可编辑、绘制与化学有关的一切图形，例如，建立和编辑各类分子式、方程式、结构式、立体图形、对称图形、轨道等，并能对图形进行编辑、翻转、旋转、缩放、存储、复制、粘贴等多种操作。

用它绘制的图形可以直接复制粘贴到 Word 软件中使用。最新版本的软件还可以生成分子模型，建立和管理化学信息库，增加了光谱化学工具等功能。

二、ChemDraw 软件在教学设计中的功能

ChemDraw 软件包括很多很强大的新功能，比如系统命名法、TLC 工具板、改进的质子核磁共振的预测、质谱碎片，支持多种格式的图形文件和支持化学标记语言等。ChemDraw 软件涉及的范围包括化学作图、分子模型生成、化学数据库信息管理等，主要功能是绘制化学常用的平面图形，比如描绘化合物的结构式、化学反应方程式、化工流程图、简单的实验装置图等图形，为化学工作者日常的教学工作和科研工作带来了很大的方便，解决了人工绘画、分析化学图形带来的不便。

（1）分子结构绘制：ChemDraw 软件可以建立和编辑一切与化学有关的图形，主要是建立和编辑各类化学式、立体图形、对称图形、轨道、化合物的结构式、化学反应方程式等。

（2）实验装置绘制：ChemDraw 软件提供了非常丰富的常用的实验仪器模板和各种玻璃器皿，可以很方便地用来绘制实验装置图，用户还可以根据自己的需要，自己编辑或者从外部其他文件中导入图形。

（3）分子性质预测及分析：ChemDraw 软件可以预测分子的很多性质和参数，比如相对分子质量、摩尔体积、元素组成比、表面张力、密度等，还可以粗略地预测质谱以及核磁共振；还提供了元素周期表，这样方便用户查询各种元素的相关数据。

（4）化学结构：ChemDraw 软件可以优化调整化学结构，使化学结构更加美观；可以检查化合物分子式是否正确，并能将不正确的地方标记出来，方便修改；还能使分子结构在三维空间旋转，并能借助 Chem3D 软件进行自动三维优化。ChemDraw 软件不仅可以将输入的化学物质名称直接转为物质结构图，省去绘图的麻烦，而且可以对已知结构的化学物质进行命名，给出正确的化学物质名称。

（5）其他功能：所绘制的图形具有矢量图的特点，无论怎么操作边缘都不会出现锯齿状，可以直接拷贝至 Word、PowerPoint 中使用，也可以使用 OLE 链接使用。而且此软件的默认设置和用户自定义设置都可随意保存和回复，也可以插入文字说明，添加注释，还能够根据需要定义文字和图形的大小、字体、颜色等属性，能够对结构、图形进行缩小、放大、旋转、翻转、移动等操作，还能进行剪切、粘贴、删除、复制、存储等操作。

ChemDraw 软件与常见的教学软件，如 Microsoft Word、PowerPoint 等联用，可以很好地完成一般化学教学及科技研究的制作，给化学教育和化学研究工作者

带来极大的便利。ChemDraw 软件应用到化学多媒体课件的制作中，可以使抽象的知识理论变得生动直观，这样有助于学生理解和掌握有关的知识；使教学过程简单化、清晰化，有助于提高教学效果；也有助于促进教育教学思想、新课程教学理念的发展，为探索新的教学模式和改革教学方法提供了很重要的理论依据。

三、ChemDraw 软件使用手册

（一）工作界面

ChemDraw 软件的工作界面如图 4-45 所示。

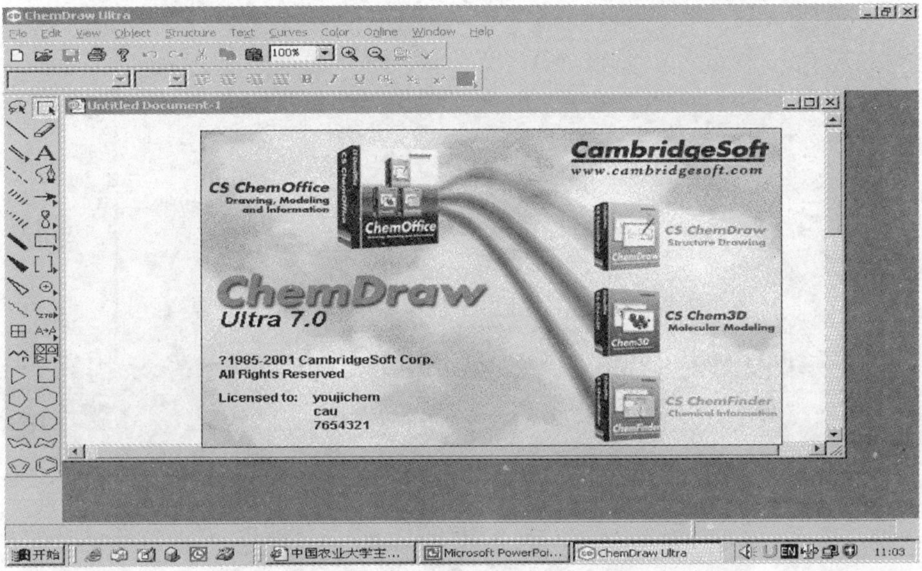

图 4-45　ChemDraw 软件的工作界面

（二）常用术语

常用术语有：

（1）点位：移动鼠标的光标到所要进行操作的位置，如果选择的位置在图形结构中的键、原子、线等的上面，一般出现黑方块，称之为光标块、选择块或操作块，如图 4-46 所示。

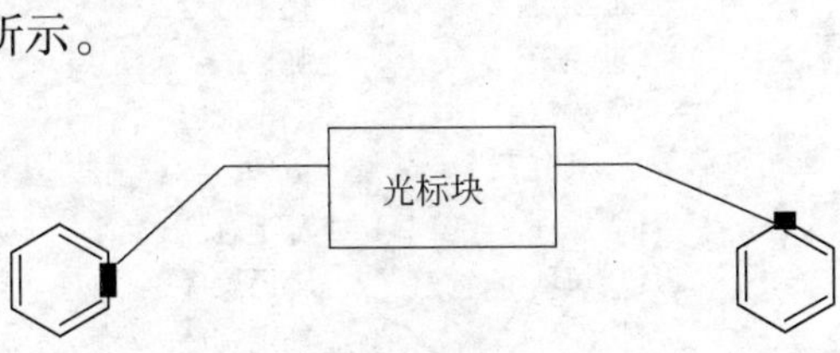

图 4-46　点位效果

（2）选择：用鼠标的光标选中某个对象，使对象产生光标。选择对象并不意味着动作，只是标记要操作的对象和点位。

（3）单击：快速按下鼠标键（左或右键），然后快速抬起。

（4）双击：快速操作两次单击。

（5）拖动：由三部分动作组成——按下鼠标左键选择对象，移动鼠标，将被选的对象移动到指定位置后抬起鼠标。

（三）工具板

工具面板的界面如图 4-47 所示。

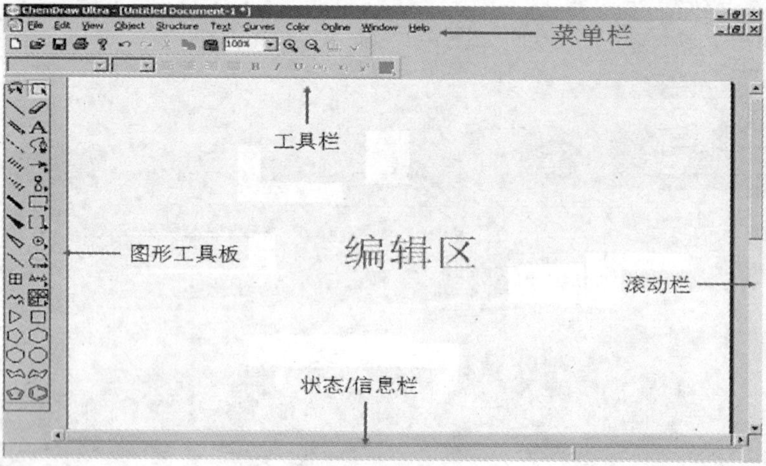

图 4-47　工具面板

（1）图形工具板，如图 4-48 所示。

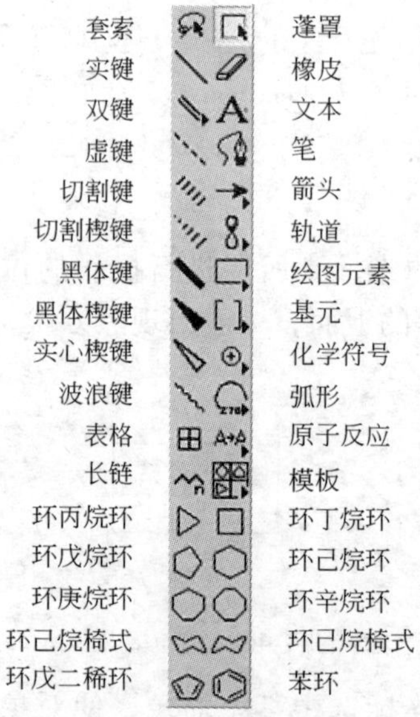

图 4-48　图形工具板

（2）模板工具，如图 4-49 所示。

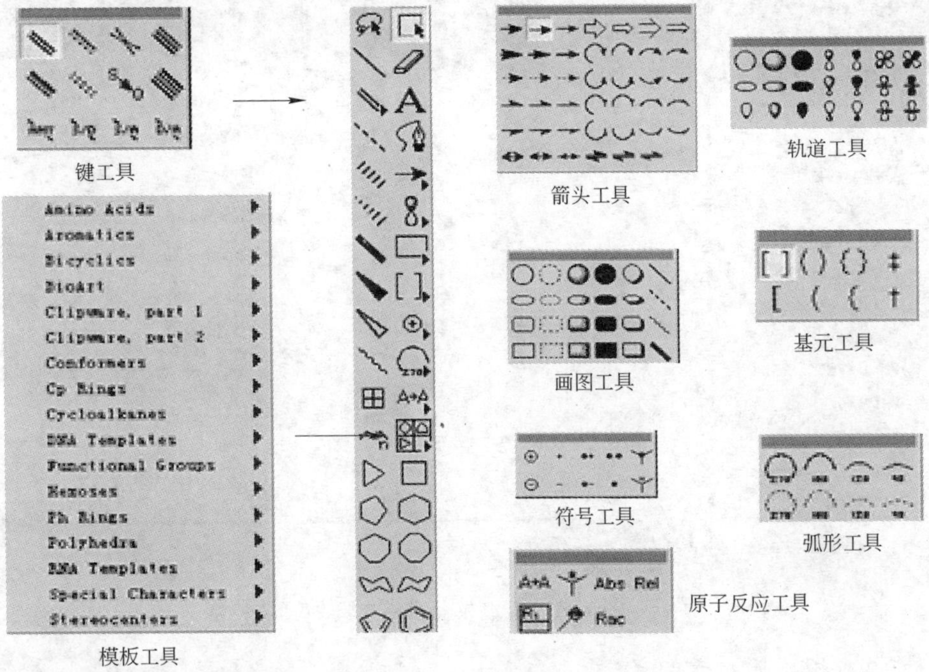

图 4-49　模板工具

（3）仪器模板工具。玻璃仪器模板工具如图 4-50 和图 4-51 所示。

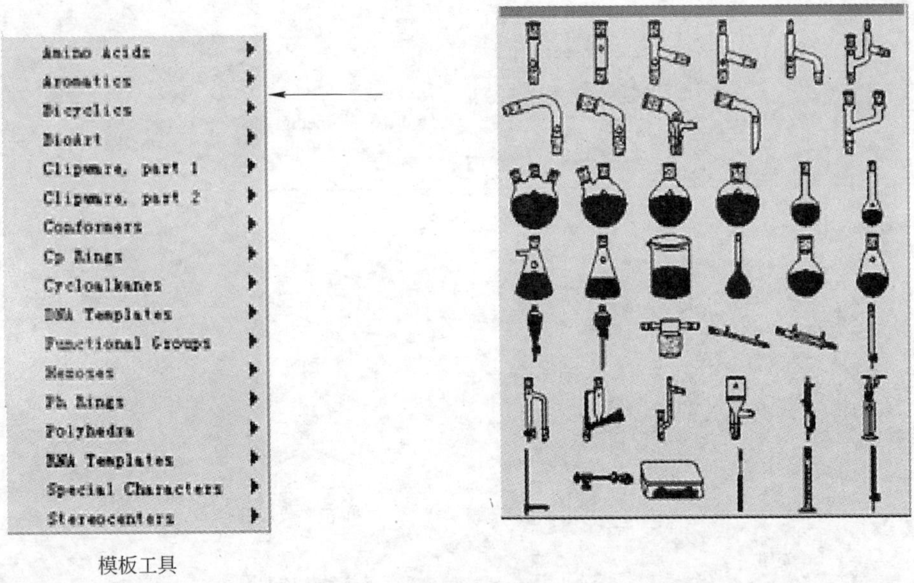

图 4-50　玻璃仪器模板工具 1

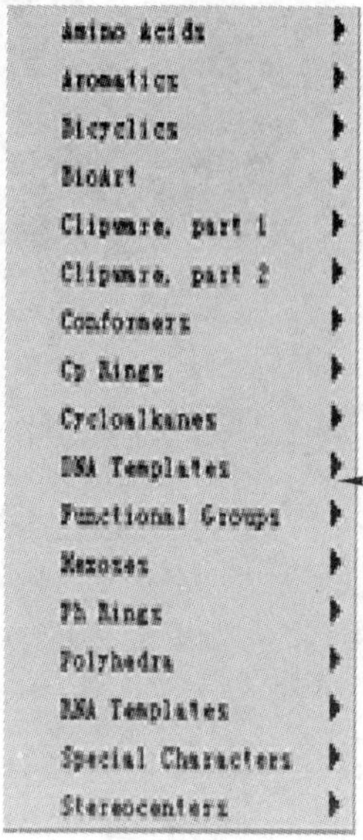

模板工具

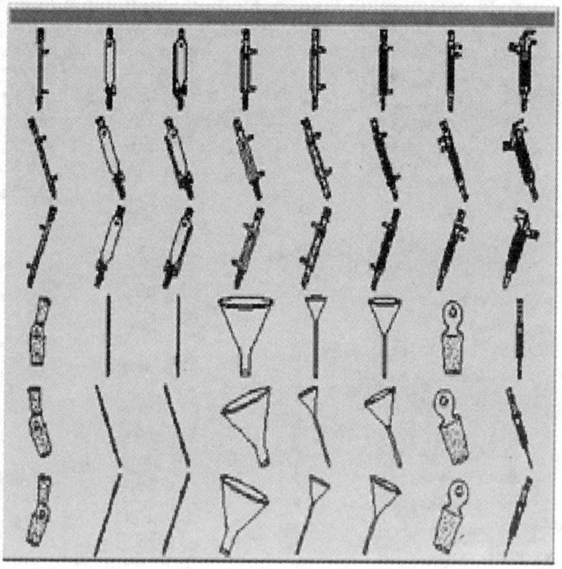

图 4-51　玻璃仪器模板工具 2

（四）绘制反应方程式

目标反应方程式：

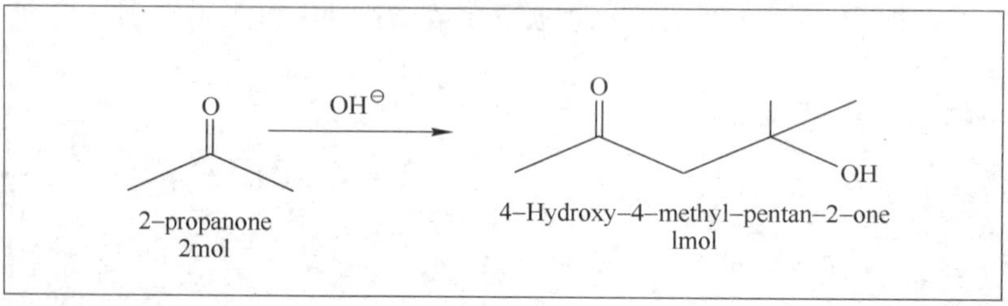

第一步：

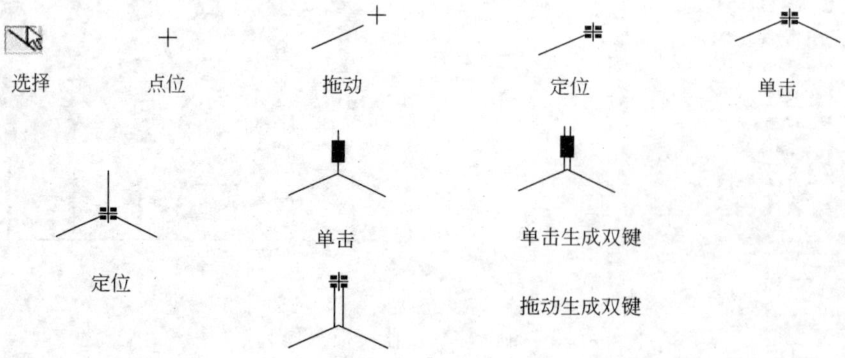

第二步：

双击生成文本框　　　　输入字母

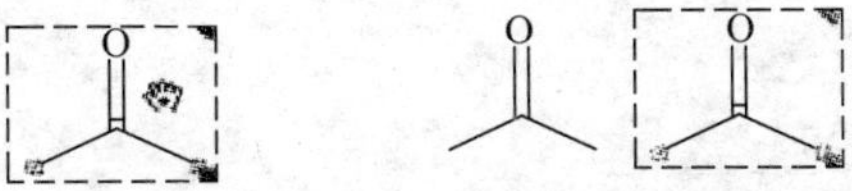

按 Ctrl 键　　　　拖动复制

第三步：

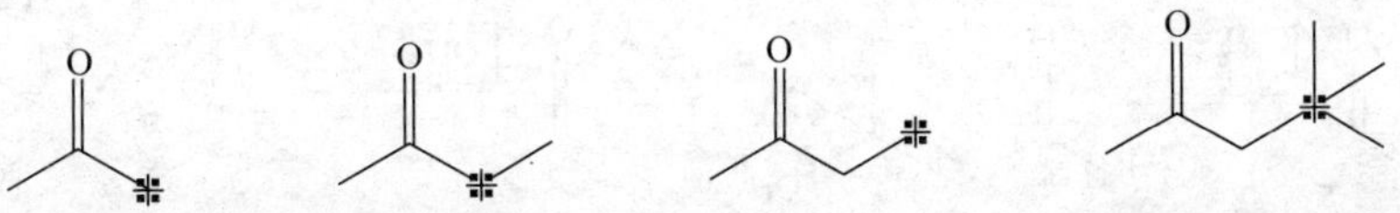

定位　　单击生成一单键　　再定位　　连续单击生成三单键

定位　　双击后输入 OH

第四步：

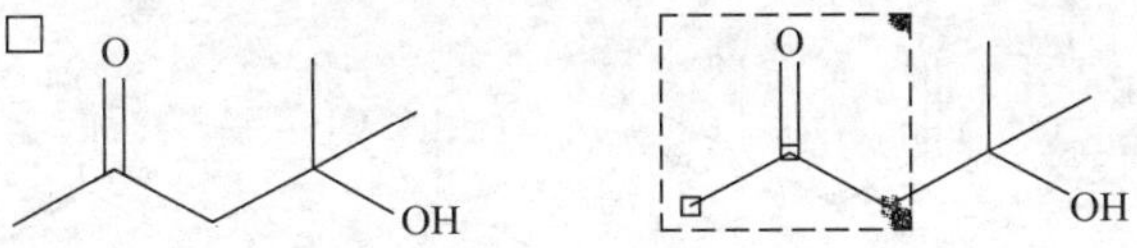

用套索或蓬罩进行部分选择

第五步：

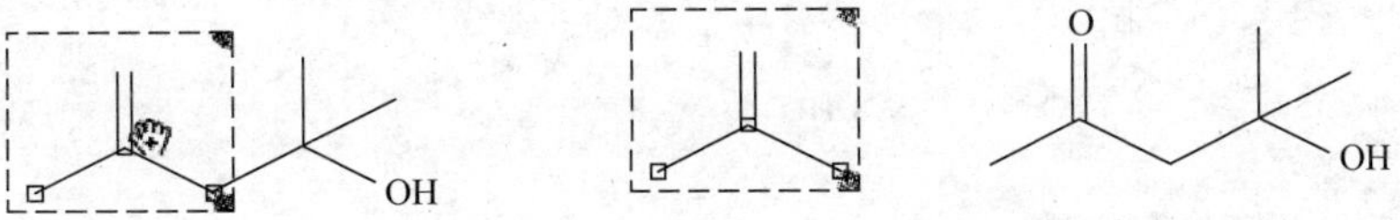

按 Ctrl 键　　　　拖动复制

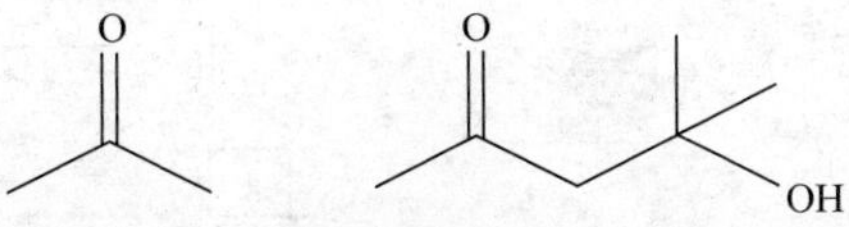

生成独立的两个分子

第六步：

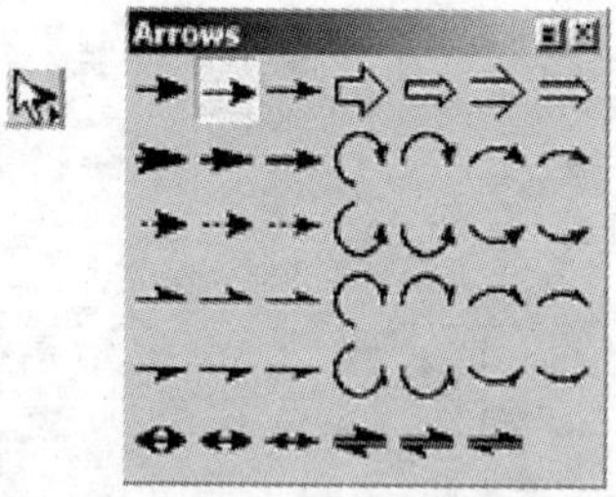

选择反应箭头

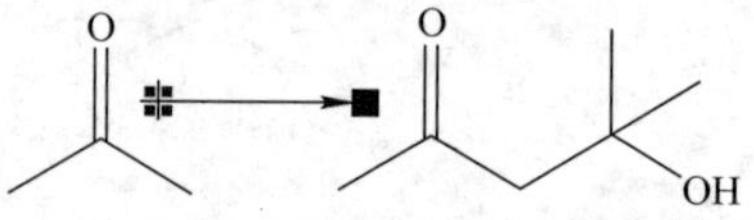

在两个分子中单击
生成一反应箭头

第七步：

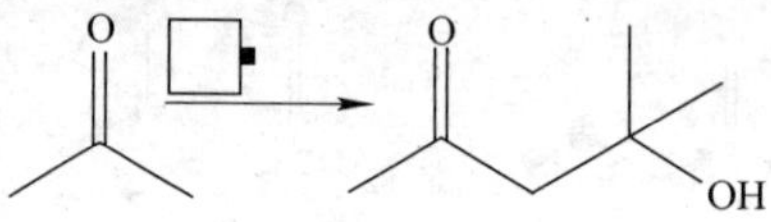

箭头上方建立文本框

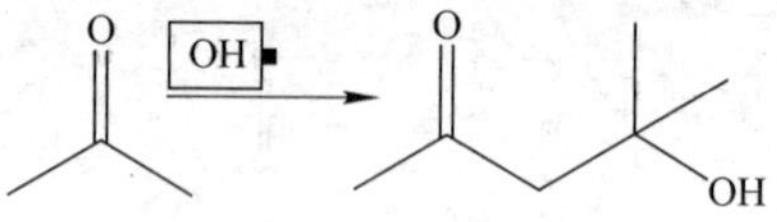

输入反应条件

第八步：

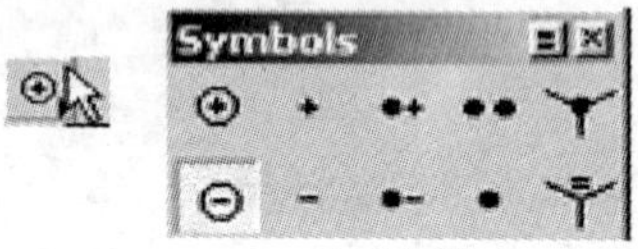

选择电荷

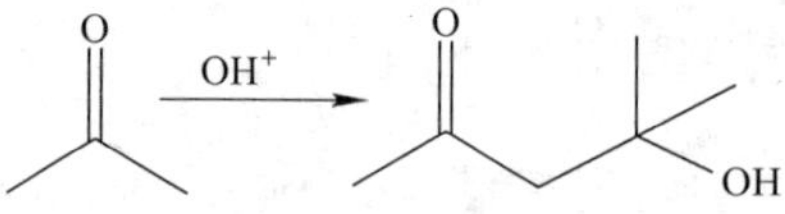

定位

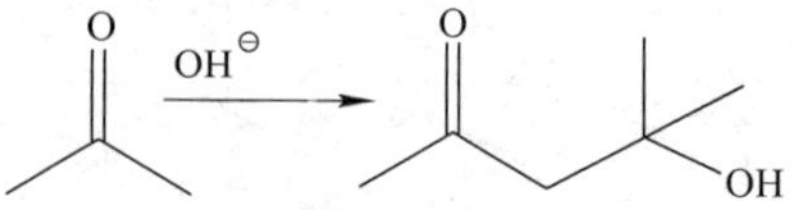

添加负电荷

第九步：

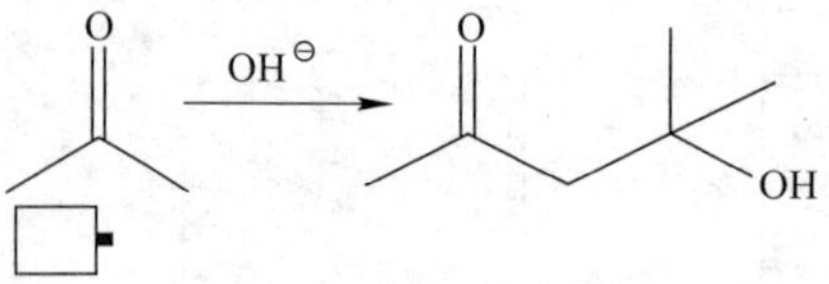

分子下方建立文本框

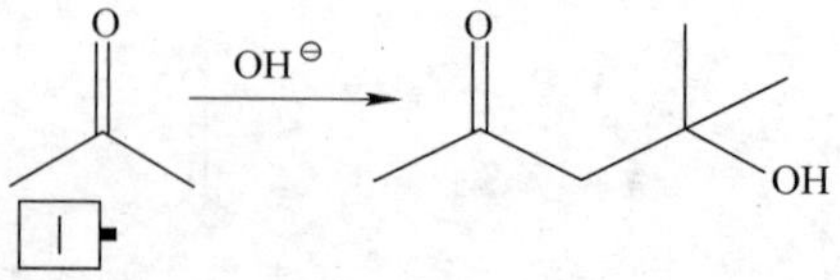

选择居中

第十步：

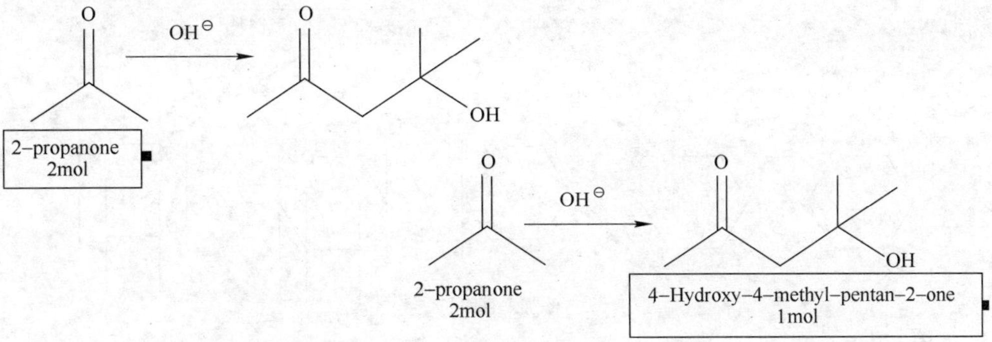

第十一步：

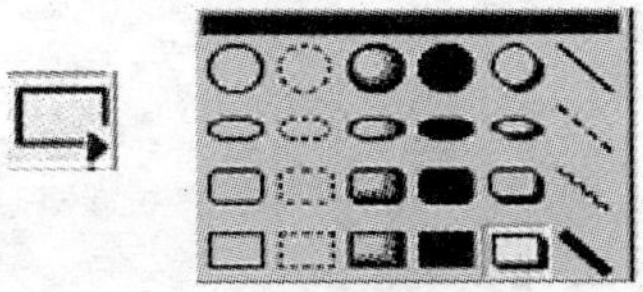

选择阴影框

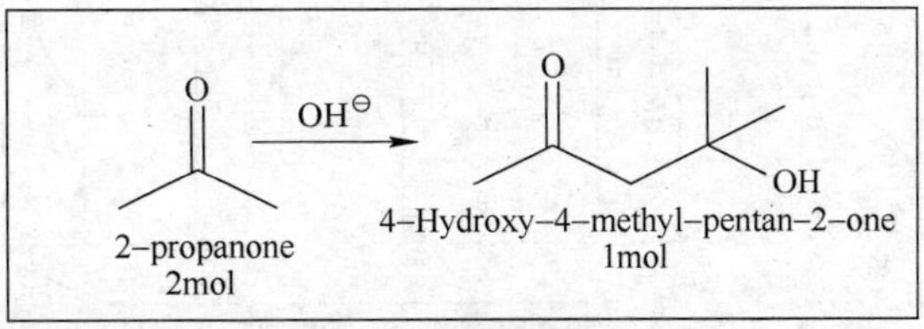

将反应方程式全部罩上

（五）透视图形的绘制

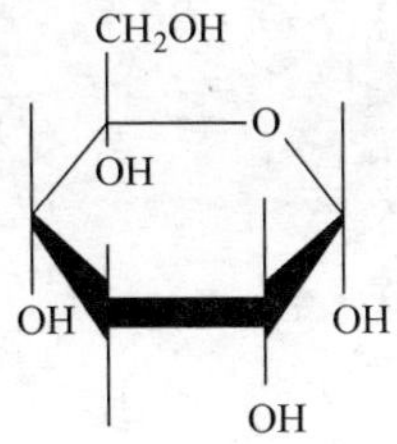

第一步：

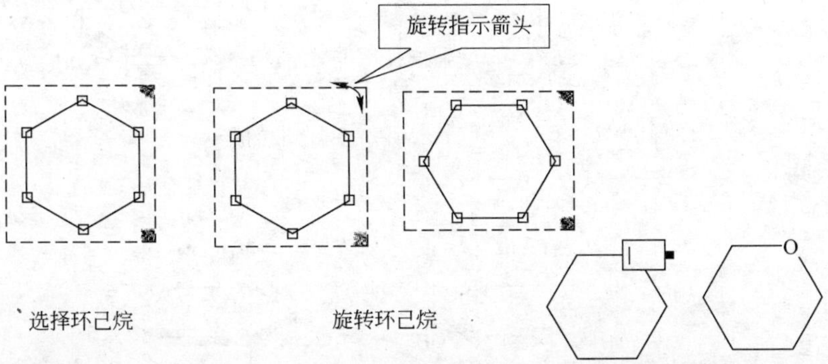

选择环己烷　　旋转环己烷　　在原子上定位建立标记

第二步：

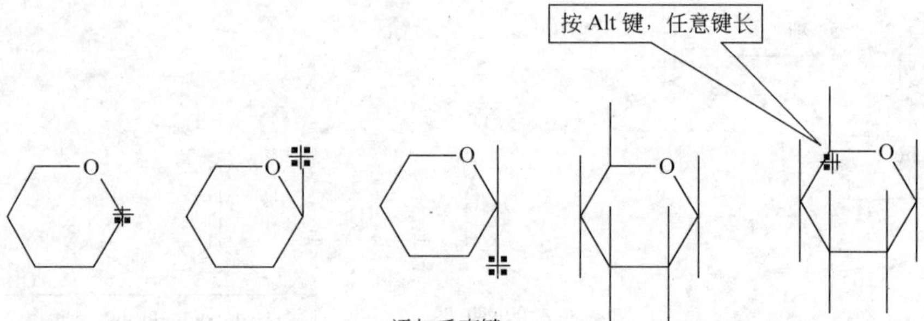

添加垂直键

第三步：

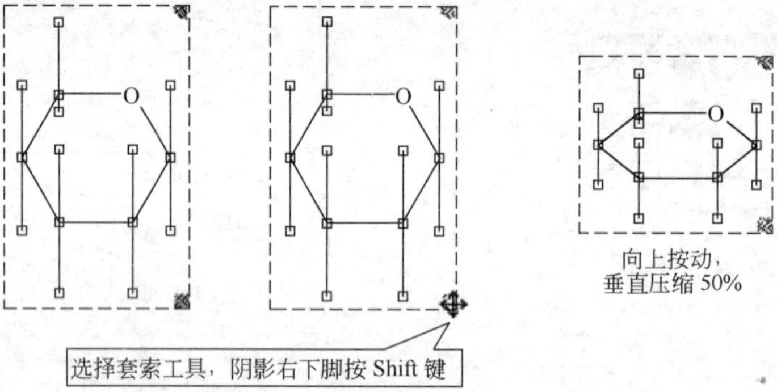

第四步：

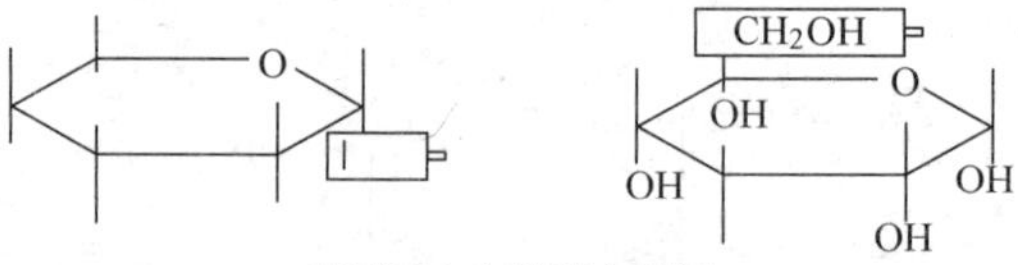

在原子上定位建立标记

第五步：

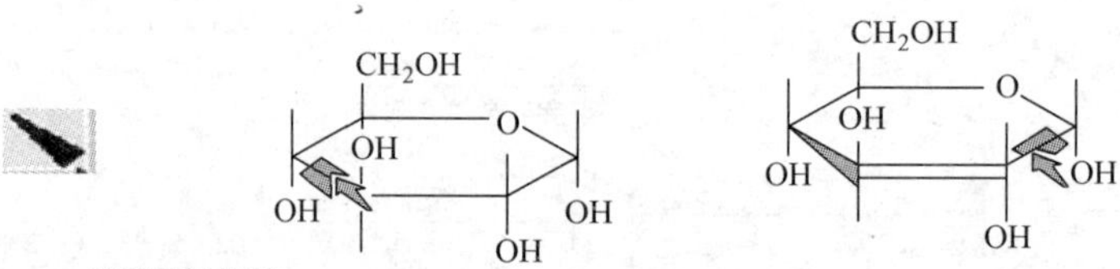

选择黑体楔键　　　单击下部两侧键的中央

第六步：

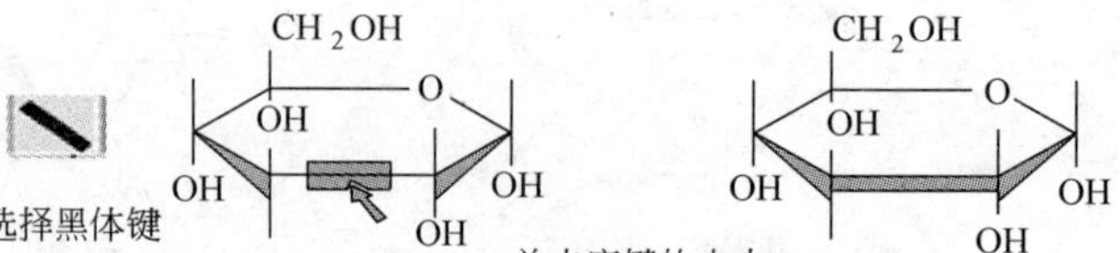

选择黑体键

单击底键的中央

四、ChemDraw 软件在教学设计中的实践应用

（一）仪器工具绘制实验装置图

化学教师在进行教学设计的过程中，很多时候需要绘制实验装置图，ChemDraw 软件中提供很多实验仪器，特别是有机实验的仪器，可以将仪器进行组合，完成实验装置图的绘制，如图 4-52 所示。

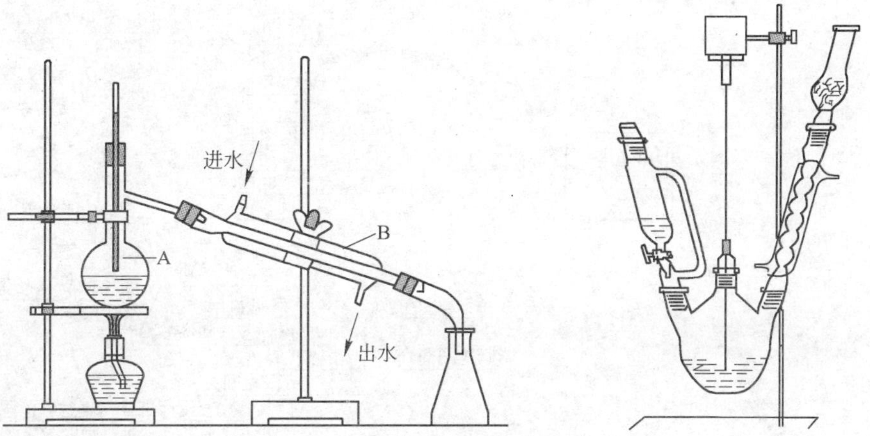

图 4-52　ChemDraw 绘制实验装置

（二）工具书写方程，绘制中间体等复杂结构

化学教师在编制试卷、进行教学设计时，会碰到化学反应方程式的书写，虽然常用的 Word 也可以书写方程式，但是大多都不太标准，最标准的 ChemDraw 软件是一款专门为化学工作者服务的软件，能够帮助我们书写正确的反应方程式，绘制反应中间体（图 4-53）、复杂环结构等。

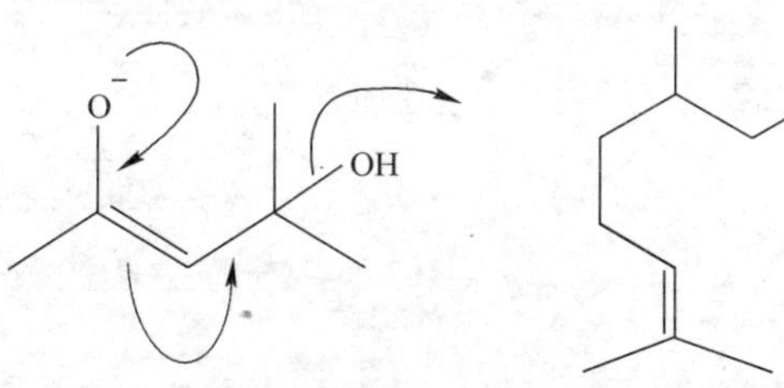

图 4-53　ChemDraw 书写反应中间体

ChemDraw 软件是一个方便快捷的化学绘图工具，可以迅速地画出各种各样的化学结构及化学反应式，以及与化学有关的其他图形表示，为教师的备课和学生的高效学习提供巨大的帮助。在新的教育理念和新的教育形式下，以多媒体技术与网络技术为核心的信息技术的发展给传统的化学教学方式带来巨大的冲击，

信息技术与化学教学的整合是两者在教学手段、教学目标、教学方法、教学内容上的深层次融合，信息技术的运用能为化学教学提供丰富的教学手段和教学方法，能有效提高教学质量。

本章内容小结

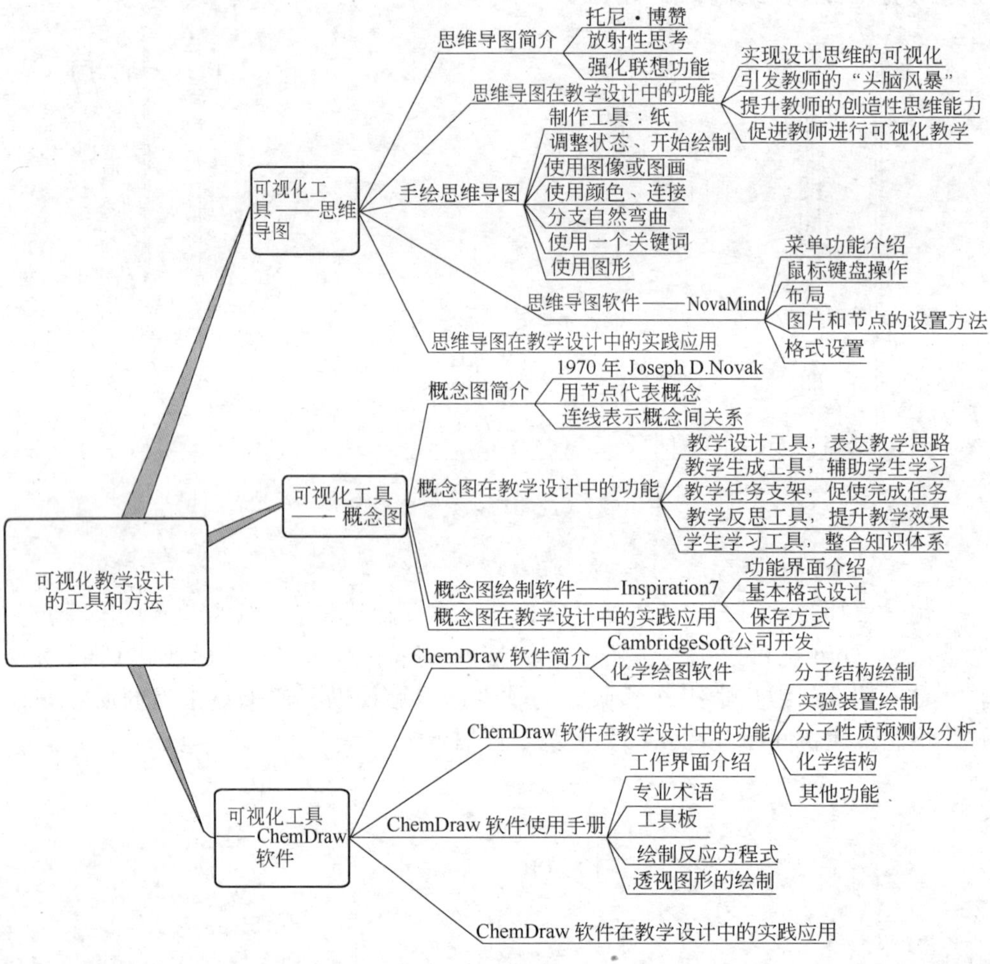

思考与讨论

1. 谈谈思维导图与概念图的联系和区别是什么？

2. 分组讨论思维导图和概念图在教学设计过程中各自的优势。

3. 你认为该如何发挥可视化工具：思维导图、概念图、ChemDraw 软件的作用？

第五章　化学教学设计与可视化方法

从化学教学设计的语言描述到可视化教学设计的图示表达，以技术为导向，关注教学设计的生成性和发展性。

“研读”是教学设计的必要前提；
“博学”是教学设计的重要基础；
“细致”是教学设计的基本要求；
“创新”是教学设计的成功亮点；
“传承”是教学设计的价值延伸。

知识：
了解教学设计的基本环节、设计的基本原则和方法。

领会：
理解可视化化学教学设计的设计方法和可视化案例。

应用：
掌握教学设计中各环节设计的一般步骤和实现可视化的方法。

实践：
运用可视化工具设计完整的可视化教学设计方案。

第一节　化学教学学情分析

教师面对不同的教学对象、同样的教学内容，如何取得良好的教学效果，这取决于教师对教学对象和教学内容的科学化、系统化的分析，这就是教学前必要的准备工作——化学教学学情分析。学情分析是教学目标设定的基础，是教学内容和教材分析的依据，是教学策略选择和教学活动设计的落脚点。

一、学情分析的内涵

“学情分析”是教学活动的基本环节，也是教学研究的基本内容，是教学设计过程中最重要和必不可少的关键环节。美国著名认知教育心理学家奥苏伯尔（D. P. Ausubel）在其名著《教育心理学》的扉页中写道：“如果我不得不将教育心理学还原为一条原理的话，我将会说，影响学习最重要的因素是学生已经知道了什么，我们应当根据学生原有的知识状况去进行教学。”

“‘学情分析’一般由两个方面的内容构成：一方面是对学生主体存在的认知水平或程度和需求水平或程度的调查；另一方面是教师主体针对所搜集的学前调查信息作出的统计分析。学生的认知水平或程度包括两类：一是已习得的客观知识经过内化或类化所达到的经验状态；二是对即将学习而未学的重点难点知识的经验状态。学生的需求水平或程度，是指学生主体对即将学习的内容所应有的学习兴趣或积极的学习态度动机；并认为学情分析的前端是学前调查，主要侧重于智力因素与非智力因素的调查，学情分析的后端是反馈矫正，主要是对学前调查数据进行统计分析，并根据学前调查的评估结果调整教学策略；“统计分析的意义在于引发或支持对原有教学预设进行有效的修改和调整，以形成具有提高学生学习效益与质量的教学策略”。庞玉崑主要是在通常意义下使用“学情分析”，即“学情分析”主要指在教学前对与课堂教学直接相关的学生情况的研究与分析。

二、学情分析的功能价值

（一）为教学预设提供参考依据与重要指导

学情分析是教学工作有效进行的向导，通过科学的学情分析，教师可以全面而深入地了解学生已有的知识储备、已有的学习经验，已有的学习能力以及其认知特点、认知风格、学习动机与学习态度等方面的基本信息，为教师“以学定教”提供重要依据；通过学情分析，促使教师在确定教学起点时能从学生的实际情况出发，有直接性和针对性的设计教学环节，并且可以发现教学重点和难点，从而制定和调整教学策略。教师对学情的全面了解与深入分析，不仅为教学内容的取舍与选择、教学方法与教学媒体的选择，而且为教学流程的确定等指明基本方向。

（二）教学活动的调节与生成提供重要反馈

课堂教学活动具有动态性与生成性等基本特点，通过对学生的学习达成情况的分析，可以为课堂教学的即时调节提供直接信息，从而为教师的及时反馈提供重要指导作用。在教学过程中，教师可以通过课堂观察、提问和课堂练习等方式简单而直接地了解学生课堂学习的达成情况，并据此作出相应的教学调整。教育家苏霍姆林斯基认为，“教育的技巧并不在于能预见到课堂的所有细节，而在于根据当时的具体情况，巧妙地在学生不知不觉之中作出相应的调整和变动”。由此可见，教师在教学过程中根据学生即时表现进行教学调整是非常重要的，同时也是特别灵活的。教师专门设计的作业，针对性的设计问卷，有目的的学生访谈等，都可以帮助教师更加全面、深入地了解学生在整堂课中学习的达成情况，为后续教学活动的有效开展提供重要信息。

（三）为教学生成提供重要资源

学生不仅仅是教学的对象，更是教学生成的重要资源。在学生身上，至少有两种非常宝贵的资源。一种是差异性资源。不同学生来自于不同的地域和家庭背景，具有不同的知识基础与认知风格，形成了各具特色的差异性资源和建构知识的不同视角，这就为教学资源的生成提供了各种可能性。教师在教学过程中要善于引导或利用这些个性化的思维方式、多样化的认知风格、动态化的学习策略，实现学生间的资源共享。另有一种是错误性资源。学生的学习错误揭示了他们的大量认知特点与思维水平等方面的重要信息，具有重要的资源性价值，教师如果能在教学过程中合理运用学生学习过程中出现的各种错误，必能进一步加强教学的针对性与有效性。

（四）为教学理论与学习理论的生成提供丰富素材

教学理论、学习理论与学情分析是相互为用、共同发展的。学情分析是基于教学理论和学习理论所进行的前期活动，是其指导下的产物。同样地，教师透彻的学情分析更是为教师的教学和学生的学习打下坚实的积淀和有效的指导。一方面，丰富的教学理论与学习理论为学情分析提供了多向度的分析视角与多元的分析方法，教师需要借助更科学、更合理的方法进行学情分析；另一方面，科学的学情分析过程以及丰富的学情分析成果也为教学理论和学习理论的生成提供了丰富素材与有益启发，学情分析的过程是教师精心思考教学问题，关注学生发展的过程，是教师进行有效反思和合理评价的过程，这个过程意义重大而且对教师和学生影响深远。

三、学情分析的原则

（一）由经验了解转向具体研究的学情分析

目前，大多数教师的学情分析停留在多年的教学经验上，经验型的了解是以教师已有的经验，想当然地去理解学生的“应然状态”，形成经验型的习惯性判断，往往停留在对学生表象的感受和理解上，这种经验型的分析并不能准确地分析和把握学生的真实状态，缺乏科学性。教师需要转变学情分析的方式，由经验型了解学生向研究性的学情分析转变，研究型的学情分析则是教师在经验的层面上，具有自觉的研究意识，积极主动地对学生情况进行深入研究，或者选择运用统计分析工具，客观具体地了解学习者的动态，注重挖掘学生现状的背后成因，以形成对学生有针对性的具体分析。研究型的学情分析不是要求教师放弃宝贵的经验，而是超越经验，逐步走向研究。

（二）由静态线性转向动态多角度的学情分析

课堂教学设计之初虽然确定了学生进入课堂教学的起点，预设了课堂教学过程中学生的可能性状态，但学情的偶然性、复杂性和变化性，决定了教学和学情的不确定性。因此，教师对学情分析不应该是传统意义上的静态线性分析，而是一个动态、延续、依据情境脉络变化而时时调整变化的过程。学情分析可以在教学过程展开之前，也可以在教育过程中，或教育过程之后。相比较而言，前者更侧重于对学生已有知识结构、个体经验、技能方法等的分析。后者则更着重的是对学生在教育过程中表现出来的各种状态的分析，是一种动态的把握。

（三）由一次性转向持续多次的学情分析

随着学习的进行，学生无论在知识方面还是在能力方面都有变化。教师进行学情的研究应该有一个从初步了解到深入了解的循序渐进的过程，不可能通过一次学情分析就达到完全了解学生的目的。学情分析不仅需要细心，更需要教师的用心。教师对学生的研究，是贯彻于教学的全过程，并不局限于每节课上课前对学生的分析。教师需要建立学情分析制度，形成长期的学情了解和分析习惯，使得学情分析呈现出一种持续的状态。持续多次的分析促使教师对学生情况特征了解得更加全面、具体，教师既能针对具体问题进行反思，又能以持续的状态密切关注学生的发展。这是由割裂向整合、由简单向复杂的转换，研究性的学情分析，丰富了教师对学生的认识，形成了坚实的研究基础。

四、学情分析的内容

（一）学习对象分析

新课程改革强调坚持要以学生为主体，促进学生的全面发展。以学生为主体的教学需要教师在教学的过程中时刻将学生放在首要地位。教学设计要以学生为起点，注重充分挖掘学习者的内在潜力，关注学生学习过程中的积极性和参与性，突出体现出学生在学习过程中的主体地位，促进教学过程的最优化。教师在进行教学设计之前，需要全面掌握学习者的一般特征、学习状态和学习风格等情况，才能确定教学目标，选择和组织教学内容以及选择教学策略等。

1. 学习者认知发展的特征分析

著名心理学家皮亚杰对学习者的认知发展研究成果将儿童个体认识发生和发展的过程分为四个阶段，具体包括：感知运动阶段、前运算阶段、具体运算阶段、形式运算阶段。学习者认知发展特征见表5-1。

表5-1　学习者认知发展特征

阶　段	年龄区间	表　现　特　征
感知运算阶段	0~2岁	智力和思维的萌芽阶段，知觉、动作感知
前运算阶段	2~7岁	简单语言从事思考，表象思维能力，形象思维和直觉思维
具体运算阶段	7~11岁	出现抽象概念，借助具体事物进行逻辑推理
形式运算阶段	11~15岁	假设—演绎思维和逻辑推理能力增强，为认知发展的最高阶段

皮亚杰的认知发展学说对教学设计具有重要的指导意义。对于化学教师的教学，学生已经处于形式运算阶段，具有一定的逻辑推理能力和演绎能力。这些能力都决定了学生在学习的过程中可以使用的学习方法，教师根据学生的基本能力特点，确定教学内容和教学方法，选择恰当的教学媒体。

2. 学习者智力发展的特征分析

随着年龄的增大，学习者的知识经验不断丰富，接受的信息不断增长，智力发展也日渐成熟。在中学阶段，学生已经初步获得观察、想象、记忆的能力，同时，思维能力也迅速提高。在这个阶段，学生的逻辑思维能力急需培养和提升。教师需要了解学习者抽象思维发展的特征，以便为后期学习者思维能力的培养提供支持和帮助。学习者逻辑思维的发展特征首先表现在思维的假设性，对于中学阶段的学习者，运用假设进行思维活动的能力不断增强；其次，思维的预设性，学习者在解决问题之前，具有事先做计划、制定目标的能力。还有思维的内省性，学习者思维活动的自我意识和监控能力提高，能够对思维活动的过程加以反省和调控。

中学阶段学习者的智力发展基本成型，已经形成基本的思维能力，智力发展处于成熟的阶段，从整体上来看，思维的可塑性降低。

3. 学习者认知起点能力的分析

学习者认知起点是教学的出发点，确定学习者的起点，决定了教师一节课的教学是否具有针对性和可行性。学习者起点能力的确定，要坚持科学性和全面性原则，认知起点定得太低，则会造成无效的学习，浪费时间和精力；认知起点定得太高，学习者难以理解高难度的学习内容，教学效果低下。科学准确地确定学习者的认知起点，将为教学做出更充分的准备。学习者认知起点的分析方法有以下三个：

（1）编制预测题。教师在学习新知识之前，提前编制与之相关知识的测试题，统计学生的答题情况，综合分析学生的知识水平，从而确立学生的认知起点。

（2）访谈、观察。访谈和观察是一种更加便捷的方式，教师通过访谈学生，了解学生本身的学习状态和知识水平。观察也是一种了解学习者认知起点的方式，教师细致、深入的观察也可以初步获得学生的学习情况。

（3）绘制概念图。教师需要判断学习者原有认知结构，可以借助认知结构技术，即绘制概念图的方式，了解学习者知识掌握的水平。教师要求学生从某一知识点展开，根据自身对知识的理解，绘制知识点之间的关系。教师通过分析学生绘制的概念图，确定教学的起点，为下一步教学设计做好准备，具体如图 5-1 所示。

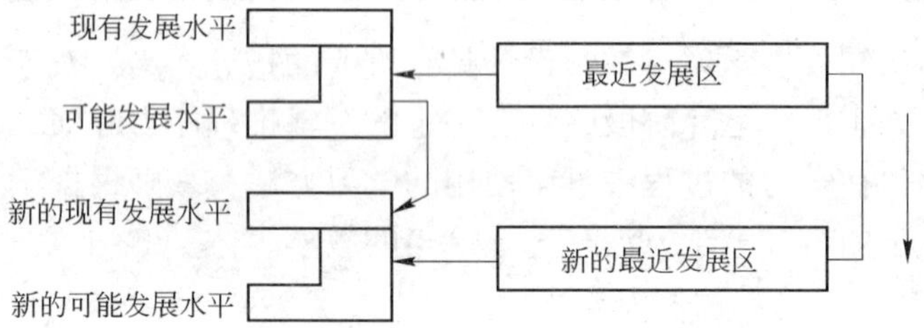

图 5-1　学习者认知起点能力分析

（二）学情统计分析

教师在教学的过程中需要随时测验学生的学习情况，并将学习情况保存下来，存入学生的学习档案中。教师在学习新知识的时候，需要了解与之相关知识学生的学习情况，可以通过查阅学生的学习档案袋，及时了解学生掌握原有知识的情况，从而为学习者起点能力的分析打下良好的基础，教师的学情分析有据可依，更为新知识的学习方法提供更科学的指导。

学情统计分析可以借助成绩统计小秘书软件和学情分析平台，帮助教师降低学情统计的困难和压力，促使统计结果更加精确和具体。

1. 成绩统计小秘书

小秘书是一款既简单又灵活的 Excel 成绩统计软件。解决了教师成绩统计过程中的复杂、麻烦的问题，是一款专门为教师成绩统计设计的一款软件，界面简单、友好，操作方便快捷，是教师的好帮手。成绩统计小秘书界面见图 5-2。

成绩统计小秘书的基本功能有以下几个方面：

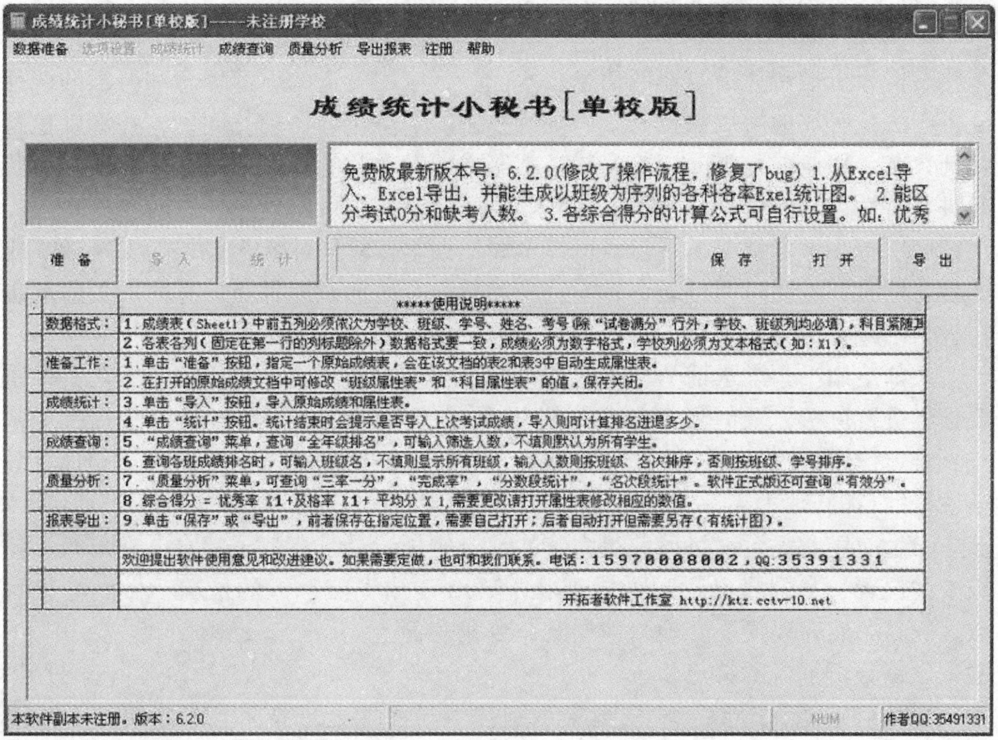

图 5-2　成绩统计小秘书界面

（1）Excel 导入、Excel 导出，并能生成以班级为序列的各科成绩 Excel 统计图。

（2）快速区分考试 0 分和缺考人数。

（3）各综合得分的计算公式可自行设置，如：优秀率 ×0.4 + 及格率 ×0.3 + 平均分 ×0.3。

（4）使用者选择多样，可以用应考人数作统计分母，也可用实考人数作统计分母。

（5）使用者有权利单独设置各科的优秀线、及格线、低分线（任意值）。

（6）使用者可任意划分各分数段和名次段并进行统计。

（7）解决多个班级成绩合并计算的问题（对担任多个班级课程的教师能进行合并计算，取各班平均值）。

（8）能够导入上次考试成绩并进行比较，例如：各学生排名进步（后退）多少名。

（9）实现筛选各班部分学生（如前 90%）进行成绩统计。

（10）可按不同方式查询学生成绩，比如：各单科前几名学生，指定若干名学生进行成绩比较。

2. 学情分析平台

学情分析平台凭借雄厚的信息技术优势，应用先进的设计理念和科学的统计分析方法，有效地解决数据采集、统计分析的信息化、自动化问题，并深度挖掘基础数据，从横向与纵向、静态与动态等方面对教师的教学质量、学生的学习状况进行科学详尽的统计分析，实现对学情质量及时有效的监控、诊断和反馈。

使用中小学学情分析平台，可以全面把握学校阶段性教学成果、实现教学质量动态监测，能及时调整教育教学管理策略，有效地调配师资，有的放矢地解决在教学中存在的各种问题，并使教师的绩效考评工作有据可循。

教师使用中小学学情分析平台，可通过丰富的考试统计分析报表，对其中重要指标进行分析，及时发现教学过程中存在的问题并依此对教学方法和教学重点、难点作出合理的改进或调整，做好自我教学评价与教学反思，以达到提升教学质量的目的。

学生应用此平台，可以获得完整的学习成长记录，清楚了解自己在班级、年级中的位置，掌握自己学习的进退状况、对各知识点掌握的情况，做到心中有数，一目了然，以便更好地自我提升，自我完善。

学情分析平台的特点为：

（1）自动录入分数。应用数字识别技术与图像处理技术，系统可将学生卷面的原始成绩、各大题得分、各小题得分以及姓名、班级、学号等信息自动提取并存储、汇总，完全省去了人工键盘录入原始数据的巨大工作量，大大地节省了时间和人力，准确、高效，极大地提升学校教学管理工作的效率。

（2）强大的存储功能。纸质试卷不宜长期保存，占用大量空间，而电子试卷及成绩一旦进入系统，就能进行长期的保存，方便领导、教师、学生、家长在各个学习阶段查阅、检测、总结。系统还可将学生在学校的所有试卷和成绩建立一个完整的电子试卷库，终生保存，作为学校试题资源库的重要资源，这些资料将成为学校的一笔重要财富。

（3）数据信息共享。中小学学情分析平台，能够轻松实现各种数据信息的共享。由于系统运行及管理完全基于网络，因此所有数据（包括学生的原始答题信息、教师的原始阅卷信息、后期的各学科各类别数据的分析结果等）很容易实现共享。教师登录系统平台后便可以查看学科、班级、学生的各类信息（成绩报表、得分情况、图表比较、趋势分析等），相比传统成绩分析的封闭性、局限性，中小学学情分析平台有了质的飞跃，为教师能多视角地、更全面地了解任教班级和学生，为学校能更客观、更全面地分析教师的教学质量提供了有效渠道。

（4）学情质量分析。中小学学情分析平台，提高了学情质量分析的实效性及精密度。实现了阅卷一结束，成绩就可以统计查看的功能，改变了以往阅卷结束要等到人工录入完所有分数后才能知晓成绩的被动局面，明显提高了成绩质量分析的实效性。另外，系统可以针对相关知识点做出更为精细的分析和评价，为教师的教学质量分析提供翔实、有力的证据。系统还可依据各知识点的原始数据进行各类更为直观的图表分析，为领导、教师、学生进行单科、多科质量分析与比较提供了便利，相比传统的成绩分析，该系统在质量分析的精细度及分析项目的多样性等方面都有很大程度的提高。

（5）学习成长记录。分析平台，形成学生个体与班级群体的学习记录。通过横纵对比查询连续几年的总分、总分排名、单科排名、班级总分平均分、单科平均分、优秀率、良好率、A 线、B 线、各分数段分布人数、主观题得分率、客观题得分率、试卷作答情况等各项指标，形成内容丰富的学习成长记录，班级成长记录，帮助学生进行自我反思、自我评价和自我完善，为班主任了解班级学习质量，制定班级管理策略提供参考。

基于技术的学情分析本身就体现出其可视化的特点，计算机通过对大量数据的分析，以图形图像的形式表现出统计结果，为教师直观地了解学生的情况提供极大的方便。清晰的数据表征、直观化的呈现形式、科学客观的统计结果，可视化技术又一次表现出其强大的作用和价值。

五、学情分析的可视化方法

（一）以结构化的图示描述学生已有知识与能力和待学知识与待提高能力

学情分析需要教师明确学生在学习之前已经具有的前概念和基本能力，这些认识需要教师根据学生学习评价档案袋中记录的学生学习过程中的知识和能力发生的变化情况，在教学的过程中长期积累。从而为确立新知识和重点培养学生能力打下良好的基础。那么教师在学情分析之前，首先整理出学生的已有知识和能力，然后在此基础上，确立学生进一步深入学习的知识和需要培养的能力。

图 5-3 为在学习“金属铝及其化合物”时，教师呈现出来的学情分析图。

（二）以阶梯状的图示描述学生学情发展的状况

学生学习能力的发展是有阶段、有步骤地进行，并呈现逐步上升趋势的发展过程。教师在描述学生学情发展状况时，可以借助阶梯图，叙述学生学习情况的发展形势和技能依次增长的过程。将学生学情能力的初级水平作为叙述的起点，依次呈现学生的中级水平程度，直到高级水平能力的发展，整个描述过程既形象化地表现出能力发展的一般步骤，又直观地呈现出学生学情发展状况。图 5-4 为阶梯状学情分析图。

真正的学情分析始于教学之前，即在教学之前，教师需要将此过程看做是一个开放的、多元对话、多角度发展的动态调整过程。教师需要把对学生起点的分

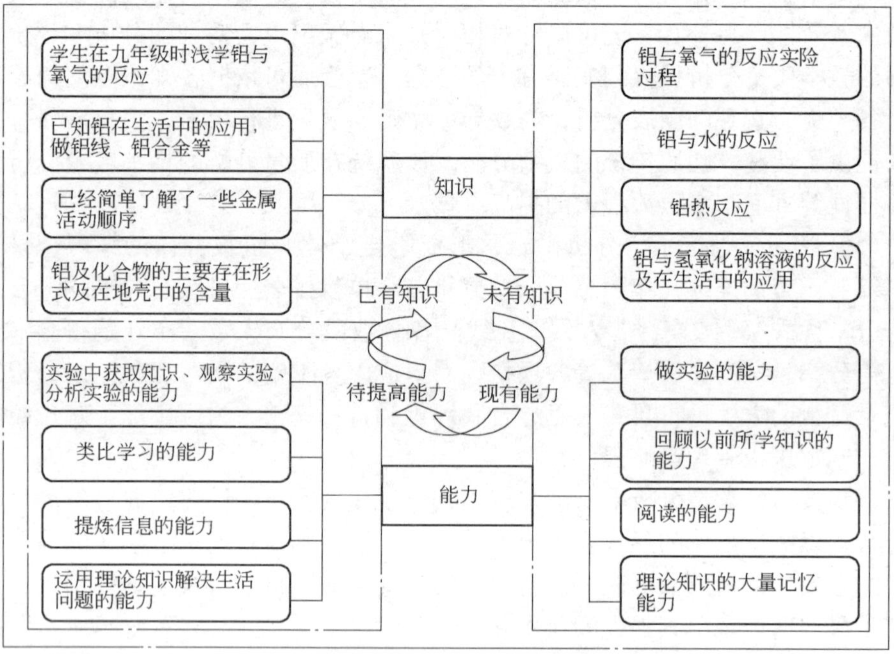

图 5-3　“金属铝及其化合物”学情分析图

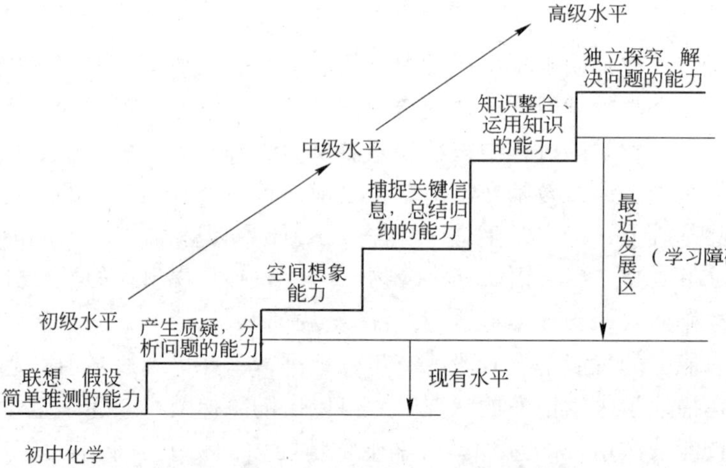

图 5-4　阶梯状学情分析图

析与学生在课堂教学中生成的动态信息有机地结合起来，对原来的学情分析进行判断、分析、验证。学情的可视化分析过程，是教师收集学生信息综合的过程，是教师内部认识外显化的过程。

第二节　化学教学目标设计

教学目标设计是教学设计的核心环节，也是教育教学实践中极其重要的部分，是教学设计的起点和归宿。教学目标的确立是教学方法选择、教学活动设计、教学媒体运用和教学评价的依据和向导，是教师教学、学生学习的行动指南。因此，教学目标设计是教学设计的第一步，也是最关键的一步。

一、化学教学目标的含义

化学教学目标的设计是教师在依据课程标准、教材、学生水平、学校条件的基础上，分析学生应该达到的知识和能力层次，最后用简单、具体的语言陈述教学目标的过程。化学教学目标设计需要坚持科学性、全面性、层次性、差异性、操作性、连续性、侧重性、预设性、生成性的原则。

教学目标是学校教育目标的具体化形式之一，是教育活动要达到的预期结果，分为三个层次：（1）学校的培养目标，是宏观、抽象的目标，是学校教育的总目标，是学校进行教学活动的依据。（2）课程目标，是一门课程要达成的目标，每一门课程都担任一定的任务，共同实现学校的培养目标。（3）课堂教学目标，具体指一节课的教学目标，是具有操作性的明确目标。

在这里主要谈课堂的教学目标，教学目标是指预期的学习结果，是教师根据课程标准的要求，结合学习者的实际情况，制定学习者在教学活动过程中所要达到的学习标准或结果。2001 年 7 月教育部颁布的《基础教育课程改革纲要》中提出基于科学素养的课程目标，包括：知识与技能、过程与方法、情感态度与价值观。三维教学目标的提出，不仅是教育观念的一种变革，也是文化价值观的一种引领，关注学生的情感体验和科学素养的培养。

二、化学教学目标设计的过程

教学目标的设计一般分为三个步骤：第一步根据课程标准、教学内容特点、学生的学习情况等设计教学目标；第二步确定教学目标的类型，分析教学应达到的目标层次，确立行为动词；第三步，用简单、明了的语言陈述教学目标。教师在学习的过程中需要明确“学什么”，教师对“学什么”的思考和编写不仅有对学生学习结果的要求，还有对学习认知行为、学习态度的要求，提出了行为目标，内部过程与外显行为相结合的目标，有利于多层次、全方位地设计教学目标。

教师知道了“学什么”之后，就能针对性地设计教学目标，使之更加清晰、直观、有操作性。教师明确了学习的内容之后，接下来“怎样学”又是一个重点考虑的问题，也就是学习策略的使用，有计划地使得学生获得学习内容的活动过程。学习策略的使用并不是孤立的，而是受到学习者主观因素的影响，教师需要在综合各项因素之后，寻找适合学生的学习方式，促使学生更好地掌握知识。“怎样学”的过程，也对教师提出了更多的要求。“怎样学”确定之后，接下来就面临“学得如何”的问题，也就是对于学生的培养以及过程与方法的获得应该达到怎样的要求。

三、化学教学目标设计的要素

（一）行为主体

教学目标设计的行为主体必须是学生而不是教师，教学目标是预期学习者的学习结果，也就是预期学习者通过学习后产生的行为变化，内在能力的发展和情感的变化。例如：使学生……，培养学生……能力，提升学生……等这些对教学目标的描述都是不符合要求的，并没有将学习者放在教学目标的主体地位。在教学目标描述的过程中常常将行为主体“学生”忽略，是因为行为主体已经隐含在教学目标中了，是站在学生这个行为主体上来叙述的。

（二）行为动词

教学目标中行为动词的叙述并不是随意选择的，必须要把握住可测量、可评价、具体而明确的原则，不能描述得模糊、笼统、抽象、不可测量。教学目标中的行为动词是指导教学有效开展的指引灯，是检验学生教学目标达成情况的有力说明。因此，教师在描述教学目标时不能轻易就下笔，需要在以课程标准的行为动词为依据的情况下，科学、合理、准确地用词。确保所使用的每一个行为动词在后期测量的时候，都能够准确地评价。

根据教学目标的学习领域，分为认知性学习目标、技能性学习目标、体验性学习目标，其新课程标准规定的行为动词见表5-2～表5-4。

表5-2 课程标准规定的认知性学习目标的要求

年段	水平层次	认知性目标的学习行为动词
高中	低 ↓ 高	描述、举例、列举、知道、说出、识别
		了解、辨别、区分、比较、认识、看懂、能说出
		理解、解释、说明、判断、预期、分类、归纳、概括
		应用、设计、评价、优选、使用、解决、检验、证明

表 5-3　课程标准规定的技能性学习目标的要求

年段	水平层次	技能性学习目标的学习行为动词
高中	低	初步学习、模仿
	↓	初步学会、独立操作、完成、测量
	高	学会、掌握、迁移、灵活运用

表 5-4　课程标准规定的体验性学习目标的要求

年段	水平层次	体验性目标的学习行为动词
高中	低	感受、经历、尝试、体验、参与、交流、讨论
	↓	认同、体会、认识、遵守、赞赏、重视、珍惜、关注
	高	形成、树立、建立、保持、发展、养成、具有、增强

（三）行为条件

行为条件是指影响学生产生学习结果的特定范围或者限制，为评价提供参照的依据。行为条件不可太夸张，不切实际，需要因学生学习情况和认知能力而定。例如：初步学会用观察、实验的方法获取信息，并从实验信息中得出科学的结论。

（四）表现程度

教学目标中表现程度是评判某项能力的标准，也是新课程学生所要求达到的最低表现水平，例如，正确程度、数量程度、所要求的正确反应比例等，在水平层次的叙写上要有层次性。

教学目标设计的四要素即为 ABCD 目标叙写模式。A 为行为主体，B 为行为动词，C 为行为条件，D 为表现程度。

ABCD 目标叙写要求及实例见表 5-5。

表 5-5　ABCD 目标叙写案例

要　素	要　求	实　例
行为主体	行为主体为学习者（学生），一般省略，默认主体为学生	“学生应该”“初步学习观察”
行为动词	选取容易观察、可测量的行为动词	“记住”“解释”“比较”
行为条件	提供学生产生预期学习结果的条件	“根据表格……”　“给出一个催化剂的例子……”
表现程度	预期学习结果所达到的程度	“达到 95% 的正确”“两分钟内完成”

教学目标的设计需要正确把握这四个要素，始终以这个四个要素为描述准则，确立科学合理的教学目标对教学策略的设计以及教学媒体等的设计有着极其关键的作用，作为教学设计的起点，只有打下最坚实的起点才能达成最美好的归宿。

四、化学教学目标设计的原则

（一）科学性

教学目标是教学设计的起点和归宿，在设计的过程中要始终以四要素为主线，在设计各层次各维度教学目标时要注意其达成率以及能够实现的可能性。最高层次的教学目标应该选择位于学生“最近发展区”内，学生经过努力学习之后能够达成的层次要求。层次较高的教学目标可以设计成动态发展的几个中间目标，使学生在达成几个中间目标的过程中，最终达成较高层次的目标。教学目标的设计要始终坚持科学合理的准则，保持实事求是的态度，设计更具科学性的教学目标。

（二）全面性

教学目标是学生通过学习之后达成的知识和能力的改变，化学教学目标中的三维目标，知识与技能、过程与方法、情感态度与价值观是学生各个领域里的发展，制定教学目标要有利于学生在这三个领域里都能够全面发展，体现出促进学生全面发展的思想，使得学生在获得知识与技能的过程中，融入更多的情感体验，最终帮助学生形成正确的世界观和方法论。在确定教学目标时一定要考虑全体学生的发展水平，更多地关注学生个性的全面和谐发展，重视学生基本素养的提高，为学生全面健康的成长做一份具体的计划。

（三）层次性

化学的三维目标本身就是有一定层次性的，是由低层次向高层次逐渐过渡、逐渐发展的过程，具有一定的层次性。即使确立三个维度的教学目标，由于受知识本身以及学习环境等方面因素的限制，在一节课之内实现所有的目标是不切实际的，教师需要优先选择关键性的目标为主干，从知识的记忆目标到理解与运用目标，再到解决问题和情感体验目标，由浅入深，层层递进。传统文字叙述的教学目标不能真正体现出教学目标的层次发展性，采用可视化的图示呈现，能够帮助我们表现出教学目标的立体发展过程，更能深入地阐明教学目标是具有一定层次性内涵的。

（四）可操作性

基础教育改革之后关注学生的终身发展，三维目标的着眼点就是要培养学生终身学习的动力和保护学生终身学习的兴趣。教学目标一方面是教学的参照物，另一方面也是测验的参照物，具有指示方向、引导轨迹、规定结果的导向功能，扮演检查、评价教学成效的尺度和标准的测量作用。因此，教学目标中叙述的行为动词必须要规范合理，具有很强的可操作性，这样才便于在教学过程中操作以及教学效果的客观合理评价。例如，在“盐类水解”教学目标的制定中，知识与技能目标确立为“掌握盐类水解的概念”，这样的教学目标就过于抽象，既不便于操作，也不便于测量和评价。如果教学目标确立为“能写出常见几种盐水解的方程式”，其操作性就很强了，也便于教学科学评价学生教学目标的达成效果。

（五）连续性

化学教学目标中“知识与技能”属于结果性目标，可以进行测量和评价，而“过程与方法”“情感态度与价值观”属于体验性目标，学生的情感体验和态度观念的变化是一个长期教育的结果，在短期内是不能体现其变化的，需要经过多次内化，多次的体验才能形成一定的变化，所以教学目标是一个持久而循序渐进的过程。教学目标的制定需要体现出连续发展的过程，要以全局的观念审视全貌，按照一定的计划完成教学目标。将教学目标可视化，可以实现教学目标连续性发展的过程，将教学目标的静态描述和动态发展有机地结合起来，构造了多维度的结构化形式。

五、教学目标设计的可视化方法

（一）描述教学三维目标间的层次和逻辑顺序

基于以上讨论教学目标的设计原则，教学目标的全面性、层次性、连续性都决定了教学目标可以通过立体化的层次实现可视化。这种表现形式不仅帮助教师减轻教学目标繁重的文字叙述压力，更能始终帮助教师做到心中不忘目标的层次性和逻辑性。以视觉化的形式表达其内涵，便于教师完成教学目标层次化发展的认知建模过程。教学目标本身是由知识与技能，向过程与方法，再到情感态度与价值观层次性过渡的过程，其自身的层次性决定了教师在描述教学目标时要关注其内在关联和逻辑发展的结构，并且要有意识地表现出其层次性和发展性，如图5-5和图5-6所示，依次表现出教学目标之间的层次和逻辑顺序，表达出三维目标的内涵。

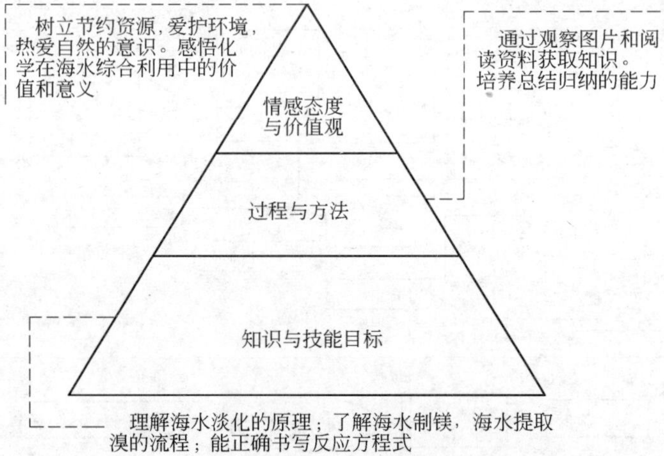

图5-5　“海水淡化”教学目标可视化设计

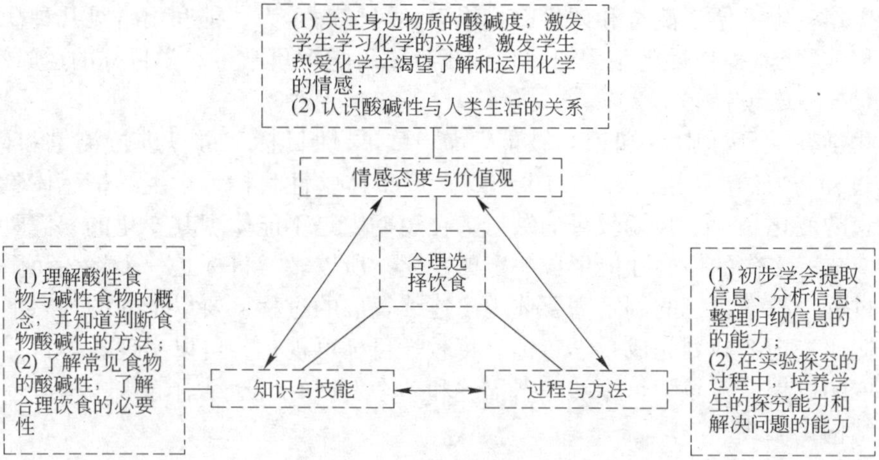

图 5-6 “合理选择饮食”教学目标设计

（二）描述教学目标的预设顺序，并与时间绑定

教学目标是实际课堂教学过程中既定预设的任务要求，教学目标的预设并非随意设定，是以学生的认知能力水平为切入点，逐层递进，逐层深入，按照一定的预设顺序表现出来。将教学目标实现可视化，在描述教学目标预设发展的过程中，要关注时间的界定和范围。一节课的教学，是有时间约束和束缚的，在特定的时间段里，教师要帮助学生达成一定的教学目标，因为每一个小的教学目标能否达成对后面教学目标的达成效果起着决定性的作用。与时间绑定的可视化教学目标，促使教师重视在一定时间里学习效率的问题，也使得教师做到心中有数，更好地驾驭课堂教学。具体事例可参考图 5-7。

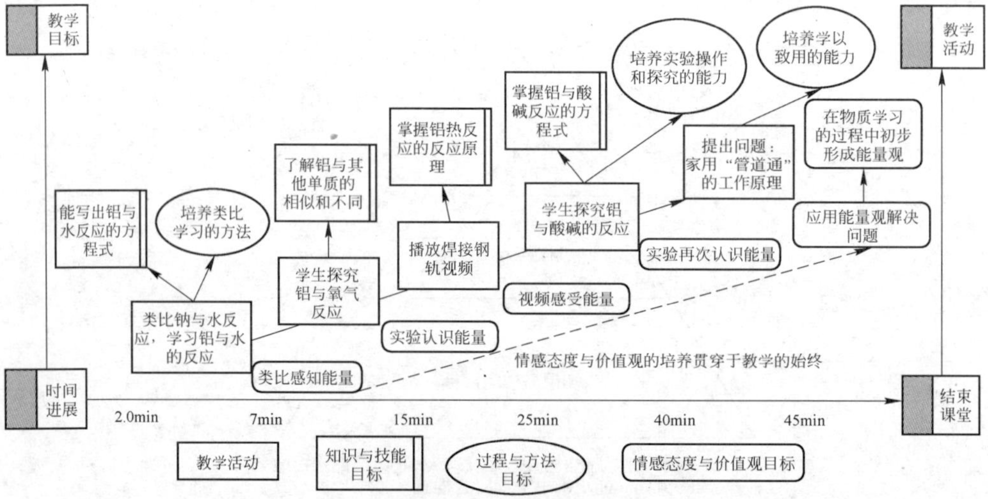

图 5-7 教学目标设计过程可视化

教学目标不仅是学生要达到的预期结果，同时也是教师要达到教学效果的标尺。以可视化的形式描述三维目标的立体化关系，直观、形象地认识三维目标的整体性关系，便于教师深入理解三维教学目标之间的关系，从而深刻把握三维教学目标阶段性发展的特点。

第三节 化学教学内容设计

教学内容是帮助学生完成教学目标的可靠保障，教师需要借助化学教学内容达成对学生知识、技能、情感态度等目标的培养。化学教学内容需要符合学生接受知识的认知动态过程，需要符合学生的认知规律，符合化学知识的逻辑结构。化学教学内容是教学的关键，更是教学的重要部分。

一、化学教学内容的概念

（一）教学内容

《简明教育辞典》中认为教学内容是学校给学生传授的知识、技能，发展的智力、能力，灌输的思想、观点，培养的行为、习惯等的总和，又称课程。它解决教师教什么和学生学什么的问题。我国学校的教学内容，具体体现在教学计划、教学大纲和教材中。

《中国百科大辞典》中认为教学内容是学校为实现教育目的而规定的在教学活动中传授知识和技能的范围与深度。教师和学生进行教学活动的基本依据，体现在教学计划、教学大纲和教材中。

根据上述文献资料，可以看出不同的文献资料对教学内容的定义是不一样的，概念虽不一样但是总结起来，教学内容是学校教师传授给学生的知识与技能、过程与方法、情感态度与价值观。

（二）化学教学内容概念

化学教学内容是指教师根据一定的化学教学目标和学生学习化学的特点，在有效利用和开发化学教学资源的基础上，经过对化学课程内容和化学教材内容的重新选择和组织，所提供给学生的各种与化学学习有关的经验。从概念中可以看出，化学教学内容是教师提供给学生的经验，是对化学课程内容和化学教材内容的重新选择和组织，是对化学教学资源的利用和开发。

二、化学教学内容设计的过程

在化学教学的过程中，教师如何组织教学内容，并且通过怎样的形式将教学内容呈现给学生，是教师在教学设计的过程中需要重点考虑的问题。教师需要根据学生的特点和教学目标，对教材的教学内容重新进行编排和组织，使得教学内容既有严谨的逻辑结构，又符合学生的认知规律，有助于学生系统化地掌握知识。教学设计的过程中需要经历以下四个步骤。

（一）分析教学内容

不同的教学内容有着不同的结构特点，分析教学内容是教学内容设计的关键一步，走好第一步对后续工作的顺利有效开展起着积极的指导作用。确定教学目标是设计教学内容的基础和保障，分析教学内容需要依据教学目标，时刻以教学目标为行为准则，以达成学生的教学目标为目的进行。对教学内容的分析不能浅尝辄止，蜻蜓点水，流于形式，而是要做到细致、具体、深入。

（二）选择教学内容

教师在根据教学目标分析教学内容之后，需要选择具体的教学内容以满足学生的学习，选择教学内容，不必仅仅简单地停留在教材上，教师要扩大查找教学内容的范围，参考书、图书馆书籍、期刊、文献以及网络上等途径都是教师进行教学内容筛选的方式。教师不应拘泥于形式，不敢越雷池半步，应该开阔教学内容选择的视野；收集各种有效的教学内容为自己所用，促使学生获得丰富而完整的知识。

在选择教学内容的过程中，教师需要注意所选择的教学内容应该是先进的科学知识，对学生获取经验具有重要作用，内容要具有有效性。所选择的教学内容尽可能形象直观，便于学生直观地学习知识。所选的教学内容的深广度要适宜，不能太难，增大学生学习的认知负荷，也不能太简单，浪费学生的记忆容量。教学内容要适合学生的学习能力，适应学生原有的知识水平。注重内容的广泛性，选择的教学内容能够为学生提供多样化的学习机会，不仅为学生提供知识、技能方面的知识，也要有关于情感态度方面的内容，促使学生三维目标的达成。

（三）呈现教学内容

教师选择的教学内容需要通过一定的方式呈现出来，教学内容合理的呈现方式能够促进学生认知结构的构建，帮助学生形成完整的知识体系。教师需要根据教学内容的特点选择合适的呈现方式。教学内容呈现的过程中，需要体现出知识呈现的典型性，促进学生的思维建模。在化学教学过程中，需要学生形成一定的思维模式，它能够使学生快速对知识进行编码，便于对知识进行迁移和整合。教学内容呈现需要保证其准确性，培养学生严谨的思维和科学态度。任何一个知识无论是知识本身还是它的外延和内涵，教材的编排在某些方面出现知识点的模糊处理，这需要教师引导学生理清准确的知识，使得学生真正理解知识，便于培养学生思维的严谨性。

（四）组织教学内容

教师精选的内容要进行合理的组织，从而保证知识的完整性和系统性。教师需要依据对教学内容分析的结果进行教学素材的组织。在组织教学内容的过程中要注意保证知识的完整性，教师最终呈现给学生的知识体系应该是完整系统化的，知识的完整性也在潜移默化中培养学生的整体性思维。教师需要引导学生从整体上把握有关的化学知识，使得学生在整体观的引领下，按照一定的规律进行学习，形成特定的思维方式。例如，教师按照“位、构、性”的方式组织开展元素化合物类的知识学习，有利于使学生掌握元素在周期表的位置与其结构的关系，以及结构影响性质的基本规律，促使学生从微观到宏观认识物质的特点。同时，组织教学内容还需要保证知识的连续性，从而培养学生的逻辑思维，学生逻辑思维能力的培养需要教师在呈现知识的时候有一定的梯度，将知识形成知识链串联起来，不仅降低学生的认知负荷，也促进学生的逻辑思维能力的提升。

三、可视化教学内容设计的原则

（一）信息组块原则

将信息组块的目的是促进学生的深度学习，从可视化教学的功能来看，可视化的作用并不仅仅是视觉表征在起作用。教学中用整合的方式呈现教学内容比用单独视觉或文本呈现内容，无论在认知负担、学习时间，还是在成就测试中，其教学效果都好。教学内容可视化设计的过程中最重要的一步就是将教学内容整合之后呈现出来的效果，单纯的视觉呈现方式已不能很好地降低认知负荷，那么就一定要结合其他表征起作用。信息组块原则是指在设计教学内容时，尽量将教学材料中多元表征信息进行“信息组块”设计。同时，信息组块原则也要求我们在呈现教学内容的过程中将一类的或者相似的信息组合在一起，表现出相同的特征形式，便于学习者认识知识的联系，深化对知识的理解。总之，对可视化教学内容进行“信息组块”设计，从整体上降低教学材料的外在负荷和内在负荷，同时增加有效负荷。

可视化教学中呈现的教学信息，一方面是根据已经设计好的教学内容释放“信息块”的过程，另一方面是根据学生在教学过程中的生成来呈现教学信息。有效的“信息组块”将会更加有利于两者的结合，教学过程中将会有更多意想不到的生成。它的意义在于进行可视化教学的实际时，应尽量多地将视觉表征和其他表征设计成有意义的“信息块”，降低教学内容的认知负荷。

（二）时空邻近原则

教学内容可视化设计的过程中需要坚持时空邻近原则，减少学生学习注意力分散。在不同的外部呈现方式之间寻找关联性会增加学习者的外部认知负荷，即产生“注意力分散效应”。在教学过程中整合多种呈现方式来减少认知负荷，这对提高教学的有效性是至关重要的。空间邻近原则是指在信息组块时，尽量使学习对象的同一表征在空间上邻近或组合呈现，而非远离或分离呈现。时间邻近原则是指在信息组块时，尽量使学习对象的同一表征在时间上同步或邻近呈现，而非异步或间断呈现。可视化教学内容的设计应遵循时空邻近原则，教学材料的组织及呈现应尽可能在时空上保持邻近。

对于同一学习对象的多种来源信息进行整合，尽量减少工作记忆在无关的认知操作中消耗的负荷，并释放出认知容量来进行其他认知任务的操作。例如，在以图像和解释性文本呈现教学内容的过程中，在空间上解释性文本应与图像尽可能地进行整合，在时间上则应同步或邻近出现，形成一个整体，也更能促进学习者图式的建构，有利于学习者在最短时间内视觉搜索找到相应的视觉与文本信息，容易在它们之间建立联系而促进信息整合。

（三）一致性原则

一致性原则是指在信息组块时，尽量使多元表征的信息结构与被表征的学习对象的结构成分保持一致，剔除与学习对象的结构成分不一致的、无关的信息，使多元表征信息、结构保持精简，否则有损有意义的学习过程。学习者在面对多元表征的信息来源时，如果单一的信息呈现即可传达完整且明确的信息意义，即可以独立呈现，无须互相参照多元表征即能理解，否则增加外在负荷，这就是冗余效应。在很多多媒体教学内容中，会有一些与教学内容无关的人为信息。有些教师为了调动课堂气氛或提高学生学习兴趣，在教学内容中加入有趣的图片以及背景音乐、花边材料、动态视频等，而这些材料与表征的学习对象不一致，那么这些信息属于无关的信息，学生在学习的过程中往往将记忆的焦点放在了那些有趣但无关的信息上，而忽略对学习对象的关注。

Kozma 指出，虽然这些无关主题的音频或视频从某种意义上可能导致学生注意学习主题，但学生基本上处于一种较低或被动的认知参与状态，他们事实上更多地被新奇、突然的信息所吸引。冗余信息往往会导致学生去关注一些无关的信息，从而造成工作记忆空间的浪费，以致学习者外在认知负荷增加。教师在教学内容可视化的过程中，需要将这些冗余信息剔除。可视化教学内容的设计应该遵循一致性原则，避免冗余效应。

（四）双通道原则

教学内容可视化设计的双通道原则是为了能够拓展学习者学习记忆容量。双通道假设的提出基于 Paivio 的双编码理论和 Baddeley 的工作记忆理论。有意义学习要求在听觉通道和视觉通道进行大量的认知加工。在多媒体教学中使用“视觉表征+听觉表征”呈现几何样例比单纯用视觉或听觉方式呈现的效果更好，学习者的迁移成绩更高。Mayer 等在科学学习领域中的研究提出了在多媒体学习中存在双通道效应。双通道原则是指在信息组块时，尽量使“信息块”包含“视觉表征+听觉表征”。若视觉通道和听觉通道能够同时使用，既可降低外在负荷，又能促进学习者对多元表征信息建立联系，增加有效负荷。

可视化教学中的图形、图像、动画等都是视觉表征，认知加工大量发生在视觉通道，而视觉通道的容量是有限的，容易造成视觉通道超载。可视化教学内容在进行信息组块时，尽量使“信息块”呈现“视觉表征+听觉表征”的双通道形式的表征。多种通道共同作用，学习者在多种学习环境的刺激下，对知识的理解会更深入，同时，利用视觉和听觉两个相对独立的信息通道，可达到最大信息量输入的同时降低认知负载。

（五）标记性原则

标记性原则是指运用标记技术，如应用标题，改变字体大小颜色，箭头、图形、图标、下划线以及超链接技术，将学习任务的重点、难点、关键点等标记出来，以引起学习者的注意力。标记性原则是根据 Mayer 等提出的标记效应而得到的，他们认为通过使用标记能够引导学生快捷地搜索到选择的信息，并使学生注意指向相关信息和重点信息，其目的是降低外在负荷，从而使工作记忆富余更多资源或能量进行其他高级的认知操作。

标记性原则是基于大脑的认知形式，大脑在面对外界信息结构，进行选择性注意，滤掉绝大多数信息，将能够引起大脑记忆编码的信息储存下来，进入工作记忆中。大脑在过滤信息的过程中总是将那些有突出特点，有明显特征（特殊颜色，特殊符号，特殊图形）的信息保留下来。选择性注意使得人们将注意力集中地指向与任务相关的信息上，忽视无关信息。对可视化教学内容的设计要充分运用标记技术，使新内容与已知知识进行联系或比较，将不熟悉的信息与熟悉的信息挂靠起来并且适当增加情绪联结，来增强学生的选择性注意。

四、教学内容设计的可视化方法

（一）以概念图描述教学内容之间的关系

概念图是一种用节点代表概念，连线表示概念间关系的图示法。概念图的理论基础是 Ausubel 的学习理论。概念图在表达逻辑关系和推理方面发挥着很好的作用，在教学的过程中帮助学习者表现知识点之间的逻辑关系，是一种可视化表达知识联系和关系的方式。在某种意义上说概念图是一种多线性的流程图，表达由起点到终点的事物发展过程和推理过程，结果可能是一种或多种。化学教学内容知识体系庞大，知识之间错综复杂，存在很多的关联，概念图是一种很好的表达工具。

例如人民教育出版社的《高中化学教材选修1》第二章第一节合理选择饮食

第1课时教学内容。具体的教学内容教学框架图如图5-8所示。

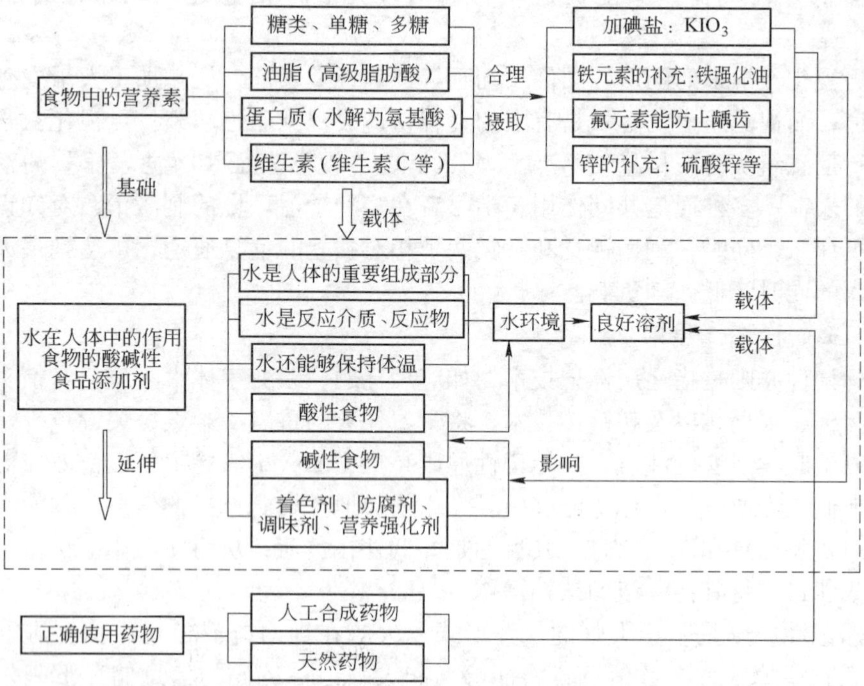

图5-8　“合理选择饮食”教学内容设计

图5-8列出了物质、原子、分子、化学键等概念之间的关系，教师可以运用概念图清晰、简明地表达它们之间的关系。

（二）借助思维导图平台，搭建教学内容可视化展示

概念图与思维导图是两个完全不同的概念，两种思维表达方式，两种学习工具。思维导图则从主题内容出发，分支出同一主题下的知识点，并以此表现出所属的知识内容，能够帮助人们在认识事物方面拥有一个整体的全局化的观念。它注重表达与核心的主题有关联的内容，并可展示其层次关系以及彼此之间的关系。思维导图也符合大脑记忆知识的规律，将知识分类归属到各自的区间，为学生呈现出系统化知识，有利于培养学生归纳总结知识的能力。例如人民教育出版社的高中化学必修——第三章“铁的重要化合物”一节的教学内容，具体可参考图5-9。

教师借助概念图向学生呈现教学内容，不仅帮助学生理解概念之间的联系，而且有助于学生深入理解知识内涵。思维导图可以图文并茂呈现教学内容，在多种通道的刺激下，可以拓展学生的记忆容量。思维导图软件的演示功能，分布呈现教学内容，实现教学内容的结构化学习。

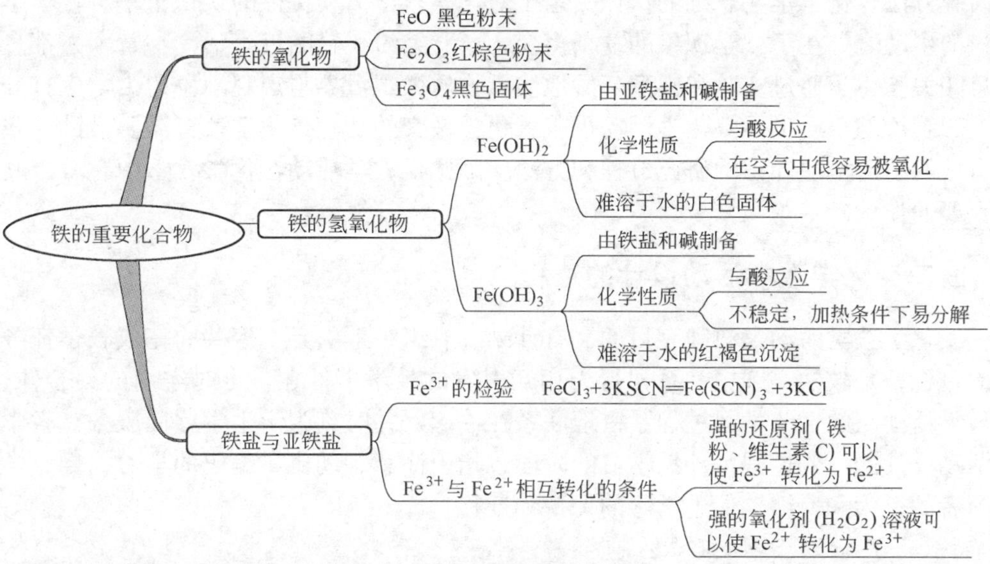

图 5-9　思维导图教学内容可视化

第四节　化学教学活动设计

活动，即从事有目的的行动或为达到某种目的而从事的行动。化学教学的过程既是认识过程，也是活动实践的过程，教学活动占据课堂教学的大部分时间。教学活动是动态发展的过程，不仅具有计划性和预设性，同时也具有创造性和易变性。教学活动以过程展开，过程性是教学活动的基本属性。

一、化学教学活动的概念

教学活动是教学过程的途径，教学的过程是由各种各样的活动形成和开展的。教学活动归根结底是人的活动，既然是人的活动，那么就产生了课堂教学中教师和学生的活动谁是主体的问题。从教的角度可以把教师视为主体，而学生作为客体，但是从学的视角来讲，学生的学更重要，应该把学生视为主体，教师视为客体。胡塞尔提出的“主体间性”概念，打开了认识教师与学生关系的新视角，产生了教师的教为主导，学生的学为主体的主体间关系。因此，教学活动是教师和学生作为主体，以主体间的关系为纽带共同作用于教学资源以认识客观世界和提升主观世界为目的的认识活动。

化学教学活动的独特之处源自自身学科的特点，教师对化学研究对象、化学研究方法、化学学科思维的认识决定了对化学教学活动特征的认识水平。化学学科的生动之处在于化学现象的复杂多变，色彩缤纷，又贴近生活，与每个人都息息相关。化学通过实验和模型巧妙地演示物质微观世界与宏观现象，为学生打开五彩缤纷的物质世界。化学活动承载着化学教育的功能，化学教育需要借助一些有效的活动呈现知识的研究过程和方法。因此，教学活动在化学教学中有着极其重要的作用。

二、化学教学活动设计的过程

化学教学活动是教师有目的、有计划、有组织地引导学生共同完成教学任务的过程，是教学实践中一系列行为相互引发的教学事件在一定时空内的集合体，教学活动与学生的学习过程紧密地联系在一起，并时刻为学生学习而服务。教学活动设计的一般过程是计划学习的阶段、指引注意、动机、编码的学习指导、学习者的行为和反馈、促进学习的保持和迁移。

（一）计划学习的阶段

根据学习的过程，教师需要设计相对应的事件，在设计事件之前，教师需要对实现计划教学事件，使其能够将学习者的注意力转向对活动的初步感知，完成对教学活动的选择性知觉。后期学习的过程是进行编码的过程，编码之前需要有一些刺激回忆前提条件的事件，编码中的下一个步骤给学习者提供图示，方便后面学习内容纳入到原有的图示当中。计划学习的阶段是极其关键的重要一步，也是必须经过的一步。

（二）指引注意

学习过程是引起学生关注和精力集中于某一知识内容的过程，在这个过程中，需要教师随时关注学生的心理和行为变化。教学活动的设计是教师要将施加给学习者的刺激加以安排，以便强调所呈现刺激的特征，引起学习者的关注，引导学习者将其注意力锁定在关键的内容上。教师需要选择各种学习刺激的方法，运用这些刺激方法突出传递给学习者的信息。图 5-10 为注意力过程的图示模型。

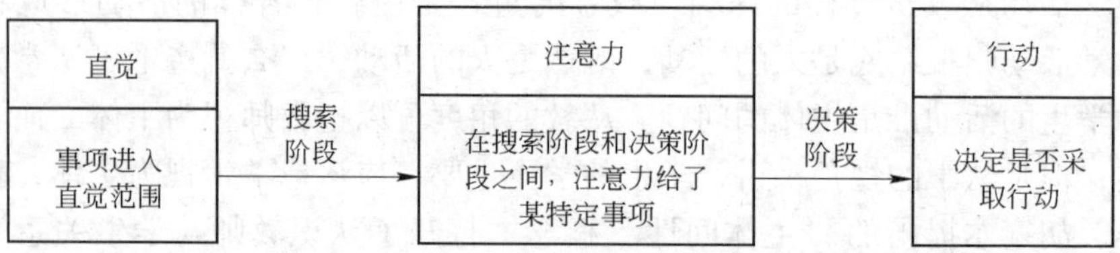

图 5-10　注意力过程的图示模型

（三）动机

学习过程中最关键的影响因素之一就是学习动机。教师需要识别学习者的学习动机，并将这些动机指引向能够完成教学目标的活动上去。动机和学习之间并不是一种单向的关系，而是一种互为因果的关系，只有引起学习的动机，学习的过程才能向好的方向发展。学习的动机，不是给予学习者动机，而是要为学习和研究创造条件，使得学习者强化学习动机，产生持续的学习欲望。

（四）编码的学习指导

编码的过程是将信息转化成长时间记忆的过程。学习指导可以呈现出实际的编码形式，学习指导从两方面影响编码的过程。其一，学习指导是刺激学习者长时记忆的支持性材料，学习指导的过程是将信息从记忆中提取出来的过程；其二，学习指导是提出了一个编码方案，影响习得的知识在长时记忆中的储存方式。编码的指导加快学习的进程，降低学习过程走偏的可能性。信息编码过程如图5-11所示。

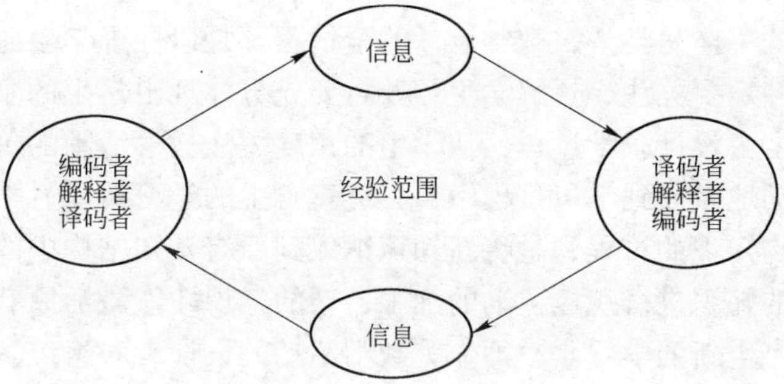

图5-11　信息编码过程

（五）学习者的行为和反馈

学习的每一个单元活动中，在学习者表现出的行为之后伴随着强化事件，以此达成教学活动所承载的教学任务。学习者的行为需要及时地跟踪了解，确保教学对象的行为按照预期的状态发展。反馈则为学习者提供一种内部检查的方式，从而及时了解学习状态，进一步强化学习能力。反馈必须要表达出学习者的行为接近某种标准的程度，必须要具体，易于掌控。

（六）促进学习的保持和迁移

学习活动的设计必须始终坚持对所学内容的保持和迁移。保持原有的学习动机和学习热情不动摇。通过提供学习任务的各种条件和背景，完成知识的顺利迁移和应用。学习者获得的知识基础越牢固、越广泛，向新情境迁移的过程越轻松。学习者能够独自完成知识的迁移是教学的重要目标和长期以来的追求。保持着学习的进行，并进行着有效的迁移是学习的最佳状态。

三、化学教学活动设计的原则

（一）符合学生心理发展的需求和特点

学生的身心发展具有一定的特点和规律，在不同阶段有不同的表现形式，课堂教学设计需要考虑学生的心理发展特点来协调教学活动的安排，从而促进学生的发展。教师应根据学生身心发展的特点，构建适应学生身心健康发展的课堂教学模式，以期达成最有效的教学效果。由于学生所受的外部教育以及家庭环境等各方面的影响不同，成长过程中形成不同的性格特征，在接受知识的过程中，彼此所表现的认知能力也不尽相同。因此，教师应该对学生的学习基础、知识水平以及个性特征等都要有全面的了解，做到心中有数，依据大多数学生的特点和情况，确定教学的起点和教学活动的设计，并且根据学生个性特征，设计有针对性的教学活动。

（二）体现学生的主体性，考虑到学生实际水平

教学设计的主体是学生，教学设计的全过程都是以促进学生的发展为主要内容。教学设计一定要关注、了解学生，并且要充分体现出学生的主体作用，教师要从学生的角度去设计教学过程，从学生的角度关注教学活动的价值和意义，引导学生积极主动地参与到学习过程中，去进行自主的学习活动。学生学习的过程是个体主动建构知识的过程，是将新知识纳入到原有认知结构中的过程，只有当学习者对所学的知识进行积极主动的加工，新的知识才能激活原有知识，建立起相关的联系，产生新的学习。教师作为教学活动的设计者和组织者，只有充分确定学生的主体地位，坚持以学生为中心组织教学活动，在活动中要引导学生积极思考，乐于参与，自主学习，真正使学生成为活动过程的主动参与者，教学活动才能发挥其效果和作用。在教学活动设计过程中，教师要及时了解学生对所学知识的掌握程度和学生的学习现状，掌握学生学习活动效果，及时做出反馈调节，促使教学活动有意义地进行。

（三）依据教学内容，与学生的现实生活密切联系

教师进行教学活动设计的过程，需要教师对教材内容熟悉和理解。教师应努力做到熟悉教材内容，理解和掌握教材的内在联系，活化教材的活动结构，抓住教材中的关键点，提取教材中有效信息，设计好课堂教学活动。教学活动是以对教材内容的掌握为前提和基础，不仅仅是对教材内容的重述和复制，而是对其内容的深化、拓展和升华，教师要学会对教材内容的深入挖掘。因此，教师在选择教学活动时，应注重挖掘和利用课本以外的、与学生生活密切相关的、具有教育意义的信息资源，注重整合课外资源。只有这样，课堂教学才更具有吸引力和感染力，才能激起学生学习的欲望和兴趣，才能使教师教得活，学生也学得活。

（四）有一定顺序性，具有可操作性

教学活动是教学事实中一系列行为相互作用引发的教学事件在一定时空内的集合体，课堂教学是由一系列活动相互联系，共同作用构成的。教学活动之间具有内在的联系和关联，这些活动之间起着相互强化和巩固的作用，一切为实现目标而发展。因此，教师在设计教学活动时，既要考虑活动的多样性和灵活性，又要考虑其有序性和发展性，有效处理好各个活动之间的关系，挖掘活动的内在联系，使活动之间自然衔接，组织有序，构成和谐、完整的课堂活动。教师设计的教学活动一定要有操作性，教师要有组织和调控教学活动的能力，能够保证课堂教学的顺利进行。教学活动的时间分配要合理，教师能够根据实际教学情况调控课堂的节奏，把握活动的注意事项，确保设计的教学活动在规定的时间内有序并有效地进行。

四、教学活动设计的可视化方法

（一）表征教学活动从外部活动到内部活动的双向转化过程

完整的教学活动包含外部活动与内部活动两种基本的活动形式，它涉及外部活动的内化与内部活动的外化两个双向转化过程。课堂教学通过外部活动向内部活动的内化和内部活动向外部活动的外化，在相互转化的过程中，促进学生知识的掌握和深化、能力的形成和情意的发展。教师设计教学活动的过程中，需要体现活动之间的层次关系和活动之间的发展顺序，以及活动与活动之间的双向转化形式，突显出活动的潜在意识，注重活动之间的关联，展现各种活动之间的横向联系和纵向关系，促使整个教学活动更有系统性和整体性。教师以可视化的形式将教学活动外显化，不仅使教师的思维活动直观地呈现出来，利于教师之间的信息交流，也促使学生获得一种统一的认识和发展。

例如图 5-12 中“氨气”教学设计中教学活动中呈现出来教师和学生外显活动与内部行为双向转化的过程。

（二）表征教学活动与学生发展具有相关对应性

活动与活动之间的层次性表现为学生从外部物质活动发展到内部心理活动，从实物活动发展到自我活动，从记忆活动发展到探究创造活动，从感性水平发展到理性水平，从低级心理技能发展到高级心理技能，从基础性活动发展到拓展性和探究性活动等方面。教学活动的外在表现与学生在活动过程中的能力发展有着相对应的关系，教师在教学活动设计的过程中，需要表现出这种关系，阐明这种关系，便于教师更好地认识教学活动与学生发展的潜在关系，体现教与学的过程和相关性。可视化的图示可以呈现出教学活动与学生发展相对应的关系，帮助教师阐明活动设计的意图和思想，为课堂教学提供良好的指导作用。可视化的教学活动不仅为教师表达提供支持，也为教师的交流提供方便。

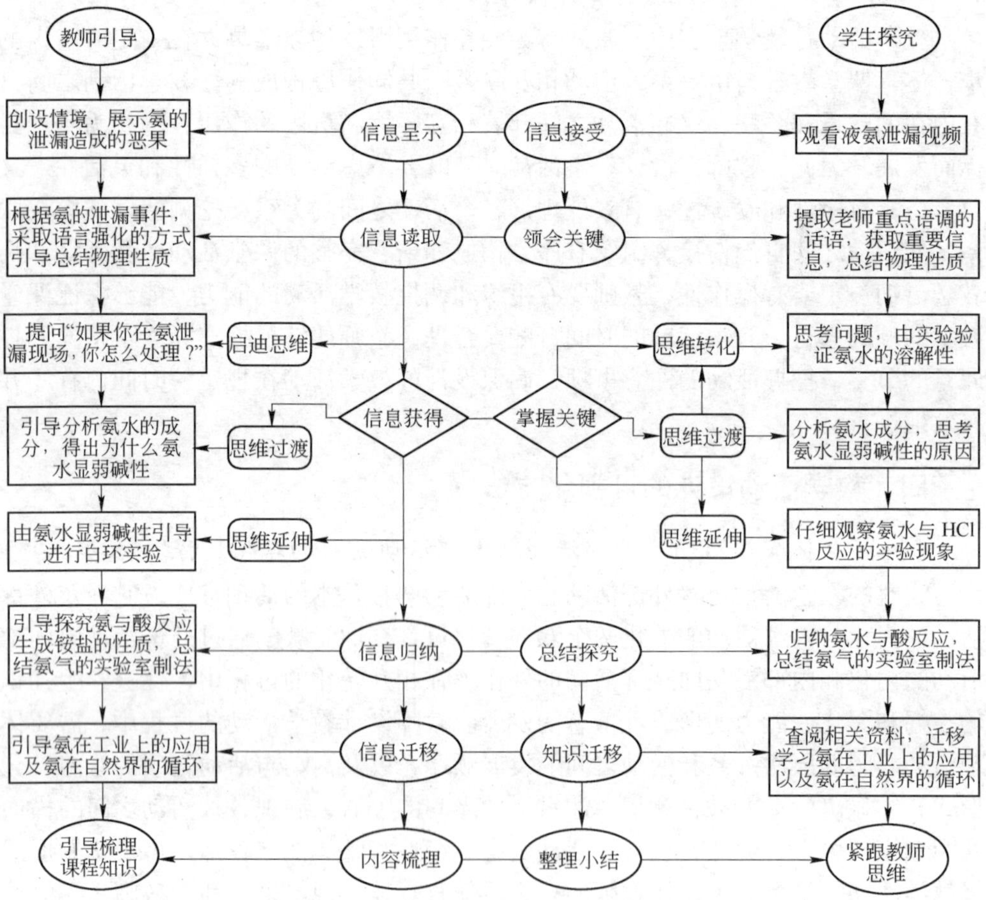

图 5-12　“氨气”教学活动可视化过程

例如，图 5-13 中旅游路线活动与学生的收获相对应呈现其发展过程。

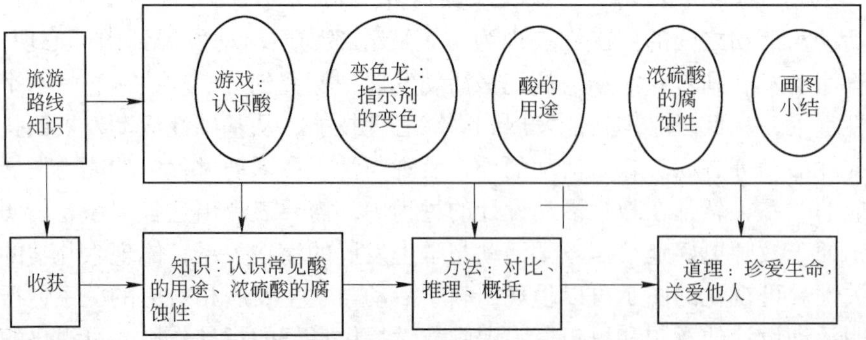

图 5-13　“常见酸碱”教学活动可视化

图 5-14 呈现了在教学过程中教学活动与学生观念发展的变化情况。

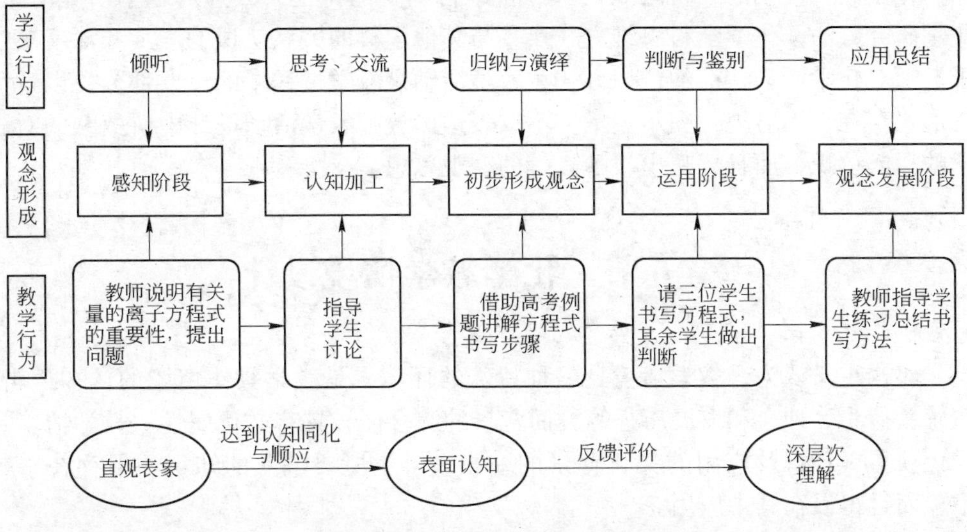

图 5-14　观念建构过程可视化

教师以活动线为主线，情景线、问题线、知识线为辅线，呈现出来教学活动

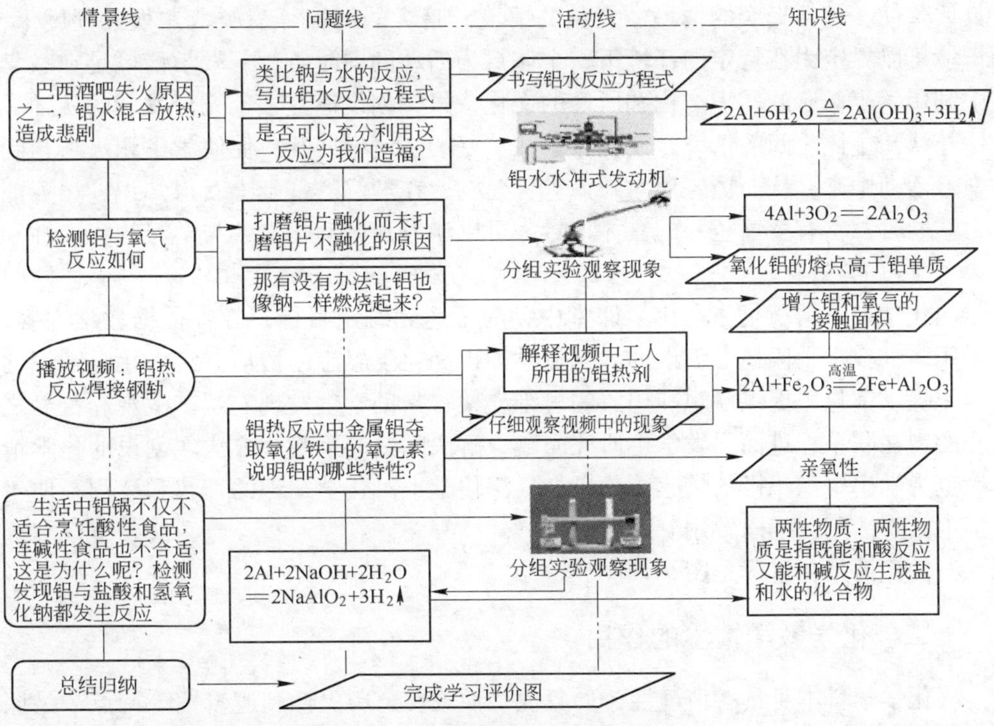

图 5-15　教学活动设计过程可视化

发展的整个过程，如图5-15所示。

化学教学活动的独特之处在于源自学科本身的特征，教师对化学研究对象、化学研究方法、化学学科思维方式及其与其他学科的关系认识的广度和深度决定了教师对化学活动特征的认识方式。教学活动是教学过程中的主要部分，以过程的形式存在，以可视化图示表示，不仅表达出教师教学活动设计中所蕴藏的对教学的深入认识，而且反映出教师教学的宏观思想。

第五节　化学教学情境设计

建构主义认为，教学情境是一种特殊的环境，是教学具体情境的认知逻辑、情感、行为、社会和发展历程等方面背景的综合体，具有文化属性。教学情境是知识获得、理解及应用的文化背景的缩影，学生所要学习的知识不但存在于其中，而且得以在其中应用。

一、化学教学情境的概念

情境是指一个人在进行某种行动时所处的社会环境，是人们社会行为产生的具体条件，包括真实的情境、想象的情境、暗含的情境等三类。在很大程度上，情境可以界定为在特定的环境下，个体行为活动的即时条件。教学情境是在教学中利用学生已有的知识结构和所处的文化背景，创设适宜学生充分发展的认知客体与认知主体之间的情境，使得教学在美好的情境中展开，促使学生积极参与到学习活动中来，从而更好地对知识进行建构，在理解的基础上获得知识，培养能力。同时，富有感情色彩的具体场景，可以激发和调动学生参与学习的积极性和自主学习的热情。

化学教学情境是指在化学课堂中，为了达到既定目标，教师依据教学内容，运用多种教学手段精心创设的含有化学知识和化学思想的情境。它为化学知识的学习提供信息，提供联想和想象的思维支架，帮助学生发现宏观、微观和符号之间的内在联系，进而引发学生研究问题，解决问题的策略和方法。创设的化学情境也为学生提供积极的情感体验机会，深化学生对化学知识的理解和运用，便于学生活学活用，学以致用。

知识情景化过程见图5-16。

二、化学教学情境的作用

化学学科本身具有情境性、形象性、抽象性、历史性和逻辑性等特点，是探索微观世界与宏观现象的一门学科。化学教学中有很多微观知识，具有一定的抽

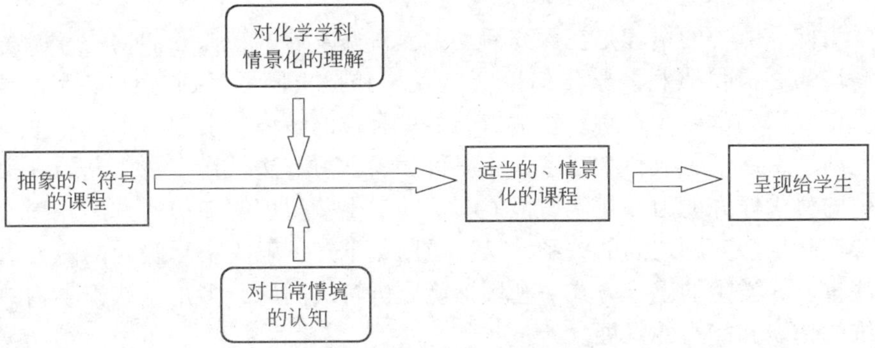

图 5-16　知识情景化过程

象性，学生不能直观看到，这就需要教师创设良好的情境，将抽象知识形象化，生动化，以便促进学生对知识的理解和掌握。化学中良好的情境可以培养学生对化学学习的兴趣，激发学生的求知欲，培养学生积极主动探索的欲望和实践创新的能力。

（一）激发化学学习的兴趣

教育家陶行知曾说：“发明千千万，起点是一问，智者问的巧，愚者问的笨，人力胜天工，只在每事问。”从中我们可以看出发现问题、提出问题的重要性，教师在教学过程中需要这样的问题情境，引发学生的积极思考，促使学生掌握化学知识。创设问题情境对教学起着积极的促进作用，唤起学生学习化学的动机和解决问题的成就需要，有效地提高教学效果，及时反馈学生信息。学生由情入境，由境生情，情境交融，主动投入到课堂教学活动中，积极建构意义学习。在教学情境中，学生的学习处在真实的环境中，一切学习活动以真实的情境展开，学生思维处于积极的活跃状态，有利于激发学生的学习动机，促进学生有意义的学习。

（二）促进知识的建构与应用

学生学习知识的过程是一个主动建构知识的过程，这种建构知识的过程需要通过新旧经验的相互作用来实现。化学教学情境可以帮助学生重温旧经验，获得新经验，为学生提供丰富的学习素材和信息，有利于学生在情境中体验知识的发生和发展过程，有利于学生主动地探究和积极地思考，从而促使学生认知能力、思维能力的发展。有些化学情境为学生知识的建构搭建平台；有些情境中蕴含着化学知识，学生在情境中可以了解知识的来龙去脉，从而深刻地理解知识；有些情境为学生提供相关联的具体实例，如模拟微观粒子运动、原子结构模型展示等，为学生提供多角度的知识体验，帮助学生对知识的有意义建构。同时，学习情境有利于学生对新知识的迁移和应用，培养学生学以致用的能力。

（三）培养探究能力和思维发展

学生探究能力的培养是在探究活动中获得并发展的，探究活动的开展需要一定的情境为之提供素材。学生借助情境发现和提出问题，通过探究活动解决问题，获得知识的学习和理解。教师借助生动有趣的情境，引导学生进行多种多样的探究活动，逐渐养成科学态度，获得科学的学习方法，在实践探究的过程中发展学生的科学探究能力。化学情境能够帮助学生获得理解知识的方法并深入研究学科与实际生活问题之间的关系，学会运用化学知识解决实际问题的能力。情境教学注重培养学生的思维方式，利用情境分析解决问题，多角度认识事物，并实现思维的拓展和能力的发展。

三、化学教学情境的设计过程

化学教学过程中创设的教学情境要从教学的实际需要出发，依据教学目标、教学内容创设形象具体的场景或氛围，激发和吸引学生主动地学习，从而达到最佳的教学效果。化学教学情境的创设不能随便选取，教师必须经过认真的审视和分析，创设合适的情境，完成教学目标。

（一）分析课程和教材

课程标准在宏观层面上规定了学生应该达到的学习水平，是教学的纲领和行为准则；教材是依据课程标准编写的化学知识载体，是课程标准的具体反映，是教师实施教学的主要依据。任何情境的设计都应该与课程标准要求和教材要求为基准，把握课程标准中对相关知识的要求，深入理解课程内涵，防止创设的教学情境超出课标要求。教材是按照知识体系的发展进行编排的，每一个知识点以及知识单元都是按照逻辑结构呈现出来的，教学情境的设计需要按照知识本身的逻辑结构和学生的认知特点进行设计。分析教材中的每一个知识点、教材中的具体案例、教材中提供的活动和图片资源，以及教材内容的编排方式，依据教材但又不拘泥于教材，对教材安排进行灵活的变更，做好情境创设的前期准备工作。

（二）分析学生特征

创设情境的目的是帮助学生理解、深化学习内容，降低学生建构新知识的难度。学生在学习的过程中能否有效地感知教师创设的课堂情境，是否完成知识的建构等因素都会影响情境的教学效果，这就要求教师在设计教学情境时，必须针对学习者的特征进行研究。教师只有在充分考虑学生原有的知识技能、年龄、学习态度、性格特征和心理发展特征的基础上，创设的教学情境才符合学习者的认知发展规律，促进学习者有意义的学习。同时，合理的分析有助于设计适合学生能力与知识水平的问题情境，为选择化学情境提供帮助和指导。对学生特征的分析主要从三方面展开：一是分析学生已经具备了哪些知识；二是分析学生在学习中应用的策略；三是学习过程中可能出现哪些认知变化。基于以上三方面的分析，教师已初步掌握学习者的情况，对教学情境的筛选已经初步形成思路。

（三）分析学习内容与实际生活之间的联系

创设情境的目的是帮助学生有效的学习，情境在学生学习中起着重要作用，情境必须是学生能够感知、能够促进知识迁移的学习环境。教师只有正确把握学习内容与实际生活之间的联系，才能从学生熟悉的事物出发设计合理的教学情境。熟悉的情境往往更能引起学生的学习兴趣，激发学生的学习动机，降低学生学习的难度。教师将教学内容与生活实际联系起来，既为学生的学习创设情境，也为学生将化学知识迁移到实际生活中提供条件支持，增强了学生学习的趣味性和实践性，提高了知识学习的价值性。

（四）创设合适的教学情境

教师根据前面对课程标准和教材、学生特征以及学习内容与实际生活之间联系的分析，对本节课的教学内容和实际情况有了全面深刻的认识。在此了解的基础上，教师可以利用化学与现实生活和生产创设情境，现实生活中蕴藏着丰富的化学知识，同样化学是源于生活，用于生活的一门学科，现实生活中有取之不尽的丰富资源；教师可以利用典型的事例或者热点新闻创设情境，讲述发生在身边的与化学知识有关的事例，可以让学生感受化学的价值，感悟学习化学知识的重要性。化学史中蕴藏着发现探索过程中一系列的疑问，可以为今天的教学提供极为生动的素材。化学教学离不开实验，化学实验的有趣现象会让学生产生极大的乐趣，教师可以利用实验设置生动、有趣的情境，引起学生注意。教师还可以利用科学探究活动创设情境，引导学生进行科学探究，最大限度地给予学生学习化学的兴趣。情境的创设不在于样式多变，而是要因地制宜，创设最恰当的才是最有价值的。

四、化学教学情境设计的原则

化学教学情境的设计是根据教学需要，为达成教学目标，教师精心设计出来的，不同形式的课堂、不同的学习目标、不同基础经验的学生，相适应的教学情境也不尽相同。教学情境设计的有效性将直接影响到学生知识建构的有效性。因此，化学教学情境的设计必须符合一定的原则。

（一）兴趣性原则

教师创设情境的目的是能够引起学生学习化学的兴趣，并将这种兴趣持久地保持下去。为了保持学生的这种学习兴趣，教师就需要让有意义的知识变得充满乐趣，独具匠心的设计丰富有趣的情和兴趣盎然的境，让学生沉浸在充满乐趣的情境之中，激发学生的内隐学习动机。创设情境的最初目的就是为引起学生的学习兴趣而生，如何引起学生对情景信息的注意、关注和体验，需要教师了解学生，激发学生的兴趣爱好。

（二）真实性原则

化学情境的创设为学生的学习提供丰富的材料，学生依托情境获得知识，因此，教师创设的化学情境必须真实可靠，不可为了创设情境而随意编造故事或事件，学生在无中生有的教学情境获得的知识是有瑕疵和不完整的。在教学的过程中，教师要善于收集和挖掘隐藏在教学内容后面的信息材料，收藏各种有价值的素材，以便在教学设计的过程中运用。真实的情境更有利于学生知识的学习和迁移应用。

（三）递进性原则

知识的学习不可能一蹴而就，而是需要经过一系列建构的过程，由简单到复杂，由低级到高级循序渐进地发展。情境的创设需要多个情境，在不同的阶段以不同的方式依次呈现出来。多个情境之间需要依次呈现出递进的关系，体现出层次性和发展性。多个情境之间要相互联系，步步递进，使得学生致力于层层有挑战性的情境中，学生的求知欲望会变得越来越强。

（四）多样性原则

化学教学情境的素材丰富多样，教师根据不同的学生对象，不同的教学内容创设不同的情境。生活情境、实验情境、故事情境、视频情境、问题情境等都可供教师选择。因此，教师在创设教学情境时要开阔眼界，选择形式多样的情境激发学生的学习动机，为学生提供丰富的学习材料，带给学生新的学习视角，让学生徜徉在丰富多彩的化学世界里学习化学。

五、化学教学情境设计的可视化方法

（一）以图表、模型构建直观的具体场景

教学情境为学生提供丰富的学习材料，有效地改善教与学。其中可视化的图表，将文字信息转化为一目了然的图表，直观地呈现出来，帮助学生整合有效的信息。可视化的原子结构模型，复杂有机物分子模型，为学生呈现了难以理解的微观物质结构，使得知识变成可以用眼睛来观察就可以理解的知识，降低学生接受知识的难度。图 5-17 为石墨、金刚石的结构模型，直观展现其内部结构之间

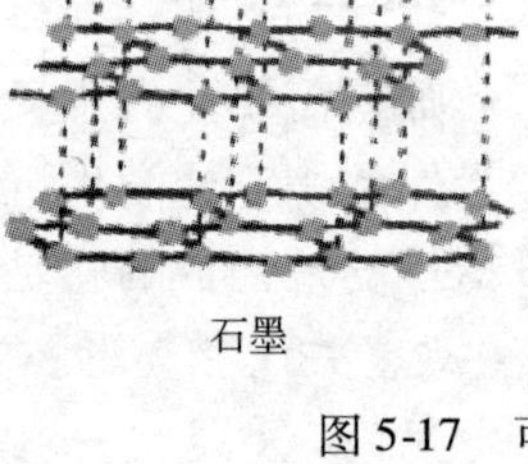
石墨

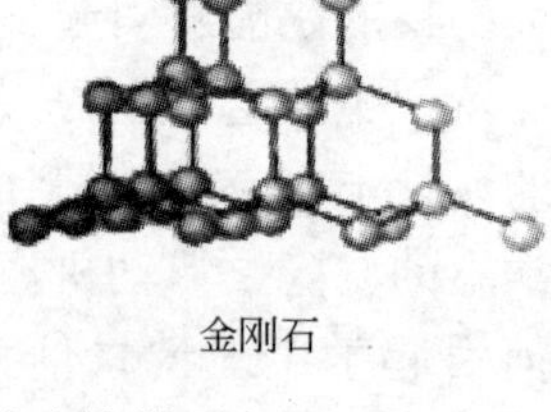
金刚石

图 5-17　可视化实物模型

的不同。

（二）以图片、视频动画构建富有色彩的氛围

图片、视频作为一种直观的表达工具，在教学中起着极其重要的作用，不仅为知识的学习创设良好的氛围，更为知识的来源和应用提供了丰富的土壤，知识本来自于生活中最精华的东西，是生活现象的科学解释，根植于情境中的知识才更有利于学生知识的迁移。用图片吸引学生的关注，用视频调动学生的听觉参与，促进多种通道的共同作用，实现学生知识的深化和巩固。

如以下教师以视频动画的形式展现弱电解质离子水解的过程，为学生创造了形象认识微粒水解的微观过程，帮助学生加深对盐类水解实质的认识。图 5-18 为可视化视频动画。

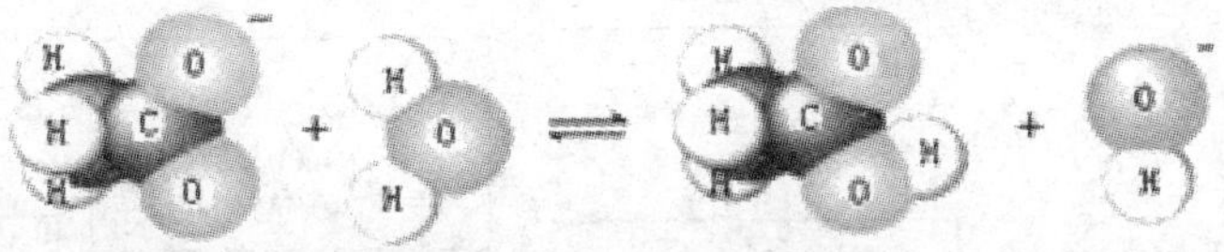

图 5-18　可视化视频动画

以图片直观展现酸雨的形成过程，学生通过分析图片可有效地掌握酸雨的形成过程。图 5-19 为可视化酸雨情境。

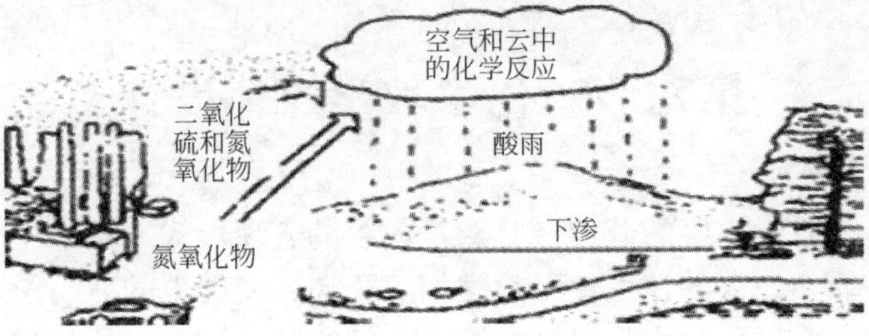

图 5-19　可视化酸雨情境

情境教学法案例：

“金属铝的化学性质”教学中，教师采用基于情景教学的教学方法，包括事实情景、经验情景、实验情景和问题情景四个环节。在四个情境下完成对金属铝与水，金属铝与氧气、铝热反应以及铝与酸碱的反应。“金属铝的化学性质”情境教学法案例见图 5-20。

随着课程改革的逐步推进，化学教学方法也发生着相应的变革，教学情境已经成为课堂教学的基本要素。教师在课堂上，适当地创造与学习内容相关的情境，引导学生根据教师创设的情境进行知识的深入挖掘，学生更容易建构和理解知识，促使学生积极参与知识学习的整个过程。

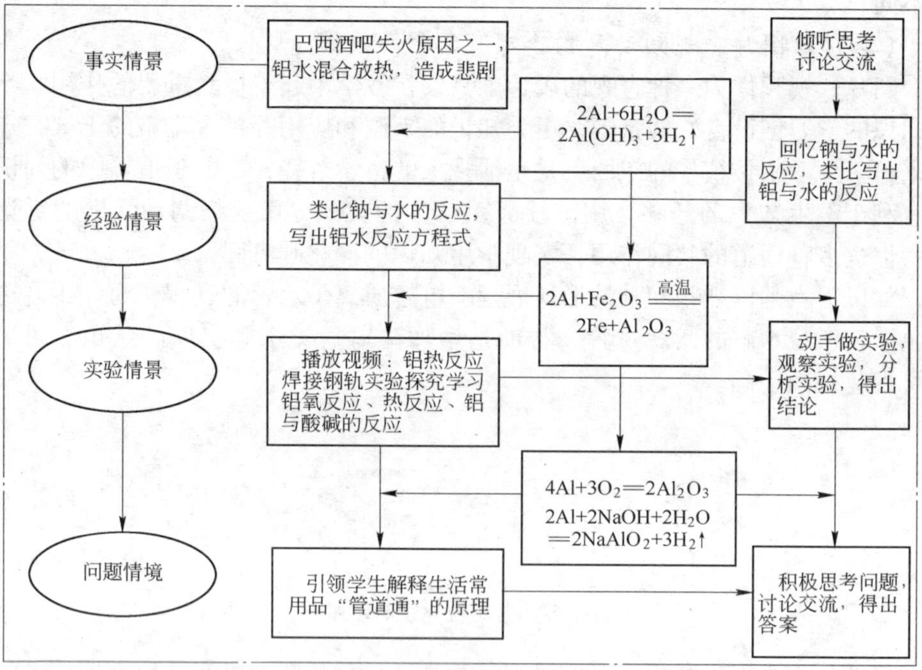

图 5-20 “金属铝的化学性质”情境教学法案例

第六节 化学教学媒体设计

教学媒体是教学内容的载体，是教学内容的表现形式，是师生之间传递信息的工具。化学教学媒体的使用使得教学如虎添翼，使师生的教与学更加有趣，帮助学生理解知识、发展智力、提高能力、开阔视野。教学媒体使用得当，能使师生的教与学事半功倍。

一、化学教学媒体的概念

媒体是各种信息的载体或传递信息的工具和中介，在传播信息的过程中，传递者需要借助一定的工具表达信息。教学媒体又称教育媒体。教学媒体，实质上是在教学过程中携带并传递教学信息，从而影响师生信息相互交流的工具。现代教学媒体就是广泛地应用以信息技术为基础的计算机与通信技术设备进行教育教学，教学媒体发展至今，种类繁多，形式多样，为教学的方便快捷提供很多的帮助。教学媒体作为教学系统的基本要素之一，承载着传播教学信息的重任，在传播过程中遵循教学媒体所储存与传递的信息以教学为目的，以促进学生的发展为重点，实现教学媒体的价值和意义。教学媒体的发展见图 5-21。

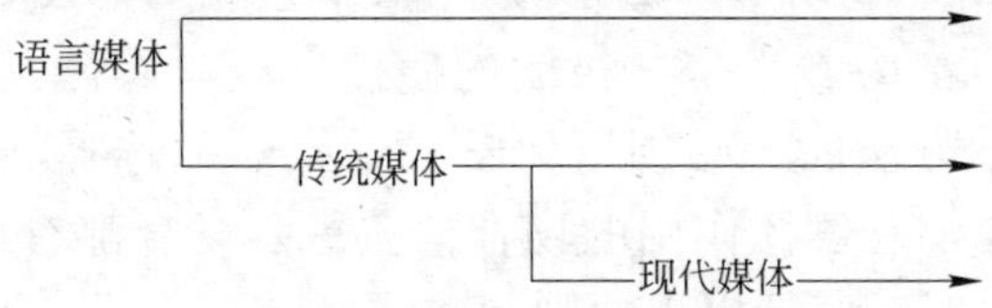

图 5-21　教学媒体的发展

二、化学教学媒体的作用

（一）增强学生学习的主体性

教学媒体作为师生之间交流活动的工具，是教学过程中的一个基本要素，在教学活动中起着举足轻重的作用。现代科学技术的不断发展及其在教学中的广泛应用，教学媒体在教学中的重要性日益凸显。信息媒体的诞生，为学习者提供了丰富的学习资源，也拓宽了获取信息的渠道，学生利用多媒体资源进行有效的学习，增强了其学习的主体性和主动性。教师在利用教学媒体教学的过程中，降低了主体的操控性和权威地位，师生之间的冲突相对减少，加强师生之间的和谐相处和交流互动，使教学活动更加和谐，愉悦。

（二）改变教学内容的表现形式

教学媒体承载和传递的教学信息主要是教学内容，不一样的教学信息需要不同的教学媒体承载。传统的文字传播教学信息的时代已经过去了，随着教学媒体的日趋现代化，教学内容的信息量越来越大，学生需要接受的信息量也与日俱增，改变教学内容的表现形式，对促进学习者更好地获取教学信息起着极其关键性的作用。教学媒体技术的信息传播，从脑科学理论和视觉传播理论方面，更加关注大脑接受信息的特点和方式，使得教学内容既有较高的艺术性，又帮助学生在较短时间内获取有效的信息，增强信息接受的力度和广度。

（三）改变教学的组织形式

丰富的教学媒体既可以辅助课堂教学，又可以为学生自主学习、个别化教学提供物质条件，有助于“发现式”和“探究式”的教学方法在课堂教学中应用，新的教学方法和策略将会改变课堂教学的组织形式。各式各样的电子媒体和网络资源进入教学领域，产生了各种各样个别化、小组、班级的教学组织形式。教学媒体正在一步步地改变传统的教学形式，成为教学中不可或缺的重要工具，帮助教师更加容易地教学，提高教学质量，增进教学效率；帮助学生更快捷地学习，促进学生在各方面主动、全面地发展。

三、化学教学媒体选择的原则

现代教学媒体自 20 世纪以来利用高科技成果迅速发展起来，主要包括幻灯、投影、广播、录音、录像等，还有组合的教学媒体系统，如多媒体综合教室，计算机网络教室，如图 5-22 所示。微格教学训练教室，以及被很多中学广泛应用的交互式电子白板，都为教学带来极大的便捷。教学媒体是教学方法的物质要素，教师在选择教学方法时，必须对化学教学媒体的选择和设计进行深入的研究，使得每一种媒体都有发挥作用的场合，在每一场合都有最适宜采用的媒体，在选择化学教学媒体时，坚持以下原则。

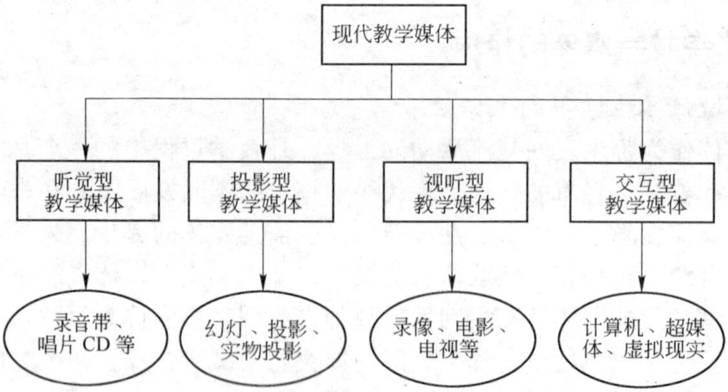

图 5-22　现代教学媒体的分类

（1）有效性原则。化学教学媒体的选择必须要立足化学学科的特点，要考虑教学目标、教学内容、教学对象、教学策略以及教学条件，组合优化多种教学媒体，提升教学效果。在选择化学教学媒体时，依据心理学研究认识，要充分调动学生在化学学习过程中的感官刺激，让学习者积极参与讨论。教材文字信息是抽象的，辅以图片、实物模型、动画教学，帮助学生建立直观认识，进行空间想象。化学教学媒体的选择一定要坚持有效性，始终以帮助学生更好地学习为目的。中学化学教学目标与媒体种类效能的关系矩阵见表 5-6。

表 5-6　中学化学教学目标与媒体种类效能的关系矩阵

学习内容	媒体使用目标	教 学 媒 体									
		传统媒体			现代教学媒体						
		板书	讲解	挂图	实物模型	实验	投影仪	视频	演示	练习	网络学习
化学常识	介绍资料		H	M	M		M	H			H
元素化合物	展示事实	H	H			H			M		M
一般实验	提供示范		H	M		H		H	H	H	
危险试验	提供示范		H	M		H		H	H		
基本概念	创设情境	H	H	M	M		M			M	

续表 5-6

学习内容	媒体使用目标	教学媒体									
		传统媒体			现代教学媒体						
		板书	讲解	挂图	实物模型	实验	投影仪	视频	演示	练习	网络学习
基本理论	呈现过程	H	H	M	M				H	M	
简单应用	设疑思辨	H	M							H	
调查探究			M			H		M	M		

注：表中“H”代表高效能，“M”代表中效能，空白代表低效能。

（2）经济性原则。化学教学媒体的选择不能片面的追求实物演示、随堂实验等直观的感受和形式多样的效果，还要考虑教学媒体的经济成本以及是否易于使用。有些教学内容能够通过简单、便捷的方式就可以达到教学效果的，就不必花费大量的劳力财力大费周折。教育技术的飞速发展使得教学媒体的选择性更加广泛，教师不可为了追求形式上的多样性，任意的选择无效的化学教学媒体。

（3）最优化组合原则。信息技术的发展为教师提供了大量的教学资源，教师利用教学媒体也在不断地丰富自己的课堂教学。在组合化学教学媒体时要将有效性放在首位，每一种教学媒体都有自己的优势和劣势，多种媒体的有效组合可以实现优势互补，共同帮助教师达成高效的教学。最优化的教学媒体组合，知识的呈现能力更强，表现形式更加丰富，完整、清晰地向学生传递相关的化学知识。

四、化学教学媒体的组合

化学教学媒体优化的关键在于教学媒体的有效选择和组合。在课堂教学的过程中，将多种教学媒体有机地组合，不仅能够发挥各种教学媒体特定的教学功能，调动学生多种感官参与学习，又能使得学生被丰富多样的媒体变化形式所深深吸引，始终保持高度的学习热情，提高课堂教学的效率。

（一）化学教学媒体的组合模式

化学教学媒体需要有效组合，达成最优化的教学效果。直观性媒体与抽象性媒体组合、图像型媒体与实物型媒体组合、静态型媒体与动态性媒体组合等类型都是常见的组合形式。在组合的结构模式上可以分为串联结构、并联结构和串并联结构。

（1）串联结构。串联结构的教学媒体组合形式是指教师在教学的过程中，分别采用不同的媒体帮助学生学习和掌握知识点，或完成某个教学环节的教学任务。媒体间形成串联结构，共同完成整节课的教学目标。串联结构组合模式见图5-23。

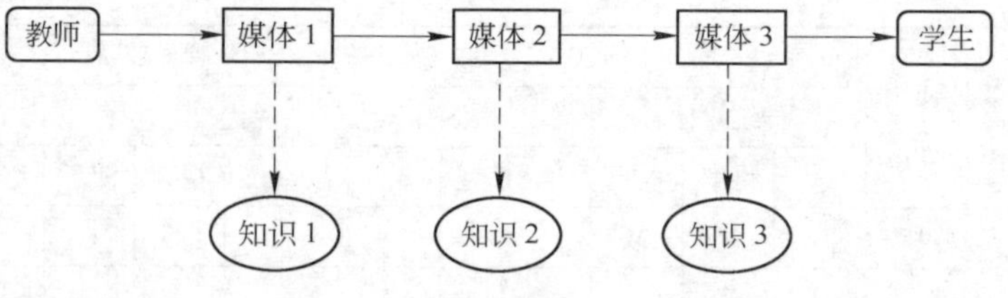

图 5-23　串联结构组合模式

（2）并联结构。并联结构的教学媒体组合形式是指在教学的过程中，在某个知识点采用两种或者两种以上组合的教学媒体，帮助学生理解知识点，达成对某个知识点的学习。并联结构的组合模式，需要媒体间的优化组合。并联结构组合模式见图 5-24。

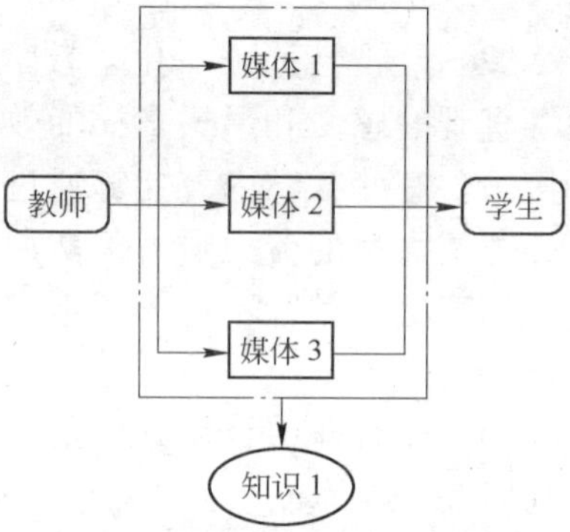

图 5-24　并联结构组合模式

（3）串并联结构。串并联结构组合模式是指在教学过程中，在学习某个知识点选择使用一种教学媒体，促进学生理解知识，在学习下一个知识点综合运用两种以上媒体，用多种媒体共同帮助学生掌握知识点，或者完成某个教学环节的教学任务。串并联结构组合模式见图 5-25。

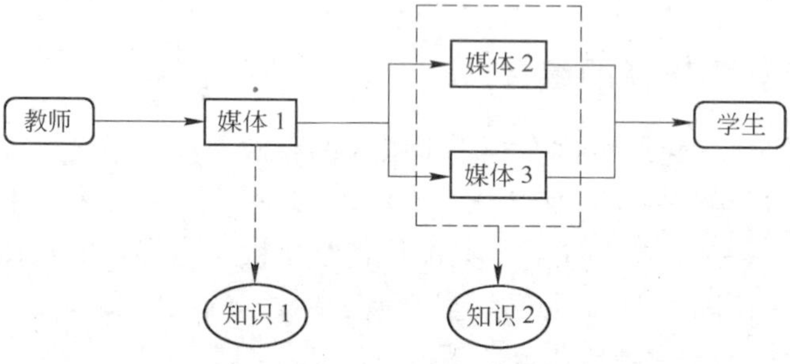

图 5-25　串并联结构组合模式

（二）教学媒体组合的原则

（1）依据教学目标。化学教学媒体的组合要以课堂教学目标和教学内容为依据，如果教学目标是要注重培养学生的空间想象能力，教师就需要考虑运用实物模型和动画演示，向学生直观地呈现有机物的空间立体结构。如果教学目标是理解盐类水解的实质，就应该将有动画、图片组合的教学媒体，为学生展现离子的结合过程，给学生带来视觉刺激。教师无论选择哪种教学媒体，都是为完成教学任务而服务的，都将服从于课堂的教学目标。

（2）最优化组合。教师基于教学目标组合教学媒体时，必须根据不同教学媒体的功能特性，在了解每种教学媒体的优与劣之后，最优化地组合教学媒体，凸显出教学媒体的优点，掩盖其不足，充分发挥各种教学媒体的特长。教学媒体的组合要能够调动多种感官的配合，充分体现大脑的功能，使之处于兴趣的活跃状态之中，提高学习者的学习效率。教学媒体的优化组合，必须有利于增加教学信息，使之组合在一起可提高教学信息量。

（3）适度性。教师在教学过程中，需要适当地选择教学媒体，因为多种教学媒体传递的教学信息，一般比只用一种教学媒体传递的教学信息量大，并不是说教学媒体使用得越多就越好，教师需要考虑信息量和学生的接受能力。如果学生在一节课里不能完全接受这些信息，使用太多的教学媒体就会浪费，不仅浪费学生的时间，也浪费了很多的资源。因此，教师在选择教学媒体时，要根据一节课的教学容量，严格控制教学媒体的使用数量，适度地选择教学媒体。

五、化学教学媒体的可视化方法

教学媒体增强了师生教学的互动性，帮助学生理解知识、发展智力、提高能力、开阔学习视野，最大的特点是实现了教学中直观性的展示，无论是挂图、事物模型、事物投影仪，还是录音、录像等都帮助教师形象化地表现出微观世界、学生难以理解的内隐性知识。例如，教学媒体中的电视、录像以动态的活动图像呈现物质变化的过程和动向，教师可以根据需要随时调节事物和现象的动作快慢，帮助学生从各个角度表现事物的形状、方位和结构；幻灯片、投影和图片则是以静态的方式呈现出事物的特征。教学媒体给予学生直观、形象、生动的动态美、色彩美，促使学生寓学于乐，培养学生强烈的学习兴趣，吸引学生的注意力，激发学生感情上的参与性和主观能动性。教师面对不同的教学内容，需要选择运用合适的教学媒体，达成学生知识的有效掌握，例如表 5-7 是教师在讲授“金属铝的化学性质”一节内容时，其教学媒体的选择。

表 5-7 教学媒体的选择

内容	媒体选择	媒体内容要点	媒体在教学中的作用
情景导入	图片展示	展现巴西酒吧失火惨烈场景	导入新课，将能量展现在学生面前，联系学习内容，使学生认识能量
铝热反应	视频演示 电子白板	演示铝热反应焊接钢轨的过程，真实组装实验室铝热反应装置	结合实例，回顾学科，帮助学生提炼出铝的亲氧性特点，真实再现实验室中实验场景
铝与酸碱反应	电子白板	再现正确的铝与氢氧化钠反应场景	学生探究性做出的铝与氢氧化钠反应结合电子白板展现的正确的实验室操作，培养学生对比自我发现学习能力

教学媒体是教学过程中传输信息的手段。可以说，有了教学活动就有了教学手段和工具。在不同时期，各种教学媒体在教学中所起的作用不同，教师需要研究各种媒体的基本性质和教学特性，从而根据教学内容、教学目标、教学对象和教学条件的要求，选择合适的教学媒体，以达到最佳的教学效果。

第七节　化学教学评价设计

评价是对人物或者事物有无价值进行判断，评价活动的过程是对人物或事物的价值进行分析、衡量和判断的过程。在评价的过程中，无论是事实判断还是价值判断，都需要以事实为依据，通过收集各个方面的资料，从而对活动的效果做出判断。

一、化学教学评价概述

教育评价则是对教育现象中的人物或事物进行的价值判断，以泰勒为代表的对教育评价的定义是在本质上确定课程和教学大纲在实际上实现教育目标的程度的过程。综合国内外专家、学者对教育评价的定义，教育评价是指按照一定的价值标准和教育目标，利用多种方法系统地收集资料信息，对学生的发展变化以及影响学生发展变化的各种要素进行价值分析和价值判断，并为教育决策提供依据的过程。

教学评价作为教育评价的一个重要方面，是构成全面教育评价的关键部分。教学评价是指依据教学目标和课程标准，收集和加工有关信息，对教育活动的结果、过程和有关因素等评价对象进行描述或者判断，协调各方面对评价对象的认识，为提高教育活动的质量、效率等决策提供依据的过程。教学评价包括教学过程中教与学的各个方面，既是对教师教的能力和效果做出价值判断，又是对学生的学习态度、学习能力和学习效果上的变化做出价值判断。

二、化学教学评价的作用

教学评价是教学活动中不可缺少的基本环节，它在教学过程中发挥着很多的作用，控制着课堂教学的进行，保证教学活动向预期的教学方向前进。教学评价的作用一般包括以下几个方面。

（1）诊断作用。教师在教学的过程中，需要及时地了解学生学习的各个方面情况，从而判断教学成效和存在的问题。教学评价要全面深刻，不仅能大致了解学生在学习的多大程度上完成教学目标，还要能够说明学生出现成绩不理想的可能原因，并提出可行性的补救措施。评价的过程即是诊断的过程，也是改善的过程，评价是为后期的改善提供依据和条件。教学评价的针对性检查，是对教学过程中的现象进行严谨的诊断，为教学决策和进一步改进指明前进的方向。

（2）激励作用。评价对教学过程有监督和调控作用，不仅对教师的教学有检测和促进的作用，也对学生的学习有反馈和鼓励的作用。学生在学习的过程，需要教师的及时评价，教师经常性地对学生的学习状况进行评价对激发学生的学习动机有很大的作用。教师的教学也同样需要评价，良好的教学效果和较高的评价能给教师心理上带来满足感和成就感，激发教师更加严格地要求自己，努力向更高的目标前进。即便是较低的评价，也帮助学生清楚地认识自己的学习状况，促使教师深入地反思教学。

（3）导向作用。教学评价对教学的方向具有很强的导向作用，就如一个“导航仪”，为教师日常的教学活动“定标导航”。在课堂教学的过程中学生学习的重难点，学习时间的分配，通常都由评价内容和评价标准决定和影响。同样地，教师教学目标、教学重难点的确立也是受到教学评价的制约。教学评价的标准和内容都是依据教学大纲和课程标准的要求，具体地体现学生全面发展的方向。教学评价所发挥的导向作用就是积极地指导教学向正确的方向，为教学指明正确的道路。学生在学习过程中也依照教学评价的要求安排自己的学习和行为，并尽力纠正偏离教学评价标准的行为。

（4）调控作用。教学评价的多功能作用体现在可以对教学活动的基本进程进行调控。教师在对教学效果的验证、教学问题的诊断和反馈信息获得的基础上，对原来的教学设计做出及时、必要、适当的调整和改善，以取得更好的教学效果。教学评价也为学生了解自身的学习状况、自己与同学之间的差距提供反馈信息，学生可以根据反馈信息有意识地、自觉地进行自我反思，从而调整自己的学习方法和学习态度，自我完善，达到自身预定的学习目标。

三、化学教学评价的设计

化学教学评价的对象是教师和学生，在教学评价的过程需要对教师的教和学生的学有系统地、有计划地、全面获取教学评价对象的各种信息，从而对评价对象做出科学、合理、全面、具体的评价。教学评价一般包括以下几个步骤。

（1）明确评价内容。在做出教学评价之前，需要确定“为什么要进行教学评价”和“教学评价评什么”。有目的的评价才能做到全面和具体，具体的评价通常是针对某一具体教学评价对象特定的一个方面进行的。因此，进行教学评价的第一个阶段就是要确定评价的内容。明确了评价的内容，也就间接或直接地决定了教学评价的相关设计。对教师进行教学评价，则要明确具体是教师的课堂教学，还是教师的教学方案设计，评价内容不能太大，太大起不到评价的作用，达不到帮助教师了解自身不足的效果。如果教学评价的对象是学生的话，评价内容需要仔细地推敲，确定合理、有效的评价细则，选择有利于大部分学生学习情况评价的内容。

（2）明确评价标准。在确定评价的内容之后，需要确定评价的标准，也就是要确定“怎样进行教学评价”。评价的方向不同，进行教学评价的目的和内容也就不同，那么选择评价的标准也就不同。在进行评价的时候，评价者需要对评价的内容做到深入的理解和分析，选择适合评价对象的评价标准。在解决“怎样进行教学评价”这一问题时，评价者需要从以下几个方面考虑。首先，要明确评价的对象，要明确评价对象是人，是物，是教师，还是学生，是教师行为，还是学生成绩。其次，针对确定下来的评价对象，要明确想要了解什么，掌握评价对象的一些基本信息和特征，只有这样才能针对性地选择合适的评价方式。最后，在前两步的基础上，对教学评价的标准进行设计和选择，确定是定量评价还是定性评价，是形成性评价还是总结性评价。

（3）设计评价方案。评价者在明确评价内容和评价标准的基础上，进行教学评价方案的设计。前期准备已经为评价者指明评价的方向，进行评价方案的设计，需要将整个评价方案的设计思路表现在教学评价设计方案中，不仅使得设计出来的评价方案拥有明确的目标和理由，而且能够使评价方案被更多人所接受，为评价方案的实施奠定良好的准备。教学评价方案是整个教学评价的计划书，是实施有效评价的重要工具。评价方案的设计要确保步骤的合理，评价方式的多元化和有效性，无论是质性自评方案、量化自评方案、学生评教方案还是课后座谈方案，都需要量体裁衣，依据评价内容和评价标准，制定合适的方案和具体的操作细则，保证评价方法合理、评价手段多样、评价程序规范、评价结果有效。因此，评价方案必须注重评价过程的科学性、规范性和可操作性，只有这样，评价工作才能拥有较高的信度和效度，真正体现出评价的价值和功能。

四、化学教学评价的可视化方法

（一）基于图表的可视化化学教师的教学评价

高中化学教师教学评价可以促进化学教师教学素质的提高，公正、客观、全面的评价，能够帮助化学教师诊断和发现教学工作中存在的问题，为化学教师的自身发展和教学工作的改进提供有效的反馈信息，从而调动化学教师的积极性，促进教师的自身发展，改进教学质量。元素化合物类教学设计方案评价表见表5-8。

表 5-8 元素化合物类教学设计方案评价表

	项目	指标	评价及赋分		
			A (1)	B (0.7)	C (0.5)
元素化合物类教学设计方案	学情分析	分析学习者对元素化合物类知识的现有水平			
		分析学习者认知结构的特点			
		分析学习者对元素化合物类知识的学习态度			
		分析学习者的生理、心理特点			
		分析学习者的学习动机和学习风格			
	教学目标设计	教学目标的确定符合新课标的要求			
		教学目标符合学生的全面发展，即为三维目标			
		教学目标的设计由浅入深，层层递进			
		教学目标的设计遵照学生个体差异			
		教学目标的表述要完整			
		教学目标的行为动词规范			
		教学目标具有可操作性			
		教学目标具有可测量性			
		教学目标的确定考虑教学条件			
		教学目标的确定符合教学内容的特点			
		教学目标的确立关注知识的序列化			
		教学目标从“学习物质性质”转向“形成研究物质性质的思想方法”和“发展对化学观念的认识”			
		教学目标关注化学与社会生活、生产之间的联系			
		教学目标的确定符合学生需求和学生的实际情况			
	教学内容设计	所选教学内容满足学生对化学的需要			
		教学内容完整			
		教学内容符合学生接受知识的动态过程			
		教学内容既要符合学生的认知规律，又要符合化学知识本身的逻辑结构			
		抓住核心元素，关注同种元素不同价态之间的转化及如何转化			
		注重元素化合物知识与其他模块知识间的融合（离子反应，氧化还原反应）			
		元素及其化合物知识有序组织，知识体系合理			
		教学内容应为从直观到抽象，从感性到理性			

续表 5-8

	项目	指　　标	评价及赋分		
			A (1)	B (0.7)	C (0.5)
元素化合物类教学设计方案	教学内容设计	所选知识的范围和深度要配置合理			
		教学内容要适用于广泛的学习目标			
		教学内容渗透与生活生产相关知识			
	教学重难点设计	依据教学目标确立重难点			
		重点突出			
		难点明确			
		与教学内容相符合			
		符合学生认知水平			
	教学策略设计	根据学生的学法设计正确的学法指导（要贯穿归纳总结的学习方法）			
		根据教学内容选择恰当的教学方法			
		教学模式（教学方法）贯穿学习过程的始终			
		强化化学用语的理解和运用			
		教学方法关注把零碎的元素化合物知识，点连成线，线连成面，形成立体的知识体系			
		加强与已学概念理论知识的结合（物质的分类，物质的量，电解质溶液的离子反应，氧化和还原反应）			
		突出概念原理对元素化合物知识学习的指导作用，分析说明元素化合物质的组成、结构和变化的客观规律			
		学习方法以物质性质为中心，再和用途、制法、存在密切联系			
		从生活中元素化合物的使用入手，由用途来分析元素化合物的物理性质，进而进入元素化合物化学性质的讨论			
		引导学习者适时应用物质的通性、物质类别之间的反应规律、氧化还原反应理论、离子反应理论等工具进行元素化合物知识的自主学习			
		建立具体知识与化学观念间的联系			
		构建对指导具体知识学习有作用的图示			
		由整体到局部的策略，利用整体结构指导学生认识重要代表物的性质，实现思维的系统化和结构化			

续表 5-8

	项目	指　标	评价及赋分		
			A (1)	B (0.7)	C (0.5)
元素化合物类教学设计方案	教学策略设计	从自然现象→实验室→工业生产→环境等多角度建构元素化合物类知识的学习			
		依据各课时教学内容的特点，选择开放程度适当的教学方式，保证教学的实效性			
		以物质的组成和性质进行分类研究的方法贯穿元素化合物知识的学习主线			
		多种教学媒体相结合			
		教学方式激发学生的学习兴趣和积极性			
		尊重学生人格，发展学生个性差异			
	教学情境	教学情境要与教学目标相匹配			
		教学情境不影响其他环节，便于学生新知识的建构			
		教学情境根据课堂情况及时修改			
		教学情境引起学生的探究兴趣			
		教学情境真实（实验或生产，生活实例认识物质）			
		教学情境基于生活			
		教学情境直观			
	教学过程	教学目标分解到教学的具体过程，并贯穿教学全过程			
		根据教学内容选择合理的教学组织形式			
		教学环节齐全，教学内容完整，设计思路合理			
		结构安排紧凑合理，逻辑性强			
		导入新课，自然流畅，各环节衔接自如			
		教学步骤清楚，活动恰当有效			
		问题设计恰当，并适应多层次需要			
		时间分配合理，信息量适中			
		正确体现主体与主导的关系			
		尊重学生间的差异性			
		引导学生探究反应的内在规律，建立以元素为核心的物质转化观			

续表 5-8

	项目	指　　标	评价及赋分		
			A（1）	B（0.7）	C（0.5）
元素化合物类教学设计方案	教学评价	教学评价工具（方式）的选择适当			
		教学评价方式多样			
		注重形成性评价，以促进学生的发展为目的			
		反馈时机恰当			
		尊重学生的个体差异，评价全面、客观公正			
	板书设计	板书内容，板画绘画科学准确			
		板书条理分明，能体现知识内在联系			
		板书简明清晰，突出重点（如彩笔、加强符号）			
		板书规范整洁，无错别字，能给学生美感			
		板书大小适当，便于观看			
		板书设计形式多样，吸引学生注意力			

（二）基于概念图和双向细目表的学生学习评价

学习评价是教学过程中必备的教学环节，有利于教师及时有效地了解学生的学习状况，从而为教师的课后反思提供参考资料。图示不仅可以用于教师教学的过程，也可以用于快速性地评价本节课教学的结果如何，以及学生学习目标的达成情况。教师在讲授完教学内容之后趁热打铁，现场要求学生根据对本节知识的理解，绘制概念图，在绘制概念图的过程中，依次对写下的知识点编号。学生绘制概念图的过程是知识形成过程和知识掌握情况外显化的过程，对知识的书写顺序也表现出其思维的认知过程，书写越靠前的知识说明学生获得的知识框架印象越深刻。学生在完成概念图的过程中，也在构造清晰的知识网络图，积极地将新知识建构在原有认知结构中，促进学生思维能力的提升，有利于学生知识的迁移。

教师借助学生完成的概念图，可以直观地了解学生的知识和思想行为都发生了哪些变化，获取学生对本节知识掌握的程度以及对知识逻辑性把握的深广度。教师运用双向细目表统计学生的学习情况，根据学生完成概念图的情况给予相应的分数，将双向细目表反馈给学生，不仅便于学生清晰了解自己的学习情况，而且方便教师对学生的学习情况进行分析归纳，为后期的教学反思提供条件，具体如表 5-9 所示。

表 5-9 “金属铝的化学性质”学习评价表

知识与技能				过程与方法				情感态度与价值观
铝与水反应（现象、方程式）	铝与氧气反应（现象、方程式）	铝热反应条件及原理	铝与酸、碱反应（现象、方程式）	类比钠与水反应，写出铝与水反应	总结活泼金属与水、酸反应的规律	学生实验操作能力以及出现的问题	运用所学知识解释“管道通”应用原理	（1）记录学生能量观建构过程中的情感变化。 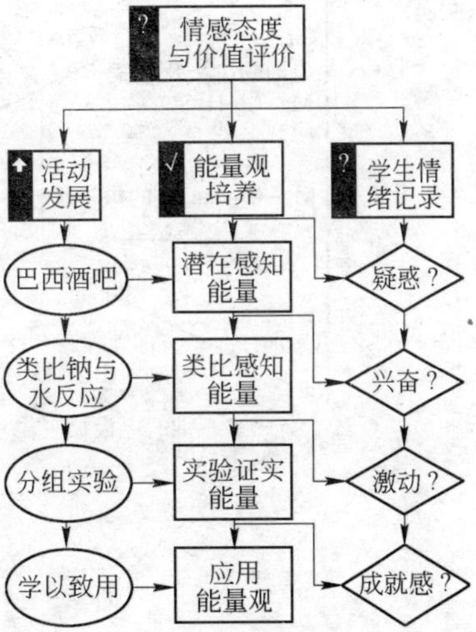 （2）访谈学生对能量观的认识
要求层次								
掌握	理解	理解	掌握	综合运用	综合运用	综合运用	综合运用	
评价结果	评价结果	评价结果	评价结果	统计情况	统计情况	统计情况	统计情况	
整体评价								

学习评价表以可视化的形式直观、具体地反映学生的学习情况和教师对学生学习的评价结果。教师在教学的过程中，依据课程标准中对学生知识和能力层次的要求，编制合适的学习评价表。同时，对学生每一节学习情况的总结评价都呈现在学习评价表中，将其放入学生的学习档案袋中，点点滴滴记录学生的学习过程，既有利于学生的成长，也利于教师的成长。

下面以原电池学习评价表为例进行介绍，见图 5-26。

经过上述内容的学习，学生巩固复习了原电池的概念原理、构成条件等基础知识，同时复习了原电池正负极的判断，原电池电极反应式的书写及原电池的应用。在此基础上要求学生既掌握课堂涉及的具体知识内容，同时掌握一定的方法、原理。通过此学习评价表对学生的掌握情况进行测评，总分为 40 分，各部分内容根据其重要性占有相应分值。

教学设计中每个阶段的计划、设计、创建都为有效的执行做好坚实的基础。清晰准确地回答教学设计的四个问题，也就完成对教学问题的回答，回答这个问题的过程虽然漫长，但是意义深远，价值持久。

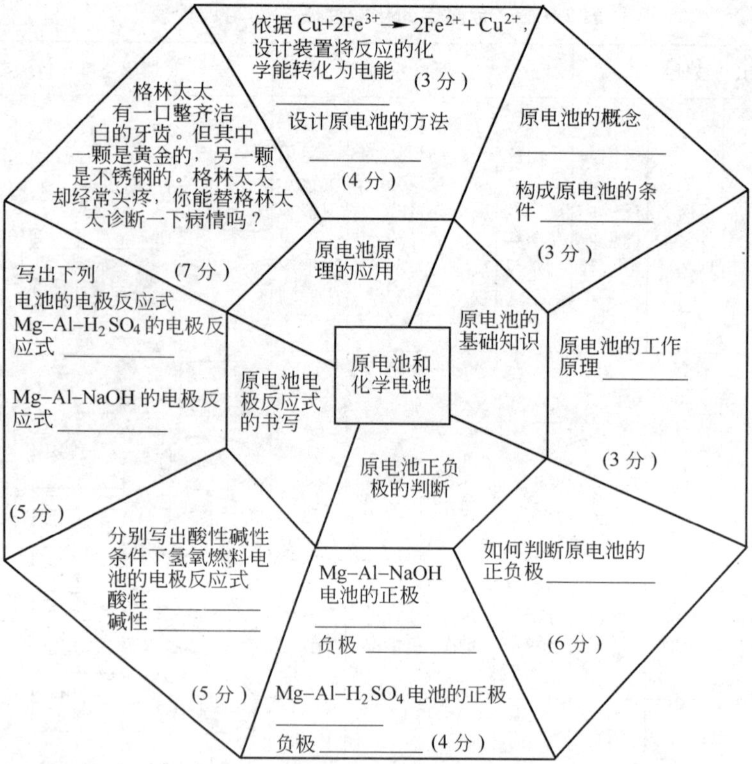

图 5-26　原电池学习评价表设计

第八节　化学教学实验设计

化学实验是检验化学知识的重要手段，是学生获取化学知识和检验化学知识的重要手段，是提高学生学科能力和提升学生化学科学素养的重要内容和途径。化学教学实验是化学实验中的重要部分，在化学教学实践中运用化学实验进行教学，是达成教学目标的最重要、最有效的手段。化学教学实验是指教师借助化学实验的直观教学功能，将其置于一定的化学情境中，为达成某种教学目标，开展以实验为主线的教学活动。化学教学实验的设计是教师教学设计中非常重要的一项内容，具有一定的难度，需要教师把握其特点，明确化学教学实验设计的过程。

一、化学教学实验的特点

（一）直观性强，促进学生对知识的理解

化学是一门以实验为主的学科，实验是化学的灵魂和生命，没有实验，化学

教学就失去了教育的功能，没有实验，化学教学就失去了活力和生机。化学中的任何原理、规律都是通过实验而得来的，化学教师在教学的过程，借助实验才能向学生清楚地阐释出化学的规律等一些原理性的知识。化学实验最大的特点就是现象清晰，过程变化明显，直观地呈现物质发生反应后的变化情况，帮助学生理解化学原理，形象直观地认识物质的生产过程以及化学的重要作用，促使化学课堂变成具有魔法的地方，让学生感觉化学课堂是有趣的、生动的、充满挑战性的。直观的现象给予学生强烈的视觉刺激，促进学生对知识掌握得更加牢固、更加深刻。

（二）目的性强，以培养学生的科学素养为目标

化学教学过程中的实验，不同于科学研究的实验，选择的教学实验内容，是根据特定的教学目标而设计的，并且一般现象都比较明显，反应速率都比较快，能够在规定的时间内向学生呈现出实验结果，得出预期的实验结论。同时，通过教学实验，让学生能够掌握某一反应原理，书写出反应方程式，了解反应伴随着的能量、物质的变化。总之，化学教学实验设计是为了教学活动而设计的，化学实验也必须要符合化学教学的目的，与教学活动相一致。教师通过实验教学，在促进学生知识学习的同时，培养学生基本的实验操作能力，科学的实验态度以及良好的化学科学素养。

（三）趣味性强，吸引学生的注意力

化学实验在为学生提供感性认识，帮助学生理解化学知识的同时，其丰富多彩的颜色变化和形式多样的性质变化，充满着无限的趣味性，时刻吸引着学生的眼球，使学生始终处在活跃的兴奋状态。例如，教师在讲喷泉实验之前，为学生演示色彩斑斓的喷泉实验，极大地引起学生的兴趣，很容易抓住所有学生的注意力进入喷泉实验的学习中。还有，老师在讲原电池这一节内容时，鼓励学生动手做水果电池，不仅培养学生的动手能力，而且在潜移默化中培养学生的实验探究能力和创新思维能力。

二、化学教学实验的功能

（一）培养学生的观察能力和实验操作能力

新课标中提出化学教学要注重培养学生的观察能力和动手能力。学生在观察实验现象时，有着强烈的好奇心，充满着极大的兴趣，往往容易忽略主要目的，只等着看热闹，不关注过程的变化。化学教师在实验教学的过程中，需要引导学生积极参与实验，引导学生观察实验步骤、观察实验现象，鼓励学生描述实验现象，并且敢于动手操作实验。在实验教学中，要让学生练就一双慧眼和一双巧手，培养学生敏锐的观察力和灵活的动手能力，逐渐培养学生良好的习惯，并且培养学生对观察到的现象能够分析研讨的能力，促使实验发挥其教学的功能。化

学教师要坚持以“抓住量变，精确观察；抓住本质，敏锐观察”为培养准则，严格要求学生，经过长期的训练和积累，实现观察能力和操作能力的提升。

（二）培养学生的创新思维能力和探究能力

学生通过对实验原理的分析，培养自己的思维逻辑能力。化学实验教学需要学生根据实验现象和实验结论分析原理，或根据实验原理，预设可能会发生的实验现象。在这个过程中，学生的思维处于积极的活跃状态，养成分析问题的创新思维。教师通过实验仪器的选择，培养学生运用知识的能力。在学生已经具备基本的实验设计能力时，要求学生按照要求，根据已经学过的知识和技能，设计实验方案。这在一定程度上，提高了对学生实验能力的基本要求，培养学生独立创新的能力。实验教学不仅要培养学生的创新能力，更要教会学生进行实验的步骤和方法，保证学生学习化学和顺利进行实验探究，增进对实验探究的理解，发展学生的科学探究能力，力图使化学实验在培养学生科学素养的过程中发挥积极的促进作用。

（三）培养学生的化学科学素养

化学教学目标中的“情感态度与价值观”已经作为化学新课程的教育目标被提出，化学教育作为科学教育中的关键内容，在学校教育中占据着很重要的地位。化学教育中渗透的科学方法、科学态度、社会价值、社会情感等都是教育中需要传达和传递的潜在知识。“培养全民的化学科学素养”这一响亮的口号，一直作为一个指挥棒引领着化学教育的前行。化学实验可以培养学生实事求是的科学态度和脚踏实地的求实精神；化学实验引导学生运用辩证的观点来认识事物、分析问题、解决问题，逐渐形成科学的世界观和价值观；同时，化学实验还培养学生关爱社会，关爱环境，乐于与他人合作的情感，以及用正确的眼光看待化学对人类的贡献，这都是内隐式的科学素养培养。

三、化学教学实验设计的过程

（一）分析教学目标，确定教学任务

化学教学实验的设计最终还是为了实现一定的教学目的，教学实验是与教学目标、教学任务紧密联系着的，教学目标为教学实验的设计提供指导和方法上的支持。因此，教师在设计教学实验时，要首先分析教学目标，明确学生需要达成的教学目标，从而确定本节课的教学任务，在先前分析的基础上，进行教学实验的设计就显得游刃有余了。例如，在学习“铝的金属性质”这一节内容时，教师首先进行教学目标分析；在学习金属钠的化学性质后，根据金属的性质规律，推断出铝的性质。确定本节的教学任务是完成铝与氧气、水、酸碱的反应探究。

（二）构思教学过程，明确教学实验的位置

化学教学实验是化学教学过程中的重要环节，并不处在教学过程中的任何位置上，而化学教学实验只有处在特定的位置上，才能达到预期的教学效果。教师在构思教学过程时，根据教学目标，确定教学实验呈现的位置，促使教学实验在最合适的地方，帮助学生通过实验现象直观地感受化学反应的变化，促进学生对知识的理解和巩固，体现教学实验画龙点睛的作用。例如，在学习“金属铝的性质”一节内容时，情境创设的导入部分以及对铝的物理性质的学习都不需要教学实验，学习铝与水的反应时，教师可以引导学生类比钠与水的反应，而铝与氧气的反应、铝热反应都需要借助实验才能帮助教师达成教学目标。因此，教师在构思教学过程时，要明确教学实验出现的具体位置，为课堂的顺利展开做好充分的准备。

（三）依据教学目的，选择合适的实验内容

教师明确教学目标，确定教学实验在教学过程中的位置之后，需要选择合适的教学实验内容。只有选择合适的实验内容，才能有效地帮助学生突破知识。在学习“金属铝的性质”一节内容时，金属铝与酸的反应，学生根据以往的知识和经验，能够理解反应产物是氢气，针对教师提出的问题“活泼金属都不能溶于强碱吗”这一问题，展开讨论。根据以往的知识和经验，学生认为金属与碱是不会发生反应的。这就需要教师设计教学实验，引导学生动手实验，通过实验来判断是否发生反应。学生发现有气泡产生，教师继续引导学生通过实验验证产生的气体是什么？因此，教师需要选择合适的实验内容，帮助学生有效地突破难点，最终获得牢固的知识。

（四）根据教学实验内容，确定教学实验的形式

化学实验一般分为演示实验和学生实验。演示实验主要是由教师在课堂上完成，是化学教学过程中教师最常用的形式。学生实验则是学生在教师的指导下，自己动手完成实验，这种形式的教学实验对学生的实验操作能力要求比较高，对学生实验素养的培养是非常关键的。演示实验充分发挥了教师有步骤的演示，学生有目的的观察，关键在于让学生通过感受是否有颜色变化等实验现象，最终理解知识。学生实验的关键在于锻炼学生的实验技能和学生动手操作的能力，在于培养学生的化学学科素养。教师需要根据培养目标，确定教学实验的形式，达成预期的教学效果。

四、教学实验设计过程可视化

化学教学实验设计简称实验设计，主要指对化学教学中创设实验的准备和计划，旨在更好地为学生的主动学习创造适宜的条件，促进学生的学习与发展。化学实验教学目标的形成与实现，在很大程度上取决于化学教学实验设计。因此，化学教学实验设计的研究有着很强的现实意义。文献检索和实践调查表明，大量实验设计颇具新意。但也存在着以下一些问题：有的研究只是一时的灵感，实验

设计没有延续性，而相似实验却是由不同作者完成的；相同作者设计实验案例之间的关联性不强，固然能体现作者思维的发散性，但也在一个层面反映了个别实验研究不够深入；也有许多实验设计没有充分考虑到学生的实际需要和生活经验等，设计中明显带有传统设计理念，与学生的生活经验并无多大的关系，对学生自主活动影响不大。

利用思维导图、概念图等可视化工具能帮助教师汇聚思维、整合灵感，将教学实验的设计过程系统化地呈现出来。在实验设计过程中，不断挖掘思维导图的作用，服务于教学和科研，体现信息技术在化学实验研究中渗透、应用的新思路。

图 5-27 是利用思维导图软件绘制的紫甘蓝汁系列实验的思维导图。

在教学实验设计过程中，教师借助思维导图将零散、无序的知识和想法以形象可视化的方式构筑成新的认知地图，并通过头脑风暴的形式，以紫甘蓝汁为实验思维起点，将各种灵感联系在一起，使应用者一次看到几乎所有的相关或不相关因素，进而增加创造性联想和高度集中的可能性，增加产生新的洞察力的可能性，增加生成新想法的可能性，导致新创意的产生，最终设计出一系列从不同角度入手的实验。

思维导图用于实验设计，可以实现实验内容图式化、思维过程可视化。引导实验者以专题的形式进行研究，整合新旧知识，建构思维网络，应用生活素材，从而使实验者从整体上把握实验体系，将客观发生的现象多与专业知识联系，促进反思，提高实验结果分析能力。发散思维是创造性思维的重要形式之一，也是创造性思维水平的重要决定因素。由实验者设计出的思维导图将是个人所面对实验问题的全景图，发散性是其最重要的特点之一，图线涉及核心问题的各个层面，可以包括实验思路的起源、实验现象的记录、实验结论的分析等，以此来掌握全局的每一个细节；也使得随着研究的深入和其他实验的借鉴参考，图线随着我们的思维而继续发散、拓展、完善，达到提高实验者创造能力的目的。

五、实验探究设计过程可视化

新课程改革倡导通过以化学实验为主的多种探究活动，促使学生体验科学探究的过程，激发学生学习化学的兴趣，强调化学探究意识和探究能力的培养，促进学生学习方式的转变，在实践中培养学生的创新精神和实践能力。随着高中课程改革的不断深入和发展，实验探究教学的特点与功能越来越受到广大教师的重视和青睐，以实验探究进行化学教学成为化学教师教学的主要手段。

化学实验及实验教学之所以显得如此重要，从认知心理学的角度看，是因为实验的过程符合学生认识世界、认识物质的认知规律，实验过程中的许多因素都能刺激学生发现新知识，掌握新方法。从实验与其他教学内容的横向联系上看，

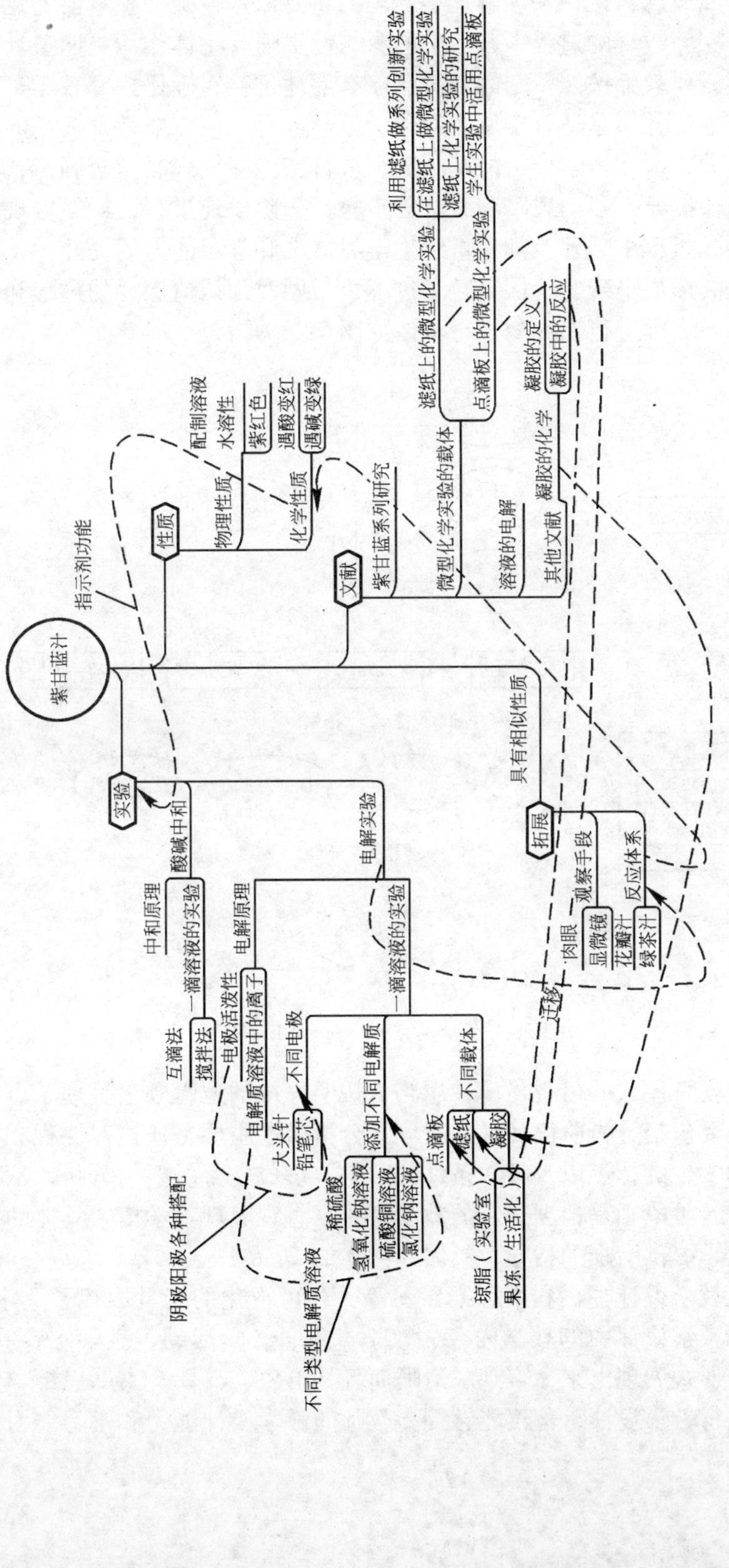

图 5-27　基于思维导图设计微型化学实验

实验是学生形成概念，认识并理解化学原理的重要依据，是一种重要的化学学习方式。在实验探究教学的过程中，学生的参与性更强，主体作用更明显。实验探究教学的过程需要教师按照一定的规律顺序有效地进行，确保探究教学过程的高效，实验探究教学并不是适合于所有的化学教学内容，而需要教师前期的学情分析和教学内容分析，在科学分析的基础上，进行实验探究式教学。同时，在实验探究的过程中，按照一般的思路和方法分步骤、分阶段地进行，最终实现探究教学的达成。在此过程中需要教师注重学生学习方法和学习能力的提升。

以可视化的形成呈现实验探究教学过程，帮助教师认清探究的过程和具体步骤，有效地指导教师进行探究教学，具体如图 5-28 所示。

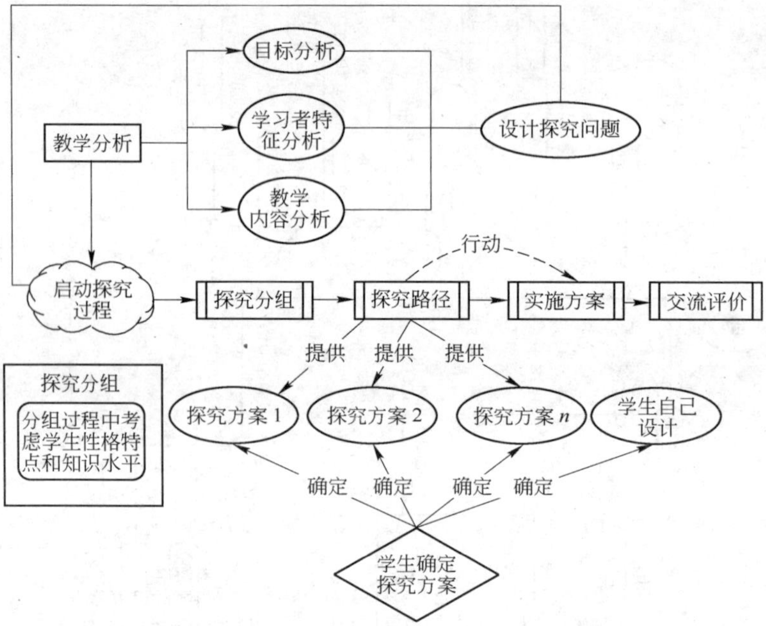

图 5-28　实验探究分析过程可视化

实验探究教学模式的可视化设计思路，按照思维的逻辑顺序呈现了可视化的基本规则。主要包括分析阶段和设计阶段。分析阶段主要是通过对课程和教材的地位、教师和学生的特点以及教学条件的归纳，形成完整的要素分析，从而获得教学模式。设计阶段则是根据选定的教学模式，直观展现教学模式具体的操作步骤，为实践教学提供清晰的指导，具体如图 5-29 所示。

在可视化教学设计中，利用思维导图等一些可视化的工具取代了文字叙述。运用图示呈现教学设计中的教学内容、教学过程、教学活动、教学实验等方面，以可视的图形形式展现出来，直观、清晰而且又形象、具体。借助思维导图等可视化的工具进行教学设计，不仅能够提高教师的教学设计能力和学习能力，还能

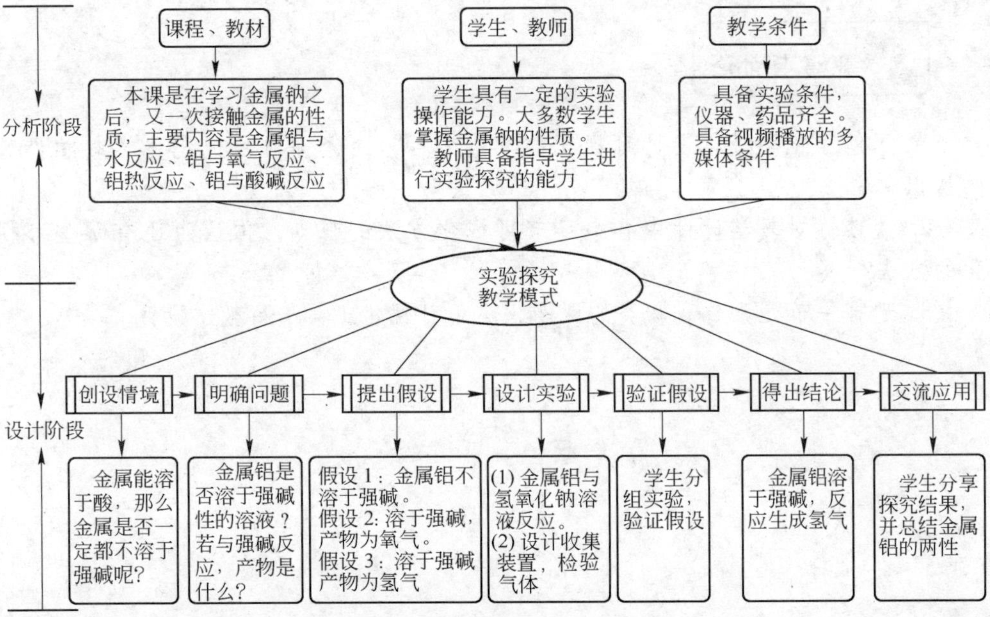

图 5-29　实验探究教学模式设计思路可视化

促进教师的思维发展，为教师提供广阔的舞台，施展教师的教学设计才华。教师只有具有可视化的理念，才能在实践教学的过程中运用可视化的形式向学生传递教学信息，从而降低学生的认知负荷和学习压力。

本章内容小结

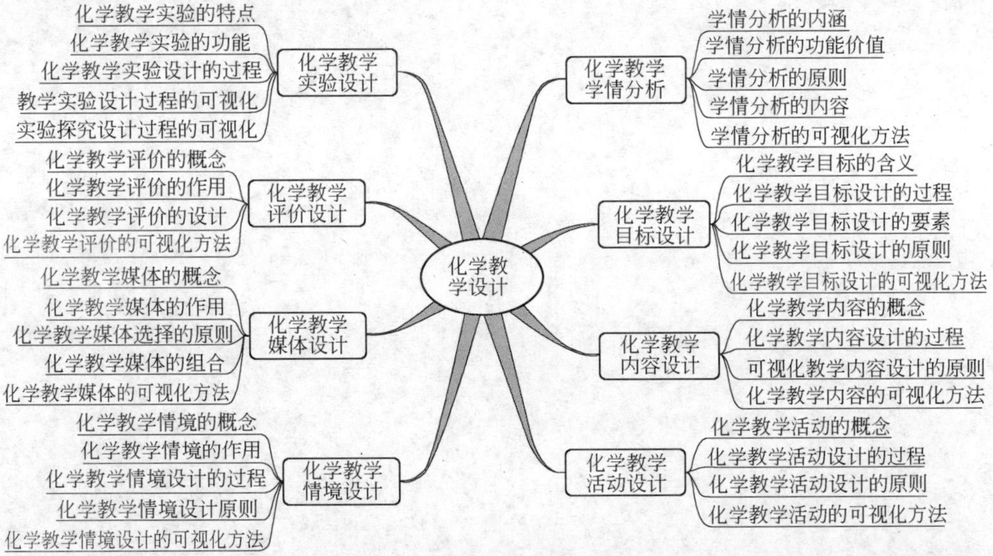

思考与讨论

1. 了解了化学教学设计可视化的方法之后，谈谈你对可视化化学教学设计的认识和看法?

2. 谈谈你对教学设计中各个环节可视化方法的观点，你认为还有哪些可视化的方法?

3. 选择一节元素化合物类的课题，运用可视化工具进行教学设计。

第六章 中学化学可视化教学设计案例

案例1 “走进84消毒液”教学设计

（设计者：任 斌 毕吉利 王希霞）

一、教学设计思路分析

（一）教材分析

1. 知识应用的体现

本节课是人民教育出版社的高中化学必修一第四章第二节“富集在海水中的元素——氯”的拓展探究课。本部分内容是在学习了氧化还原反应等知识的基础上，来学习氯气和次氯酸的性质，是高中化学的重要内容，其知识虽简单，但不容易理解。学生只是单纯地通过书本上的文字来了解和记忆知识，学习效果并不佳。以探究84消毒液为例，来学习氯气和次氯酸盐的性质，不仅有利于学生理解和记忆所学知识，更能够让学生懂得所学知识的价值，对学生感受化学知识在商品生产和社会生活中的应用以及对培养学生从生活中学化学、到生活中用化学的意识都有很大的作用。

2. 多层价值的兼顾

84消毒液是生活中常用的消毒液，无论是它的产品标签还是在使用过程中都蕴含着丰富的化学知识。从我们观察到现象到产生疑惑，再到深层地探究其中所包含的化学知识，整个过程真正培养了学生由现象探究本质的能力，兼具学科价值和教育价值。本节课以生活中常见的84消毒液入手，展开对氯的相关知识的学习，学习从生活中学习化学知识，在获得知识的同时，更收获了能力。

3. 历年高考的热点

氯是高中化学部分的首要元素，重要地位尤其可见。高考大纲的要求是“了解常见非金属单质及其重要化合物的性质及应用”。本节课涉及的高考内容有以下几点：（1）氯气与水和碱的反应及其应用；（2）次氯酸的酸性、强氧化性、漂白性、分解性等化学性质及其应用。高考试题当中涉及氯气与次氯酸的试题一般都具有角度独特、情景新颖、知识点考查全面等特点，对学生能力要求较高。

综上所述，教师要以学生的学习兴趣为出发点，创设积极的富有驱动性的教学情境，引导学生主动探究，最大程度地参与到学习任务中，通过一系列环节的设置，使学生真正认识84消毒液，体验由现象探究本质的过程，产生从生活中学化学、到生活中用化学的意识。

（二）内容分析

本节拓展探究课在探究性教学模式的指导下，以84消毒液为探究对象，通过初识84消毒液、解读84消毒液、探究84消毒液和使用84消毒液四个环节逐层学习84消毒液的物理性质、成分、制备原理以及84消毒液的化学性质，引导学生设计并验证84消毒液的漂白性，探究其漂白和消毒作用的实质及其使用量随时间延长而增加、不能与“洁厕灵”混用的原因，具体如图6-1所示。

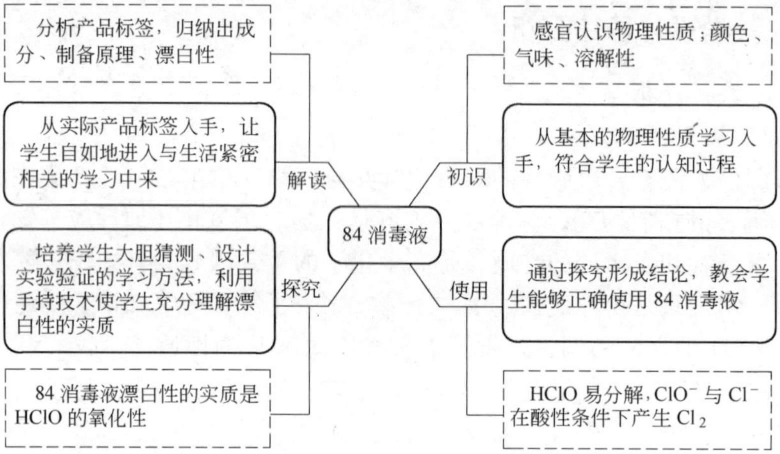

图6-1　内容分析

本节课设置了大量的探究教学素材，主要以学生探究为主，教师引导，富有深刻的探究教学思想内涵，体现了新课标的理论思想。

（三）学生基础分析

1. 知识方面

本节课是在学习了化学必修二第四章第二节的内容之后补充的一节拓展探究课，学生对氯气及次氯酸等的相关知识点已了解但未完全记忆和理解，并且前面已学习了氧化还原反应的内容，这对探究84消毒液的组成和性质起到了铺垫和支持的作用。

2. 情感态度方面

学习者是年龄在十五六岁的高一学生，已学习了很长时间的理论知识，为了调动学生的学习兴趣，因此引进拓展探究课，不仅能激发其学习的主动性，更能有效地建立系统的立体知识网络。新课程下的初三化学课本已强调对学生进行探究式教学，所以学习者基本上有了一些探究意识。他们对一些化学现象兴趣浓厚，而且具备了基本的观察能力、实验设计能力，这些都为探究84消毒液的组成和性质做好了铺垫。

（四）设计重点

1. 以“从生活中学化学，在生活中用化学”为指导思想

本节课是基于原有知识的一节拓展探究性课，采用生活中常用的84消毒液来学习氯气及次氯酸的相关化学知识，是具有创新性的课堂内容。本节课不仅使学生对已学习过的知识有很好的巩固，又加强了学生“从生活中学化学，在生活中用化学”的思想，这对学生以后的化学学习有很大帮助。

2. 以手持技术作为手段，实验探究84消毒液漂白性的实质

本节课探究的关键内容是84消毒液漂白性的实质，这部分内容较难理解，很难用普通的实验仪器及药品说明其中的原理。手持技术具有便携、实时、准确、综合、直观的特点，运用手持技术来进行探究，能够使学生充分理解84消毒液漂白的实质是次氯酸的强氧化性。

3. 加入探究性教学模式，加大学生的参与度

本节课是一堂拓展探究课，秉持着探究性教学的思想，设置问题，调动学生的兴趣，激发学生的学习主动性，让学生成为课堂的主人。不仅使学生不断思考和回顾已学过的知识点，更要求他们理解这些知识点的应用，可以说是用自己的个性思维进行分析，而不是仅仅以书本上的文字叙述来学习知识点，最大程度上加大了学生在课堂上的参与度。

（五）设计思路

1. 新课标的要求

内容标准：课程标准的活动探究与建议中，对本节内容的要求是科学掌握氯气和次氯酸的多种性质。采用生活中的产品等展开探究，达到活学活用和学以致用的效果。

2. 指导思想

手持技术是一个先进的便携式数据采集系统，它将科学数据的世界放在了我们的手掌。我们可以利用它对许多中学理科实验进行定量研究。手持技术集数种优点于一身，最突出的优点有：（1）便携：可让师生们能随时随地进行探究活动，并将实验的过程及结果储存，利用科学的手段进行分析，使得学生只能局限于在传统实验室用传统方法进行传统实验的现状得到彻底改变。（2）实时：数据变化过程与实验过程同时进行。如果与计算机连接，就能将显示变化过程的各种形式同时演示出来。（3）准确：可以由机器或电脑自动收集实验数据，时间间隔从20800s到1h任意选择，又可以人工控制收集。（4）综合：它与各种探头

连接，可同时进行 8 种理、化、生、体育、环境、气象等学科的实验和探索研究。(5) 直观：可以图像、指针、刻度计、表格等多种形式动态实时地显示实验的变化过程，可从自己喜欢的一种显示方式中任意查看某一刻、某一段时间或整个过程的实验数据。以探究性教学模式为指导思想，引导学生自主归纳式学习。

在探究性教学模式下，以学生为主体，充分调动学生的好奇心和求知欲，设计层层问题情境，使学生在自主归纳中，形成由现象到本质的探究式的总结思维，有效提升学生的实验设计能力和自主探究能力。

以“从生活中学化学，到生活中用化学”为指导思想，兼顾现有教材，拓展学科知识。秉持着“从生活中学化学，到生活中用化学，提高学生对化学科学的真正理解力”的思想，在教学过程中不断挖掘拓展教材内容，在知识、情感等多方面溶于全部教学过程中。

3. 设计思路

本节课的时间分配如图 6-2 所示，设计思路如图 6-3 所示。

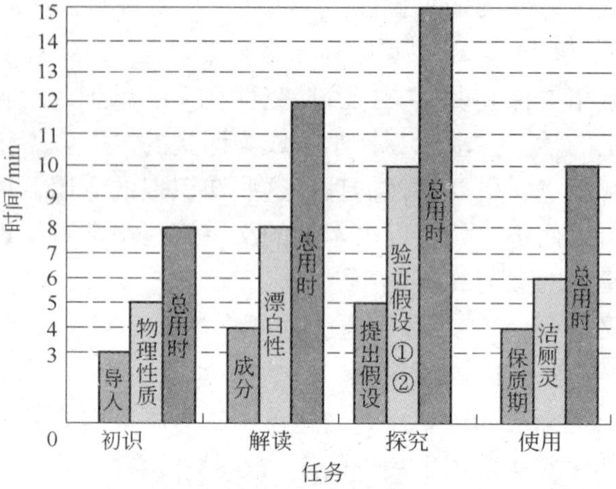

图 6-2　时间分配

（六）教学设计特色

1. 体现绿色环保思想

本堂课主要以实验探究为主，涉及学生动手实验较多。学生通过亲自动手实验了解 84 消毒液的奥妙，同时锻炼动手能力，体会亲身探索真理的乐趣。在学生通过分别将蒸馏水、84 消毒液滴加到红纸上，观察并对比试验现象来验证 84 消毒液漂白性的实验中，采用自制点滴板即药片板来进行试验，真正体现绿色环保的思想，让学生感知到生活中很不起眼的小事物也可以运用到化学实验中，留心观察生活也是一种学习。

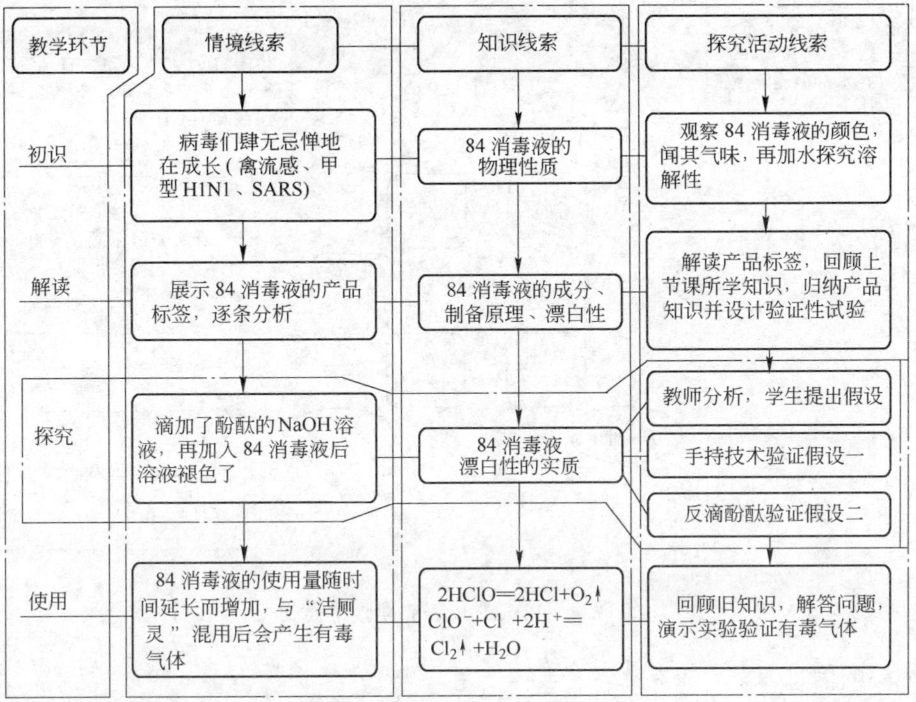

图6-3　设计思路

2. 任务驱动模式中套用PDEODE的研究性学习模式

本节课主要采用任务驱动模式，学生跟随老师的讲解思路在不同的任务中对84消毒液一步步进行深入的学习。学生在整堂课中进行的任务有以下四项：任务一，初识84消毒液；任务二，解读84消毒液；任务三，探究84消毒液；任务四：使用84消毒液。在任务二和任务三中又突出体现了PDEODE研究性教学模式。

将PDEODE策略的六个阶段：“预测—讨论—解释—观察—讨论—解释—预测”设计成化学课堂研究性学习的六个基本环节：“提出问题—分析问题—设计方案—收集信息—分析信息—得出结论”具体如图6-4所示。

预测阶段——提出问题：教师创设研究性问题学习情境，学生首先对结果进行预测。

讨论阶段——分析问题：学生小组内分析探讨问题，交流各自的预测和观点，汇总意见并达成共识。

解释阶段——设计方案：设计实验方案，验证预测的准确性，向全班汇报实习方案并解释设计的依据。

观察阶段——收集信息：学生分组实验方案，观察实验并记录实验现象，收

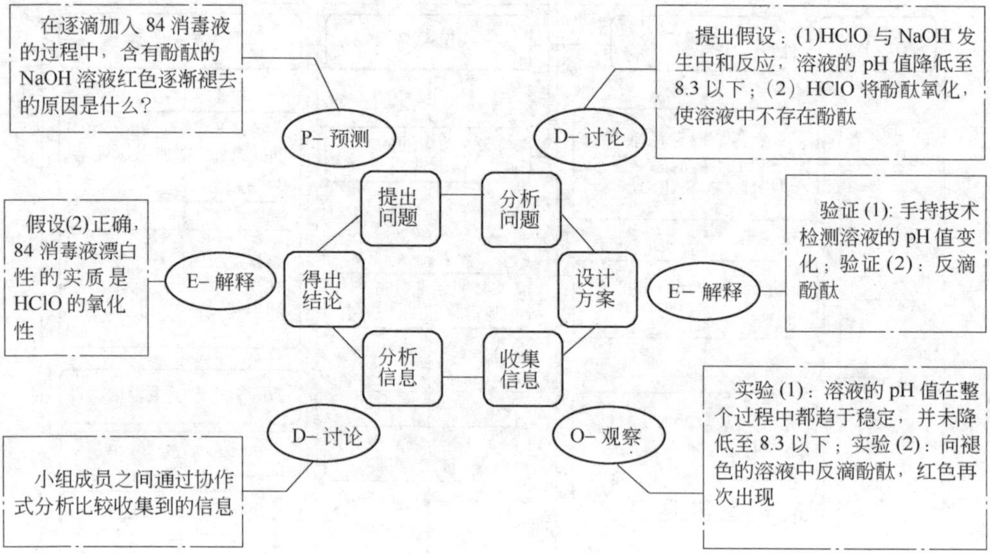

图6-4 PDEODE研究性教学模式

集相关的信息。

讨论阶段——分析信息：小组成员之间通过协作式分析比较收集到的信息，如果预测和观察到的现象之间存在差异，则进行深入探讨。

解释阶段——得出结论，学生通过自我协调和解释差异，得出最后的结论。

3. 利用手持技术探究84消毒液漂白性的实质

手持技术的运用在中学化学中逐渐得到推广。在探究84消毒液漂白性的实质过程中，验证假设一“HClO与NaOH发生中和反应，使溶液的pH值降低到8.3以下，致使酚酞不显色”，需要检测溶液的pH值，可运用pH试纸，但说服力不强，且84消毒液本身就具有漂白性，会将pH试纸漂白，造成实验误差，不能真正说明问题。而手持技术中的pH值传感器能够迅速准确地将溶液的pH值检测出来，并且以多种显示方式（如数字方式、表格方式、图形方式）呈现出来，用数字和图表说明问题，既简洁又直观，同时说明了结论的真实性。

4. 教学过程充分体现“从生活中学化学，在生活中用化学”的思想

上节课学习了氯气与水、氢氧化钙、氢氧化钠反应的产物具有消毒和漂白作用，在此基础上，本堂课选择讲解的内容是来自生活中的84消毒液，以它为例学习含氯消毒剂的一堂课，旨在让学生体会化学的奥妙，体会生活处处有化学。在任务四中，主要探究的内容是84消毒液的保质期问题和不能与“洁厕灵”混用的原因。两个问题都源自于生活，从生活中发现问题，用化学思维解答问题，充分体现出“从生活中学化学，在生活中用化学”的思想。

二、教学设计方案

（一）教学目标

教学目标见图 6-5。

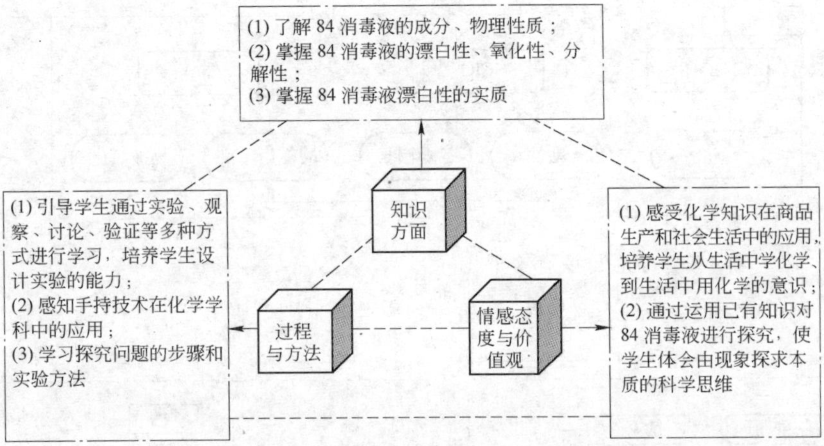

图 6-5　三维目标

（二）教学内容

人民教育出版社的化学必修二第四章第二节“富集在海水中的元素——氯”的拓展探究课。本节内容主要有：84 消毒液的物理性质、84 消毒液的成分和制备原理、84 消毒液的漂白性和漂白原理、84 消毒液的易分解的性质、84 消毒液使用量随时间延长而增加和不能与“洁厕灵”混用的化学原理。

首先，从上节课学习的内容引出生活中应用这些知识的产品，再通过对各种病毒的预防引出 84 消毒液，使学生感受到生活处处有化学。然后学生通过感官上对 84 消毒液初步的认识，总结出 84 消毒液的一些物理性质。接下来通过 84 消毒液的产品标签来解读 84 消毒液，通过逐条分析产品标签，总结出 84 消毒液的成分、制备原理以及相关性质。得出漂白性后，引导学生设计并进行漂白性验证实验，然后通过手持技术进一步探究 84 消毒液的漂白原理。最后再探究 84 消毒液使用量随时间延长而增加和不能与“洁厕灵”混用的原因。详细情况见图 6-6。

（三）教学方法

1. 实验探究法

本节课是一节拓展探究课，因此整堂课主要运用实验来进行探究。无论是学生实验还是演示实验都清楚明了地解决和解释了所要探究的问题，有效地提升了学生的动手能力和探究能力。

2. 归纳总结法

学生通过解读产品标签或资料卡片等提取出有用信息，归纳并总结出已学习

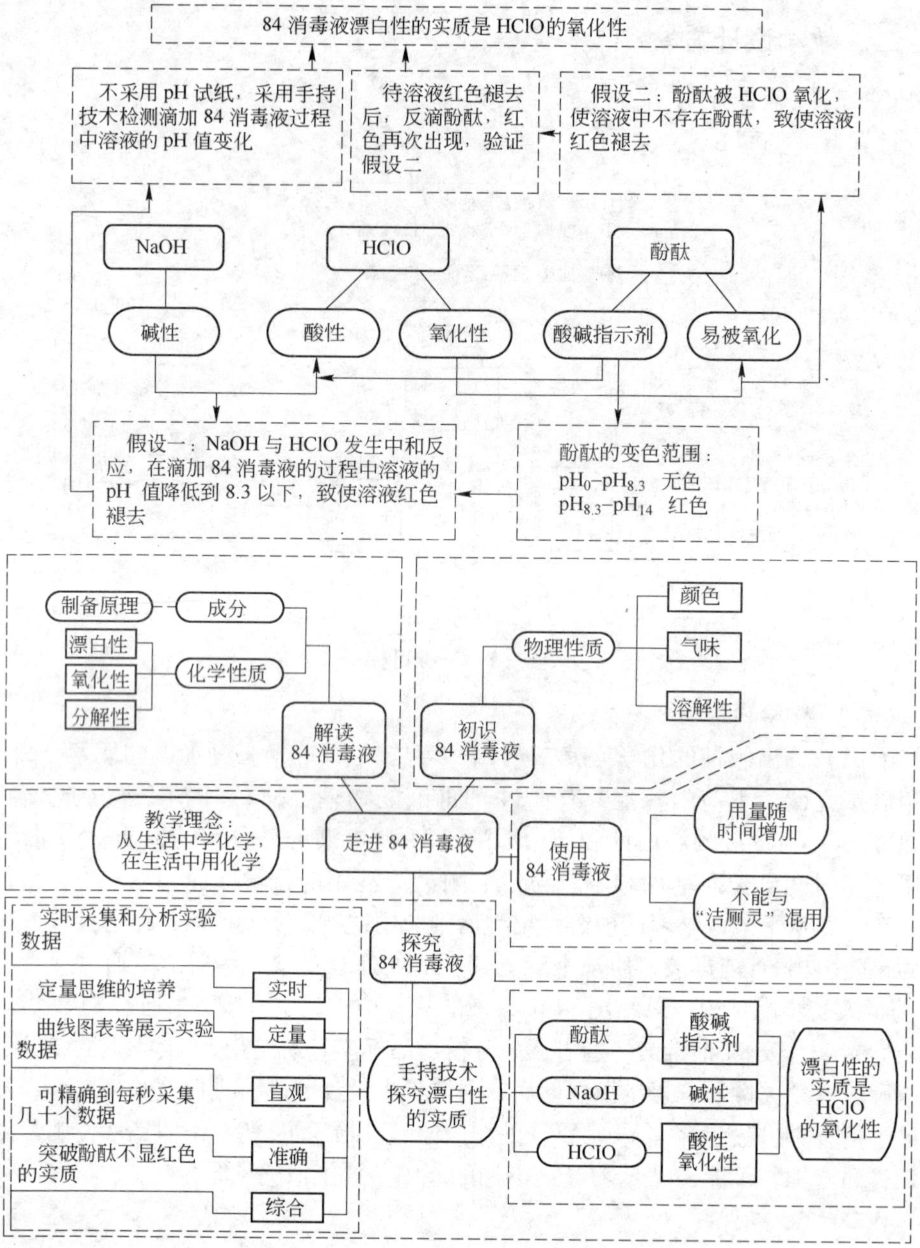

图 6-6　教学内容

过的化学知识，从而加深了对已有知识的记忆。

3. 问题讨论法

整个课堂的教学都始终围绕 84 消毒液展开，通过设置一系列问题，有针对性地引导学生对 84 消毒液的性质进行思考与讨论，在问题的一步步引导下，学生的思维也在潜移默化中得到不断的锻炼与提升，帮助学生回忆旧知识，探究过程也一步步展开。

4. 多媒体辅助教学法

采用PPT辅助教学来展示相关图片和新闻，使整节课的内容更加丰富，唤起了学生的思维，提起了学生的学习兴趣。

（四）教学重难点

（1）教学重点：84消毒液的性质。

（2）教学难点：84消毒液的漂白性实质的探究。

（五）资料卡片

产品简介

84消毒液是以次氯酸钠为主要有效成分的消毒液，有效氯含量为1.1%～1.3%，可杀灭肠道致病菌、化脓性球菌和细菌芽孢。适用于一般物体表面、白色衣物、医院污染物品的消毒

危险性概述

健康危害：经常用手接触该品的工人，手掌大量出汗，指甲变薄，毛发脱落。该品有致敏作用。该品放出的游离氯有可能引起中毒。

燃爆危险：该品不燃，具腐蚀性，可致人体灼伤，具致敏性

（六）教学过程

具体教学过程见表6-1。

表6-1　教学过程

教学环节	教　师　活　动	学生活动	设计意图
课题引入	【讲述】上节课我们学习了氯气与氢氧化钠、氢氧化钙和水反应的产物具有漂白性，生活中很多产品都运用到这些原理。比如消毒液、漂白粉、漂白液等（PPT展示图片）。 【设置情境】现代社会不断在发展，病毒们也在发展。从SARS病毒到禽流感病毒，再到甲型H1N1病毒，病毒们肆无忌惮地在成长，我们的预防和抵制工作也一刻不停。84消毒液在预防过程中起到了很重要的作用，今天我们就一同走进84消毒液（PPT展示图片）。 【板书】走进84消毒液 【讲解】这种消毒液是1984年研制的，所以叫做84消毒液	聆听、观看，进入情境	回顾已学知识，联系生活实际，引导学生关注社会生活现实问题。课题内容具有现实性、应用性。提起学生学习兴趣，让学生感受到化学是从生活中来，到生活中去的

续表 6-1

教学环节	教师活动	学生活动	设计意图
初识 84 消毒液	【引导】首先我们从感官上来初步认识 84 消毒液。 【板书】初识 84 消毒液 【讲述】请各小组取约 1/3 试管的 84 消毒液，观察它的颜色、状态，并闻其气味，再加入一些水探究它的溶解性。 【提问】同学们观察到 84 消毒液是什么颜色的呢？那它又具有什么样的气味呢？它能溶于水吗？ 【板书】颜色：淡黄色；气味：刺激性气味；溶解性：能溶于水	观察 84 消毒液的颜色、状态，闻其气味，探究其溶解性。 配合老师回答观察到的现象	从颜色、气味研究物质的物理性质是研究物质的基本方法。通过实验一，让学生知道研究物质的基本方法，从感官上了解 84 消毒液
解读 84 消毒液	【讲述】通过观察我们初步认识了 84 消毒液的一些性质，接下来我们再来通过 84 消毒液的产品标签来解读它。 【板书】解读 84 消毒液 【讲述】请大家认真研读 84 消毒液的产品标签（PPT 展示），认识 84 消毒液的功能使用常识、注意事项和产品保质期。 84 消毒液标签上的部分说明 本品为含氯消毒剂，有效成分为 NaClO；原液勿接触衣物，对带色衣物易脱色；勿用 40℃ 以上的热水稀释原液；宜贮存在避光阴凉处。 保质期：有效期为 3 个月；第四至十二个月，每延长一个月，药量增加 0.1 倍使用。产品保质期一年。 【引导】让我们看一下产品说明（1）“本品为含氯消毒剂，有效成分为 NaClO”。 【提问】通过这条信息，我们可以得出 84 消毒液的成分是什么呢？ 【板书】成分：NaClO 【提问】上节课我们学习了氯气的相关性质，那么如何制备 84 消毒液呢？请同学们回顾一下我们上节课所学的内容，请一位同学为我们回答一下。 【板书】制备原理：$Cl_2 + 2NaOH = NaCl + NaClO + H_2O$ 【提问】根据 84 消毒液的制备原理，我们还可以得出 84 消毒液的哪些成分呢？ 【结论】NaCl 和 H_2O 【板书】成分：NaCl、NaClO、H_2O 【引导】知道了 84 消毒液的成分和制备原理，我们再来解读（2）“原液勿接触衣物，对带色衣物易脱色”。根据这条信息我们可以得出 84 消毒液的什么性质呢？	认真阅读 84 消毒液的产品标签，思考其中的化学知识。 跟随老师的讲解积极思考和回答问题。	从实际中的 84 消毒液标签解读入手，能让学生自如地进入与生活紧密结合的问题情境。 标签和说明书是产品的语言。在生活中能读懂标签是生活在现代社会的人所应有的基本技能。通过解读 84 消毒液的标签，让学生能读懂标签，了解标签中所含有的化学信息。同时为探究 84 消毒液做铺垫。

续表6-1

教学环节	教师活动	学生活动	设计意图
解读84消毒液	【结论】漂白性 【提问】84消毒液中到底是什么成分起到了漂白作用呢? 【引导】接下来请同学们看这张资料卡片（PPT展示），看完后请同学们思考一下其中所蕴含的化学知识。 资料卡片 1. 使用漂白粉时要加少量酸，如醋酸、稀盐酸，当溶液的碱性增强时，消毒效果减弱; 2. 使用漂白粉不必加酸，因为空气里的CO_2溶于水也起弱酸的作用。 【提问】刚才我们已经知道84消毒液的主要成分为NaClO，那么NaClO和HCl反应会产生什么呢? 【讲述】$NaClO + HCl = NaCl + HClO$（PPT展示） NaClO和HCl反应生成一种盐NaCl和HClO。 【提问】那么空气中的CO_2溶于水和NaClO反应又生成什么呢? 【讲述】$2NaClO + CO_2 + H_2O = Na_2CO_3 + 2HClO$ $NaClO + CO_2 + H_2O = NaHCO_3 + HClO$（PPT展示） 原来少量的$CO_2$溶于水与NaClO反应会生成盐$Na_2CO_3$和HClO。过量的$CO_2$溶于水与NaClO反应会生成盐$NaHCO_3$和HClO。 【提问】大家观察一下这三个方程式，看看它们有什么共性吗? 【讲述】产品说明书告诉我们向NaClO中加入酸时，消毒和漂白作用大大增强，而通过方程式我们发现，NaClO都会生成一种盐和HClO。所以在84消毒液中起消毒作用的成分实际上是HClO。 【板书】补充84消毒液的成分：HClO 【讲述】下面请同学们利用老师给你们提供的实验仪器及药品设计出验证84消毒液漂白性的实验（请学生回答）。 【讲述】老师为大家总结了两个验证试验。 （1）在点滴板上: 红纸+84消毒液2滴 红纸+蒸馏水2滴 （2）在试管里滴加一滴管NaOH溶液，再加入酚酞2滴，之后加入半滴管84消毒液。 【总结】我们发现在点滴板上滴有84消毒液的红纸褪色，而滴有蒸馏水的红纸无明显变化。在试管中滴加酚酞的NaOH溶液显红色，加入84消毒液后红色褪去。 这两个实验都充分说明了84消毒液具有漂白性	思考回答:漂白性。 仔细阅读资料卡片，并思考老师提出的问题。 思维跟随老师的讲解，根据原有的知识在脑海中得出答案。 仔细观察三个方程式，发现共同点是都生成了HClO。 思考并进行小组讨论，设计出验证性试验。 小组同学做实验并描述观察到的实验现象	此处的目的是让学生学会设计实验，但确定成分是次氯酸存在一定困难，故通过资料卡片的提示联想教材中碳酸钠溶液、硅酸钠溶液与酚酞作用变红的现象，设计出实验方案，并让学生在检验中发现"异常"，从而引起学生进一步探究的欲望，将课堂气氛推向高潮

续表 6-1

教学环节	教　师　活　动	学生活动	设计意图
探究 84 消毒液	【讲述】把 84 消毒液滴到含有酚酞的 NaOH 溶液中，溶液褪色了，这是为什么呢？84 消毒液是怎样起到漂白作用的呢？接下来我们一起来探究 84 消毒液。 【板书】探究 84 消毒液 【讲述】我们刚才得出结论在 84 消毒液中起到漂白作用的成分是 HClO，混合溶液中还含有 NaOH 和酚酞。在上节课中我们学习了 HClO，它是一种弱酸，具有酸性和强氧化性，而 NaOH 是一种碱，具有碱性，酚酞是一种有机物。 【提问】酚酞的变色范围是多少呢？ 【结论】酚酞在 pH 值为 0 ~ 8.3 为无色，在 pH 值为 8.3 ~ 14 时显红色。 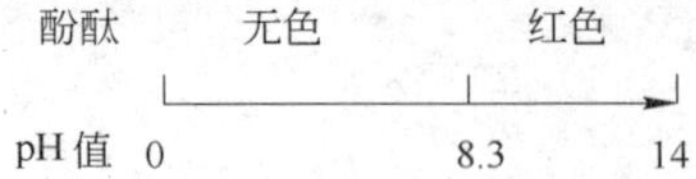 【提问】同学们，你们认为溶液可能是怎样褪色的呢？ 【讲述】同学们提出了两条假设。那么如果是 HClO 和 NaOH 发生了中和反应，那么溶液的 pH 值会怎样变化呢？ 【提问】我们通常用什么方法测溶液的 pH 值呢？ 【讲述】由于 84 消毒液具有漂白性，会将 pH 试纸漂白，所以我们不能用 pH 试纸来测定 pH 值的变化，给大家介绍一个先进的仪器，pH 传感器，它能迅速准确地将 pH 值显示出来。下面我们用它来探究一下 84 消毒液的漂白性。 【实验演示】 1. 在一个 50mL 的小烧杯中加入大约 30mL 的氢氧化钠溶液，再滴加 2 ~ 3 滴酚酞（在烧杯中插入 pH 传感器测量溶液的 pH 值）； 用滴管将 84 消毒液慢慢滴入上述溶液中，直至溶液呈无色。 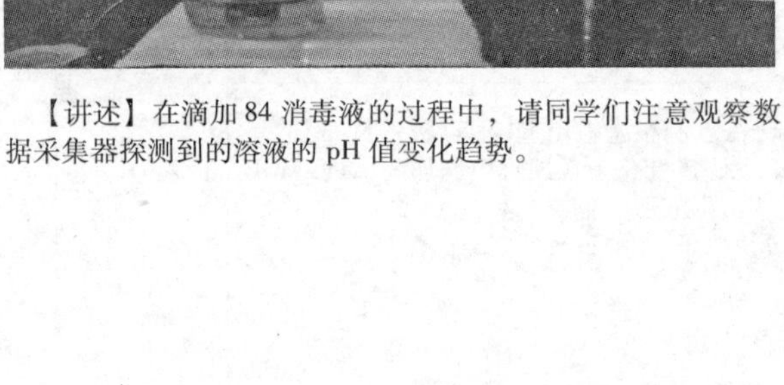 【讲述】在滴加 84 消毒液的过程中，请同学们注意观察数据采集器探测到的溶液的 pH 值变化趋势。	跟随老师的问题进入思考。再跟着老师的讲解分析问题。 回顾酚酞的变色范围，并回答问题。 根据老师的分析提出假设：(1) HClO 和 NaOH 发生了中和反应，使溶液的 pH 值降低到 8.3 以下，致使酚酞显无色；(2) 具有强氧化性的 HClO 将酚酞氧化了，致使溶液中不存在酚酞了，所以溶液的红色褪去。	培养学生由现象到本质的科学思维。 引导学生分析问题，使学生学会通过提出问题、提出假设、进行试验、得出结论四个步骤来进行探究。 手持技术具有便携、实时、准确、综合、直观的特点，运用手持技术来进行探究，能够使学生充分理解 84 消毒液漂白的实质是次氯酸的强氧化性。 验证假设（1）错误后，再继续验证假设（2），一步步解决问题，最终得出结论，培养了学生坚持不懈探究的能力

续表 6-1

教学环节	教 师 活 动	学生活动	设计意图
探究 84 消毒液	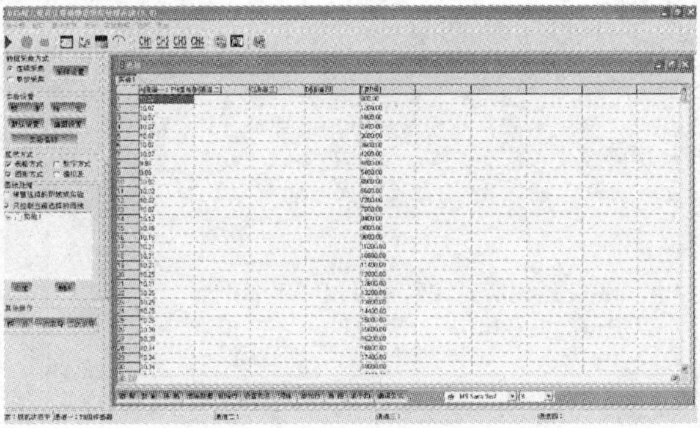 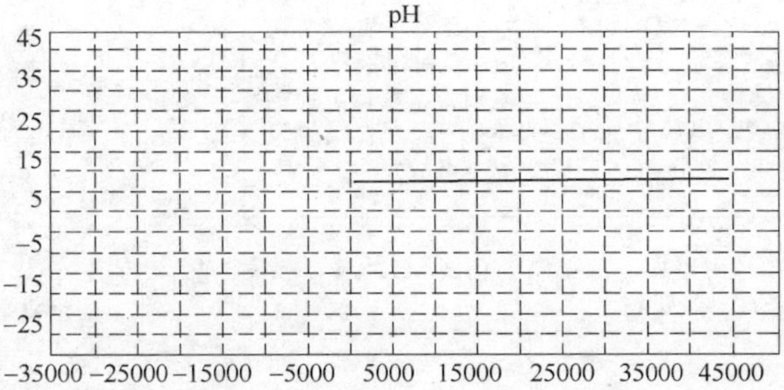 【讲述】通过观察我们发现，随着 84 消毒液的不断滴加溶液的 pH 值并没有降低到 8.3 以下。看来并不是 HClO 和 NaOH 发生了中和反应，使溶液褪色。 【讲述】那么如果是 HClO 将酚酞氧化，使溶液变成无色，若我们再向褪色的溶液中反滴酚酞，溶液再出现红色，是不是就会证明假设 2 是正确的呢? 【引导】下面老师向褪色的溶液中反滴酚酞，请同学们仔细观察溶液的颜色变化。 【讲述】溶液的颜色又变红了，对不对? 看来在 84 消毒液与氢氧化钠反应的实验中酚酞红色褪去的原因是：84 消毒液中的次氯酸将酚酞氧化。 【归纳】由此，我们是不是也可以得出漂白的实质是氧化性的结论	仔细观察大屏幕上数据采集器采集到的 pH 值的变化趋势。 得出结论：并不是 HClO 和 NaOH 发生了中和反应，使溶液的 pH 值降低，致使酚酞显无色。 仔细观察溶液的颜色变化。 得出结论：红色褪去是 HClO 氧化了酚酞	
使用 84 消毒液	【引导】既然是次氯酸具有漂白作用，为什么不直接使用次氯酸溶液（或氯水）而使用次氯酸钠溶液呢? 为什么又要“有效期为每延长一个月，药量增加 0.1 倍”使用呢? 接下来我们再来学习 84 消毒液的使用。		通过回忆旧知识来解决现有问题，培养学生学以致用的精神。

续表 6-1

教学环节	教 师 活 动	学生活动	设计意图
使用84消毒液	【板书】使用84消毒液 【引导】大家回想一下我们上节课学的相关知识，我请一位同学为我们解释一下第一个问题。 【结论】次氯酸不稳定，在光照的条件下就发生分解，生成盐酸和氧气，难以保存，使用不便；而次氯酸钠溶液要比次氯酸稳定得多。次氯酸钠时间长了也会分解，尤其是与空气接触后易生成次氯酸，更易分解。所以84消毒液的保质期有限，时间久了，须增加用量。 【板书】$2HClO = 2HCl + O_2\uparrow$ 【引导】在阅读84消毒液使用说明时我们会发现“不要把84消毒液与其他洗涤剂或消毒液混合使用”。那么如果把84消毒液与其他洗涤剂混合使用会发生什么呢？我们来看一则新闻。 【展示】新闻链接 新闻链接 有一位家庭主妇，她在家中打扫卫生时突然晕倒。家人发现后立即将她送到医院抢救。经对其血液和胃液进行化验，确认是有毒气体中毒。原来是这名主妇为了获得更强的去污能力，在加了洁厕灵后又加了一些84消毒液，结果发生了化学反应，产生了有毒气体，导致中毒事故发生。 【讲述】新闻链接当中出现了“洁厕灵”，那它又具有怎样的性质呢？我们再来看一张资料卡片。 资料支持 “洁厕灵”使用说明关键词： 1. 能轻松消除瓷面污渍、水垢、水锈、尿垢等 2. 勿用于酸敏感的大理石、金属等 3. 勿与漂白类化学品混用 【讲述】看完资料卡片后同学们能得出“洁厕灵”具有什么性质？ 【讲述】对，“洁厕灵”不能与酸敏感的大理石混用则说明它是具有酸性的。 【提问】那么大家再来猜想一下，新闻链接当中的有毒气体可能是什么呢？ 【讲述】大家都说是氯气，那么我们通常用什么来检验氯气呢？ 【讲述】下面我们就用稀硫酸代替具有酸性的“洁厕灵”，用淀粉KI试纸检验一下有毒气体是不是氯气。 【演示实验】 （1）取1mL的84消毒液加入试管中，再加入1mL蒸馏水，然后向其中滴加约为0.5mL的稀硫酸，观察现象。 （2）取一张湿润的淀粉KI试纸放在试管口，观察现象。 （3）实验结束时，用一团蘸有氢氧化钠溶液的棉花放在试管口。	仔细解读“洁厕灵”使用说明关键词，得出结论它是具有酸性的。 回忆并猜想出有毒气体是氯气。 得出结论:用淀粉碘化钾试纸来检验氯气。 仔细观察老师的演示实验，思考有毒气体是不是氯气？	逐条分析产品标签，关注细节问题，培养学生认识生活的能力。 主要是针对日常不当使用含氯消毒剂带来危险的一些新闻报道以及解释某些消毒剂说明中“不要与酸性消毒剂混用”的警示，让学生了解其中的化学道理，教会学生正确使用含氯消毒剂。资料卡片的设计，主要是考虑到学生的知识水平，同时，对实验设计起到提示作用。 通过探究形成结论，教会学生能够正确使用84消毒液。 这里的演示实验虽然可设计为学生实验，但此实验易产生较多的氯气，虽用氢氧化钠吸收，

续表 6-1

教学环节	教师活动	学生活动	设计意图
使用84消毒液	【提问】为什么会产生氯气呢？可能的原理是什么？ 【引导】学生分析溶液中存在的离子，从氧化还原反应角度分析 ClO^-、Cl^- 中氯的化合价变化。加酸后产生氯气，+1价的氯氧化了-1价的氯，得到0价的氯，从而写出其反应的离子方程式： $ClO^- + Cl^- + 2H^+ = Cl_2 + H_2O$ 【提问】为什么反应结束时在试管口放一团棉花？棉花上蘸的是什么溶液？ 【讲解】对，我们用氢氧化钠溶液来吸收氯气。 【总结】到此，我们对84消毒液的探究就结束了。我们一起回顾一下本堂课学习的知识，围绕着84消毒液，首先我们从感官上认识了84消毒液的一些物理性质，紧接着我们通过解读84消毒液的产品标签归纳出84消毒液的成分、制备原理，接着我们又一起探究出84消毒液漂白性的实质是次氯酸的氧化性。最后我们一起分析了84消毒液用量增加和不能与“洁厕灵”混用的原因	回忆氧化还原反应的相关知识，回答问题。 思考回答:用氢氧化钠溶液吸收产生的氯气。 思维跟着老师的讲述，一起回顾课堂所学的内容	但无法保证完全吸收，会使教室内产生大量的氯气，污染环境。从教学环节看，增加教师演示实验，使教学环节更加完整。 引导学生从氧化还原角度分析反应化合价的变化，进一步理解其可能的反应原理

（七）板书设计

板书设计见图6-7。

4.2.2 走进84消毒液

一、初识84消毒液

二、解读84消毒液

成分：$NaClO$、$NaCl$、H_2O、$HClO$

制备原理：$Cl_2 + 2NaOH = NaClO + NaCl + H_2O$

三、探究84消毒液

酚酞：

pH值：0～8.3 无色

pH值：8.3～14 红色

漂白性的实质是 $HClO$ 的氧化性。

四、使用84消毒液

易分解、勿与“洁厕灵”混用。

图6-7 走进84消毒液的板书设计

（八）学案

1. 初识84消毒液

实验一：

84消毒液的物理性质：

颜色__________状态__________气味__________

2. 解读 84 消毒液

成分：__________、__________、__________、__________

制备原理：____

性质：________________、________________、________________

实验二：

(1) 分别向两张红纸上滴加 84 消毒液和蒸馏水，实验现象：__________

(2) 向滴有酚酞的 NaOH 溶液中滴加 84 消毒液，实验现象：__________

结论：____

3. 探究 84 消毒液

84 消毒液漂白的实质：

____

4. 使用 84 消毒液

84 消毒液与"洁厕灵"反应放出的有毒气体是：______________

产生有毒气体的原理（化学方程式）：________________________

（九）教学反思

"走进 84 消毒液"教学设计是一节实践型化学活动课，以探究生活中最常见的 84 消毒液展开知识的学习。整个设计的成功之举在于，寻找了创意的载体，基于实验进行了研究性的学习。同时，利用手持技术探究了 84 消毒液漂白性的实质。课堂内容和探究过程充分体现了"从生活中学化学，在生活中用化学"的思想。

在教学过程中，采用以引导探究为主的方法——"探究法"，以思维训练为主的方法——"启发法"，以语言传递信息为主的方法——"讲授法"，以直接感知信息为主的方法——"演示法"。启发学生运用旧知识进行知识迁移、敢思会思；学生之间相互讨论，合作探索，通过实验探究法，学生学会了获取知识的科学方法，在体验的过程中获得实验成功的成就感，提高了学习的积极性。

本次教学设计在内容分析、设计思路、时间分配、教学特色、三维目标以及教学难点等多处运用到了图示，代替了运用大量文字进行表述。图示方法不仅清楚、简洁、明了地将内容表达出来，而且美观大方，让阅读者对我们想要表达的内容和思想一目了然。可视化的教学设计既清晰地呈现出来我的设计思路，又指导教学实践。在上课之前，我只需要看几眼图示化的教学设计，就能够心中有数，胸有成竹，整个课堂教学有条不紊地进行。尤其是教学思路图，直观的表达出了课堂的四个环节，使得上课时思路清晰，内容明确。

本节课的学习，学生了解了 84 消毒液的成分、物理性质，理解了 84 消毒液漂白性、氧化性和分解性，掌握了84消毒液漂白性的实质是次氯酸的氧化性。学生的观察、推理能力在观察和分析实验现象的过程中得到了锻炼；在探究84消毒液的过程中，学生感知到了先进仪器在化学学科中的应用。通过阅读产品标签，进一步掌握了信息的收集、筛选、分析、处理方法。通过对84消毒液的认识，学生能够感受化学知识在商品生产和社会生活中的应用。能够树立从生活中学化学，在生活中用化学的意识。但在探究84消毒液过程中，有少部分学生并未理解提出的两个假设，只知道了结论，对整个探究过程并未理解，还需要在课下理解。

参 考 文 献

[1] 宋心琦．普通高中课程标准实验教科书：化学1(必修)[M].3版．北京：人民教育出版社，2007.
[2] 刘知新．化学教学论[M]. 北京：高等教育出版社，2012.
[3] 吴晓红．化学微格教学[M]. 北京：冶金工业出版社，2012.
[4] 王磊．高观点　大视野　多角度——“新世纪”版高中化学必修教材的特点及实施情况简介[J]. 化学教育，2005(3):13～17.

（选自第四届全国高等院校化学专业师范生教学素质大赛一等奖作品）

案例2　“铁盐和亚铁盐”教学设计

（设计者：孙　婕　李文婷　黑晓霞）

一、教学设计思路分析

（一）教材分析

本节课是人民教育出版社的化学必修一第三章第二节“几种重要的金属化合物”中“铁的重要化合物”的一节实验探究课。在教材编排上，此节课前有从实验学化学、物质分类、离子反应、氧化还原反应的内容，这些都是本节内容有力、可行的应用和分析手段。通过本节内容的学习，既可以为前面所学的实验和理论知识补充感性认识的材料，又可以构建元素及化合物学习模型，为之后的非金属元素及化合物、元素周期律、物质结构等的学习打下基础。

铁盐和亚铁盐在高中化学中占有非常重要的地位，是近年高考化学的必考内容，更是历年高考的热点之一。它起着承前启后的纽带作用，因此考题的综合性比较强，是高中化学的重点、难点之一。近几年在全国各地的高考试题中所占比例有所提高，大约分值占到6~8分，且试题角度独特、情景新颖、知识点考查全面，对学生能力要求较高。

（二）内容分析

本节内容之前学生已经认识了铁的氧化物和氢氧化物的性质，知道了铁是变价金属，并体验了相关的科学探究活动。本节课学生需利用前两章的从实验学化学、物质分类、离子反应、氧化还原反应的基本理论知识（图6-8），进行铁盐和亚铁盐鉴别和转化的学习。

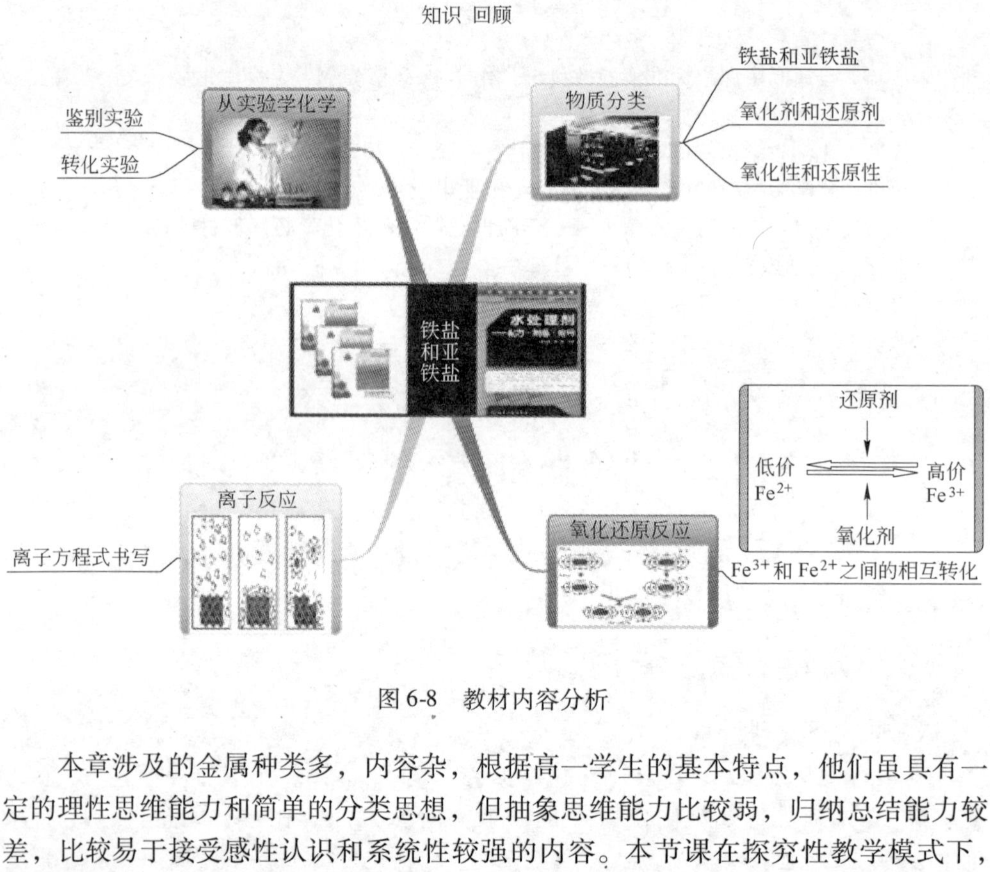

图6-8　教材内容分析

本章涉及的金属种类多，内容杂，根据高一学生的基本特点，他们虽具有一定的理性思维能力和简单的分类思想，但抽象思维能力比较弱，归纳总结能力较差，比较易于接受感性认识和系统性较强的内容。本节课在探究性教学模式下，学生通过自主、合作探究检验Fe^{2+}和Fe^{3+}的方法、Fe^{3+}和Fe^{2+}的相互转化，认识和理解Fe^{3+}和Fe^{2+}的主要性质，感知物质转化的条件和目的，体悟实验观、元素观、微粒观、转化观、分类观等；学生通过从实验现象到实验结论的分析、讨论、解释和表述等，体悟宏观与微观相互联系的化学特征思维方式；学生通过对新闻报道和化学事实的分析，认识到化学是一门真实、有用的科学，引导学生关心社会、联系生活和生产，做到学以致用。

（三）学情分析

1. 具备多层面知识作为铺垫，为综合应用提供分析手段

本节课是人民教育出版社的化学必修一第三章第二节“几种重要的金属化合物”中“铁的重要化合物”的一节实验探究课。学生在知识方面已学过从实验学化学、物质分类、离子反应、氧化还原反应的内容，能够熟练地分析氧化剂、还原剂，并对氧化剂、还原剂在化学反应中的价态变化有所了解，知道氧化剂化合价降低，还原剂化合价升高；并且学生已经认识了铁的氧化物和氢氧化物的性质，知道了铁是变价金属，并体验了相关的科学探究活动，从而为“铁盐和亚铁盐”的学习打下了基础。

2. 具有浓厚兴趣作为基础，为实验探究提供驱动力

高一学生有较强的好奇心和求知欲，对化学实验充满着期待和向往，以“人”与“铁”的关系为切入点，选择化学在生活方面应用的实例，让学生充分利用实验来探究化学。并且学生在学习铁的氧化物和氢氧化物的性质时，体验了相关的科学探究活动，对科学探究的过程有所了解。而本次教学设计紧紧围绕探究实验进行，激发了学生的学习兴趣，学生通过小组合作学习，每个人都找到了存在感，并提升了学生的审美能力。

（四）设计重点

1. 用合作型实验探究替代教师实验演示，培养学生自主探究能力

本节课为一节实验探究课，通过“情景—实验”探究铁盐和亚铁盐的鉴别方法，培养学生的观察能力、分析能力、合作学习能力、归纳实验结果的能力；通过“合作—实验”探究铁盐和亚铁盐两者之间的相互转化，培养学生运用所学知识设计实验方案的能力、动手实验能力、观察实验能力、合作交流的能力、归纳实验结果的能力，体验科学探究的过程，了解科学的学习方法，培养分析、解决问题的能力。

2. 用内容型铁盐画绘制替代教师传统讲授，增强学生梳理知识的能力

为了突出本节课的重点和解决难点，同时让学生都能参与到课堂教学中，让学生自己探究设计了五组实验，分别展现铁盐和亚铁盐的不同颜色和性质。然后让学生饶有兴趣地尝试各种可能的颜色，并做出多彩多样的画，对着画上的颜色写出相关的化学方程式。在上色的过程中，学生回忆实验内容，强化颜色记忆。通过绘画的过程，使本节课的内容具体化、系统化、结构化。

3. 用提示型思维导图替代传统板书形式，提高学生的逻辑思考能力

思维导图使用大脑所有皮层技巧，利用了色彩、线条、关键词、图像等，因此可以大大加强回忆的可能性。它反映了人们创造力思维的过程，使得我们的思

维过程可视化和可操作化，因此，也就同时加强了创造性思维技巧。教师打破传统板书的形式，以思维导图的绘制来贴近学生的思考和学习过程，便于学生记忆、理解和整体把握，符合学生的逻辑思考方式。结构清晰，层次分明，便于对信息的组织和管理，可以帮助学生记忆。

（五）设计思路

1. 指导思想

（1）以探究性教学模式为指导思想，尝试更多探究性实验，引导学生自主学习。在探究性教学模式下，以学生为主体，以实验探究为过程，充分利用学生的好奇心和求知欲，设计层层实验和问题情境，使学生在自主实验、积极思考和相互讨论中自己发现问题、分析问题和解决问题。

（2）以情境、问题为主线，注重课堂导向问题的设置，发散思维。情境、问题的设置从学生的生活实际出发，引导学生学习化学；情境、问题的设置具有层次性，对学生进行循序渐进的启发，让学生跟随教师的思路一步步进行自主探究；情境、问题的设置突出重点和难点，侧重合理。最大程度地发散学生的思维，打破传统的说教模式，使学生在自我学习和思考中获得知识。

（3）以学案为载体，促进思维发展，优化学习结果。以“学”为中心，以学案为载体，教师基于“学生立场”设计有内在联系和思考价值的一系列问题，引导、启发和促进学生有层次地进行思考、学习，让学生在质疑、探究、交流和碰撞中展开思维过程，自主设计实验，进行探究学习，最终达到促进思维发展，优化学习结果的效果。

2. 整体设计思路

本节课的教学设计主要通过“一条主线、五组实验、一幅铁盐画和一曲铁转化版青花瓷”展开对铁盐和亚铁盐相关性质的学习，整体设计思路展示如图 6-9 所示。

绘制铁画颜色框架及离子方程式如图 6-10 所示，铁盐绘画如图 6-11 所示。

3. 主要环节设计思路

方式一：依次通过“创设情境”→“交流讨论”→“制定计划”→“合作探究”→“归纳总结”几个环节进行教学，设计思路如图 6-12 所示。既充分体现学生在学习过程中的主体地位，又重视发挥教师在教学过程中的主导作用。

方式二：依次通过“提出问题”→“学案导学”→“小组展示”→“小组实验”→“总结与反思”→“联系实际”几个环节进行教学，设计思路如图 6-13所示，使得整个教学过程具有驱动性、诱发性、易参与性、可生成性、多重教育功能。

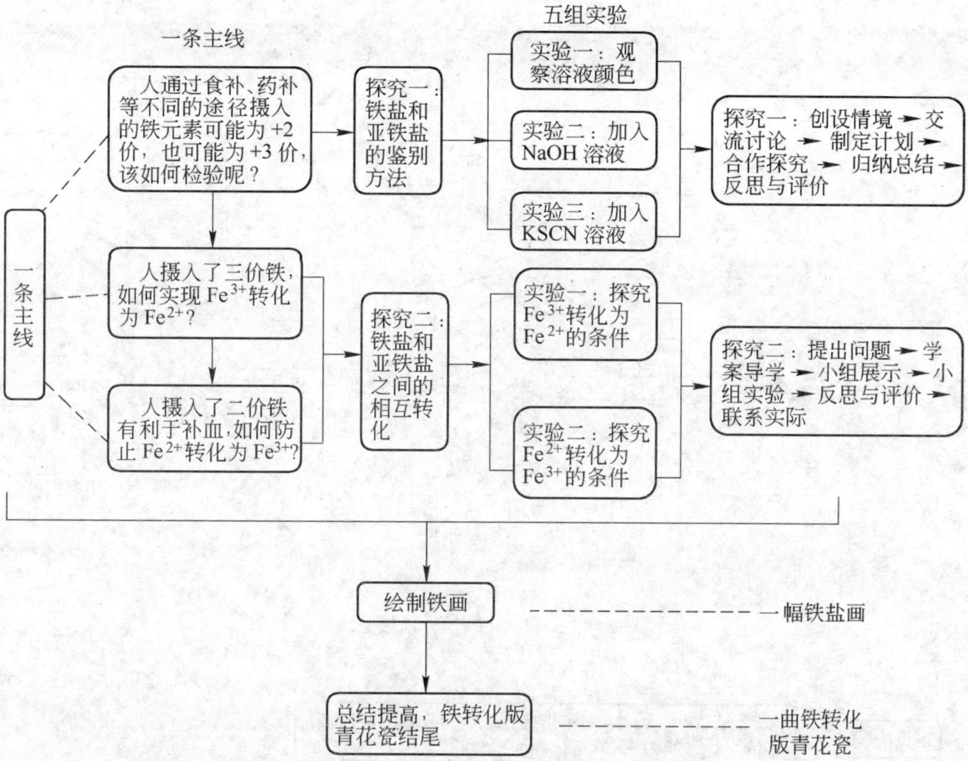

图 6-9 整体设计思路展示

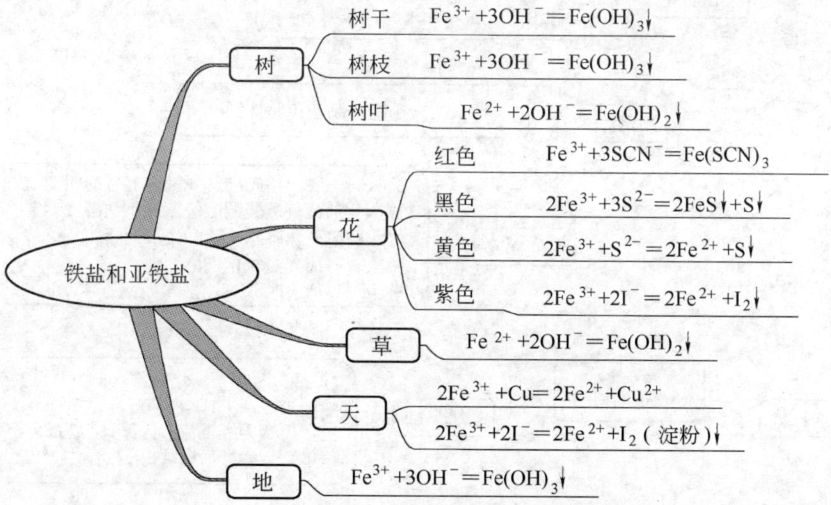

图 6-10 绘制铁画颜色框架及离子方程式

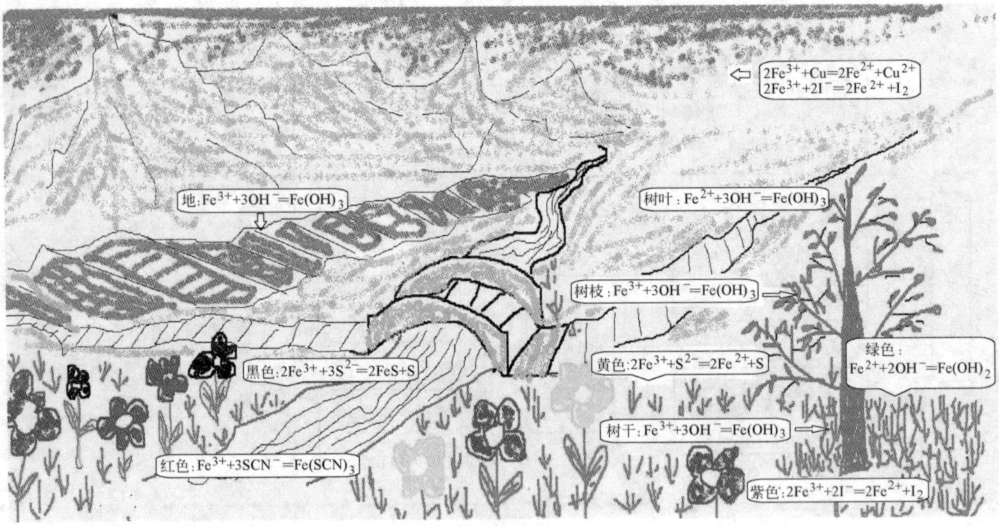

图 6-11　铁盐绘画展示

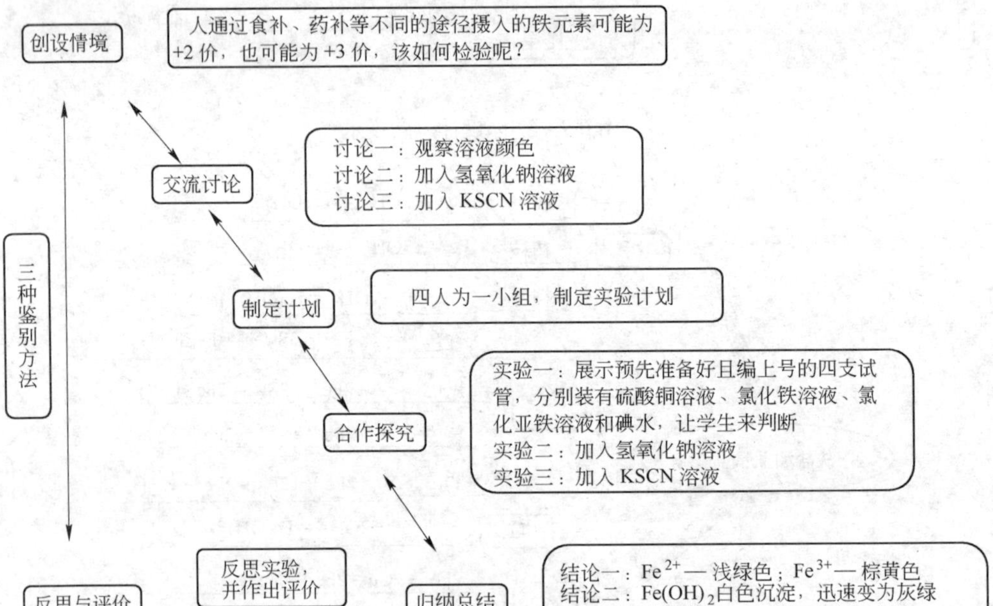

图 6-12　探究一的教学设计思路

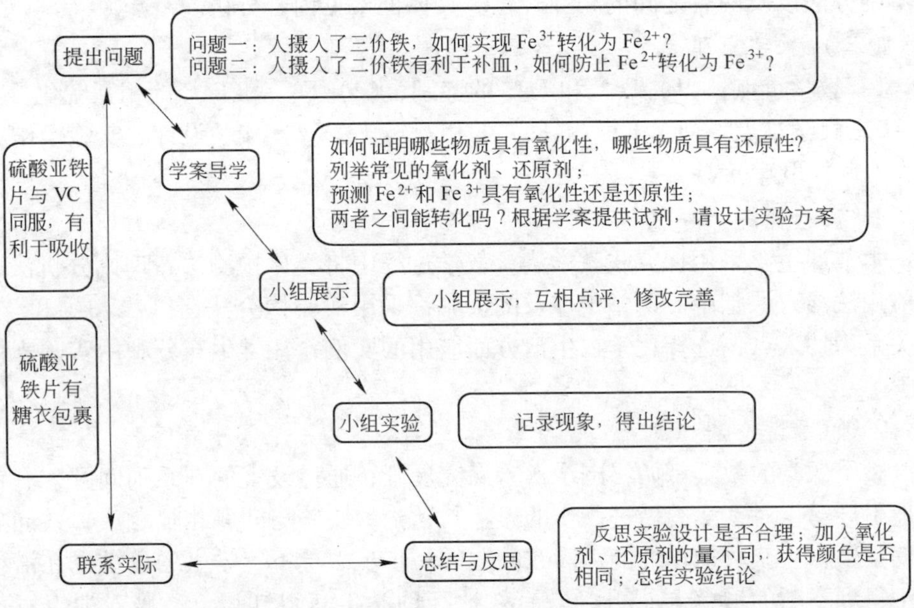

图 6-13　探究二的教学设计思路

二、教学设计方案

（一）教学目标

1. 知识与技能目标

（1）掌握铁盐和亚铁盐的主要性质，能写出主要反应的离子方程式。

（2）识别常见的 Fe^{2+} 和 Fe^{3+} 溶液的颜色，知道它们的检验方法。

（3）从化合价角度学习 Fe^{2+} 和 Fe^{3+} 之间的相互转化。

2. 过程与方法目标

（1）通过实验探究体验科学探究的一般过程，了解科学探究的基本方法，进一步形成交流、反思的学习习惯。

（2）通过对铁的重要化合物性质的学习，让学生逐步掌握学习元素化合物知识的一般方法，提高学生学习的主动性和有效性。

3. 情感态度与价值观目标

（1）通过化学知识在生活中的应用，引发学生学习化学的兴趣。

（2）培养学生的科学态度和科学精神。

（二）教学内容

本节课是人民教育出版社的化学必修一第三章第二节“几种重要的金属化合物”中“铁的重要化合物”的一节实验探究课。主要目的是探究铁盐和亚铁盐的鉴别方法以及两者之间的相互转化。具体框架见内容分析。

（三）教学重难点

1. 教学重点：（1）Fe^{3+}和Fe^{2+}的鉴别；（2）Fe^{3+}和Fe^{2+}的相互转化。

2. 教学难点：（1）Fe^{3+}和Fe^{2+}的相互转化；（2）实验设计、实验操作。

（四）教学方法

1. 实验探究教学法

本节课主要采用探究式教学法，教学过程中将类比预测法、理论分析法、实际应用法渗入课堂中。课堂中涉及的实验都采用实验探究法，以“人”和“铁”的关系为切入点，选择化学在生活方面应用的实例，让学生充分利用实验来探究化学。

2. 问题讨论法

整个课堂的教学都始终围绕实验探究展开，通过设置的一系列问题，有针对性地引导学生对本实验做进一步的思考与讨论，实验与问题相辅相成，共同达到帮助学生自主获取知识的能力。在问题的一步步引导下，学生的思维也在潜移默化中得到不断的锻炼与提升，既有效地帮助学生获得知识，又培养学生发现问题、思考问题、解决问题的能力。

3. 讲解法

学生自主探究，老师适时对各种实验现象加以解说，引导学生思考和掌握课程内容。

4. 比较归纳法

通过探究实验，学生将现象进行对比后总结出实验的结论，老师只需加以引导就行，这样学生对知识点的记忆会更加牢固深刻。

（五）教学设计特色

本节课的教学设计主要通过一条主线、五组实验、一幅铁盐画和一曲铁转化版青花瓷展开对铁盐和亚铁盐相关性质的学习。

（1）以“人”与“铁”的关系为切入点，将化学在生活方面应用的实例引入课堂，让学生充分利用实验来探究化学。

（2）以“情境问题”为主线，将知识问题化，问题情境化，观念显性化，让学生在感知“人”与“铁”的关系基础上，学习动机和兴趣被激发。

（3）以铁的化合物为“颜料”，将铁盐和亚铁盐的鉴别与转化过程产生的颜色以做画形式进行课堂巩固，让学生在做画的同时，明确重点，突破难点。

（4）以“铁转化版青花瓷”为内容总结，将课堂教学推向热烈的氛围，歌词以朗朗上口的语句把本节课的重要环节和知识技能总结得十分贴切、十分到位，让学生学习变得非常轻松愉快。

（5）以此引发学习动机、激发学习兴趣、诱发学习欲望和开发学习情意，引导学生加深对学科知识的理解，有效转变学习方式，提升学习能力和学科素养。“铁盐和亚铁盐”学案如图 6-14 所示。

“铁盐和亚铁盐”学案

【学习内容】

情境问题：

问题一：人通过食补、药补等不同的途径摄入的铁元素可能为 +2 价，也可能为 +3 价，该如何检验呢？

问题二：人摄入了三价铁，如何实现 Fe^{3+} 转化为 Fe^{2+}？

问题三：人摄入了二价铁有利于补血，如何防止 Fe^{2+} 转化为 Fe^{3+}？

探究实验：Fe^{3+} 和 Fe^{2+} 之间的转化

提供试剂：KSCN 溶液、铁粉、铜粉、锌粉、淀粉-KI 溶液、酸性 $KMnO_4$ 溶液、H_2O_2 溶液、氯水、KI 溶液、Na_2S 溶液、$FeCl_3$ 溶液、$FeCl_2$ 溶液、$CuSO_4$ 溶液

提供仪器：小药瓶、自制点滴板、试管

如何证明哪些物质具有氧化性，哪些物质具有还原性？

根据化合价预测可能的氧化性、还原性，对药品进行分类：

常见氧化剂	常见还原剂	检验试剂

预测 Fe^{2+} 和 Fe^{3+} 具有氧化性还是还原性；两者之间能转化吗？

利用提供药品进行实验探究

$$Fe^{2+} \underset{+\underline{\qquad\qquad}剂}{\overset{+\underline{\qquad\qquad}剂}{\rightleftharpoons}} Fe^{3+}$$

实验探究过程：根据学案提供的试剂，自主选择相应的药品；请设计实验方案。

预期转化	所选试剂	预期现象	实验现象	结论及反应
→				
→				
→				
→				
→				

绘制铁画：根据产生的颜色绘制多彩多样的铁画

图 6-14 “铁盐和亚铁盐”学案

（六）教学过程

具体教学过程见表 6-2。

表 6-2　具体教学过程

教学环节	教师教学行为	学生活动			设计意图
		整体表现	合作探究	成果展示	
创设情境 提出疑问 图片解惑 引入新课	【新闻链接】2012 年 12 月 2 日人民网报道 【引入】我国因缺铁性贫血疾病负担大，全球排第二。铁是人体必需的微量元素中量最多的一种，在人体中主要存在于细胞的血红蛋白中，担负着许多重要的生理功能。铁缺乏时，红细胞中的血红蛋白减少，我们称之为“缺铁性贫血”。 【提问】那人得了缺铁性贫血怎么办？ 【图片展示】   【过渡】研究表明只有 Fe^{2+} 能促进血红蛋白的形成，而 Fe^{3+} 则不能，这说明铁盐和亚铁盐的性质和作用是不同的，今天我们就一起来进一步研究铁盐和亚铁盐的性质	学生认真听教师讲述的内容，对老师提出的问题进行思考。 通过观察图片了解了常见的含铁元素的食物和常见补铁剂	交流、讨论、发表。 感想和疑惑。	【回答】含有铁元素的食物以及药物。	联系生活实际，引起学生的学习兴趣。 引出“人”与“铁”的关系，告诉学生补铁常识。 激起学生探讨究竟的欲望，做好学习新知识的准备
学习铁盐和亚铁盐的鉴别方法	**【探究一：铁盐和亚铁盐的鉴别】** 准备阶段：小药瓶、$FeCl_3$ 溶液、$FeCl_2$ 溶液、NaOH 溶液、KSCN 溶液 实施阶段： 1. 创设情境：人通过食补、药补等不同的途径摄入的铁元素可能为 +2 价，也可能为 +3 价，现在大家交流讨论一下，如何检验 Fe^{2+} 和 Fe^{3+}？	课前积极准备实验用品和仪器。 积极思考，交流讨论，同学发言，得出检验方法。	交流讨论得出结论:【某同学回答】用 NaOH 溶液鉴别;【某同学回答】用观察颜色的方法和加入 KSCN 溶液。	制定计划:先向小药瓶中加入鉴别物质，然后加入检验试剂，观察颜色有无变化即可。	引导、启发学生从化学视觉来思考、分析和解决问题，引导学生积极参与讨论，敢于发表自己的看法。

续表6-2

教学环节	教师教学行为	学生活动			设计意图
		整体表现	合作探究	成果展示	
观察法 沉淀法	2. 交流讨论：方法一：观察颜色；方法二：加入 NaOH 溶液；方法三：加入 KSCN 溶液。 3. 制定计划：老师课前给大家发了学案，看来大家下去查了一些资料，经过交流讨论，总体得出了三种方法： 方法一：观察溶液颜色； 方法二：加入 NaOH 溶液； 方法三：加入 KSCN 溶液。实验是检验真理的标准，那么现在我们四人为一小组，制定实验实施步骤，以及人员分配计划等。看看到底哪些同学的想法是正确的呢？ 4. 自主探究： 实验一：观察溶液颜色 这是老师预先准备好且编上号的四支试管，装有 $CuSO_4$ 溶液、$FeCl_3$ 溶液、$FeCl_2$ 溶液和碘水，大家能通过颜色判断出它们对应的是什么溶液吗？ 实验二：加入 NaOH 溶液 大家已经通过颜色判断出了 $FeCl_3$ 溶液、$FeCl_2$ 溶液，那么现有 A、B 两瓶溶液装有 $FeCl_3$ 溶液和 $FeCl_2$ 溶液，根据刚才你们讨论的方法二，加入 NaOH 溶液来检验一下 A、B 两瓶溶液中含有几价铁？ 实验三：加入 KSCN 溶液 现有 C、D 两瓶溶液装有 $FeCl_3$ 溶液和 $FeCl_2$ 溶液，根据刚才你们讨论的方法三，加入 KSCN 溶液来检验一下 C、D 两瓶溶液中含有几价铁？ 5. 归纳小结：大家从三组实验中都看到了什么现象啊？我们现在来找几个同学说一下。 很好，大家说得都很好，在第一个观察实验中，我们可以得出：Fe^{2+}——浅绿色，Fe^{3+}——棕黄色；从第二个实验可以判断出：加入 NaOH 溶液，A 瓶有红褐色沉淀生成，为 $FeCl_3$ 溶液，B 瓶先有白色沉淀生成，后迅速变为灰绿色，为 $FeCl_2$ 溶液；从第三个实验可以判断出：加入 KSCN 溶液，C 瓶溶液变为血红色，为 $FeCl_3$ 溶液，D 瓶溶液颜色无变化，为 $FeCl_2$ 溶液。	以小组为单位进行实验，制定实验实施步骤以及人员的分配。 进行实验探究，仔细观察实验现象，并做实验记录，根据实验现象，得出检验 Fe^{2+} 和 Fe^{3+} 的三种方法。 小组同学发言，根据实验现象，得出结论。经过教师的再次肯定，对检验 Fe^{2+} 和 Fe^{3+} 有三种方法有了深刻的认识。	观察四支试管中的溶液，进行小组合作讨论。 取两个小药瓶，分别加入 $FeCl_3$ 溶液、$FeCl_2$ 溶液，再分别加入几滴 NaOH 溶液；加入 KSCN 溶液同理。	得出结论：蓝色的为 $CuSO_4$ 溶液；浅绿色为 $FeCl_2$ 溶液；棕黄色为 $FeCl_3$ 溶液；黄色为碘水。 Fe^{3+} 药瓶有红褐色沉淀生成；Fe^{2+} 先有白色沉淀生成，很快变成灰绿色，一段时间后变成红褐色。Fe^{3+} 药瓶变为血红色，Fe^{2+} 药瓶无颜色变化。	通过对实验的观察，逐步培养学生的观察能力，以及对实验现象的描述能力。 让学生运用不同的方法（如观察法、沉淀法、显色法）来检验物质，让学生体会实验观和变化观。 引导学生进行逻辑思维，掌握检验 Fe^{2+} 和 Fe^{3+} 的三种方法。

续表 6-2

教学环节	教师教学行为	学生活动			设计意图
		整体表现	合作探究	成果展示	
显色法	6. 反思与评价：我们知道用胶头滴管滴加液体时，滴管要竖直悬空，有的同学直接将滴管伸入试管中去了，这是大家在今后的实验中需要特别注意的。另外大家要知道用 KSCN 溶液来检验 Fe^{3+} 是一种很灵敏的方法，但仅用 KSCN 溶液不能检验 Fe^{2+}。 好的，这是我们学到的铁盐和亚铁盐的第一个性质，检验 Fe^{2+} 和 Fe^{3+} 有三种方法，相信大家已经掌握了吧！	倾听老师在实验中发现的问题，知道了实验过程中需要注意的事项，得到了老师的肯定		得出结论：Fe^{2+}——浅绿色，Fe^{3+}——棕黄色； A 瓶为 $FeCl_3$ 溶液，B 瓶为 $FeCl_2$ 溶液，C 瓶为 $FeCl_3$ 溶液，D 瓶为 $FeCl_2$ 溶液	在实验后及时点评，指出学生在实验中存在的问题，引导学生明确改进的地方和努力的方向
Fe^{3+} 和 Fe^{2+} 之间的转化	**【探究二：Fe^{3+} 和 Fe^{2+} 之间的转化】** 实验一：探究 Fe^{3+} 转化为 Fe^{2+} 的条件 准备阶段：自制点滴板、KSCN 溶液、铁粉、铜粉、锌粉、淀粉-KI 溶液、酸性 $KMnO_4$ 溶液、H_2O_2 溶液、氯水、KI 溶液、Na_2S 溶液、$FeCl_3$ 溶液、$FeCl_2$ 溶液、蒸馏水 实施阶段： 提出问题： 研究表明只有 Fe^{2+} 能促进血红蛋白的形成，而 Fe^{3+} 则不能。因为亚铁血红蛋白能携带氧气，如同吞吐 O_2 的“蜘蛛”，而高铁血红蛋白无携带氧气功能，只吞不吐。因此缺铁性患者通过食用硫酸亚铁片或琥珀酸亚铁片来补铁。那么人摄入了三价铁，如何实现 Fe^{3+} 转化为 Fe^{2+}？	学生认真听教师讲解缺铁性贫血形成的原因，通过观察图片，倾听教师打的比方，对贫血有更形象的理解。 学生根据学案问题，先独立思考，再合作讨论学案中的内容，预测性质，根据学案提供的试剂设计了实验方案。	合作探究：Fe^{3+} 能否转化为 Fe^{2+}。 以及转化的条件。 Fe^{3+} 转化为 Fe^{2+}：在自制点滴板上滴加 $FeCl_3$ 溶液，然后加入还原剂，再加入检验试剂 KSCN 溶液，观察颜色。Fe^{3+} 能转化为 Fe^{2+}。	Fe^{3+} 可以转化为 Fe^{2+}，通过氧化还原反应来实现这种转化。 氧化剂：酸性 $KMnO_4$ 溶液、H_2O_2 溶液、氯水；还原剂：铁粉、铜粉、锌粉、淀粉-KI 溶液、KI 溶液、Na_2S 溶液；Fe^{3+} 具有氧化性，Fe^{2+} 具有还原性。	告诉学生补铁的化学原理，通过生活实例，来引导学生思考物质转化的目的，使知识问题化，问题情境化，激发学生的学习兴趣。

续表 6-2

教学环节	教师教学行为	学生活动			设计意图
		整体表现	合作探究	成果展示	
Fe^{3+} 和 Fe^{2+} 之间的转化	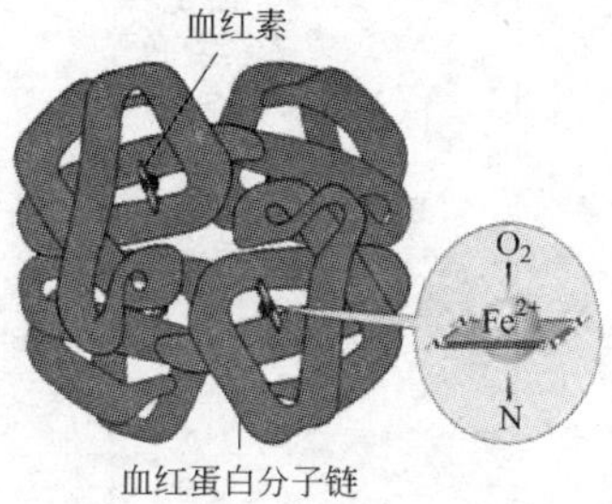 血红蛋白的分子结构 学案导学： 我们还是以小组为单位。列举常见的氧化剂、还原剂；如何证明哪些物质具有氧化性，哪些物质具有还原性；预测 Fe^{2+} 和 Fe^{3+} 具有氧化性还是还原性；预测 Fe^{3+} 能转化为 Fe^{2+} 吗？若能，请根据学案提供试剂，设计实验方案。 小组展示： 请各个小组派出你们的代表展示、分析你们的讨论结果。其余小组认真听，对其进行点评，然后修改完善。 各个小组都交流、分享了讨论结果，并做了及时的补充修改，现在开始通过实验来验证你们的想法是否合理。 小组实验： 我们以小组为单位，根据你们设计的实验方案进行实验，记录实验现象，得出实验结论，注意自己加入试剂的量不同，是否会对实验现象有影响。 总结与反思： 请各个小组派一位同学来汇报你们的实验成果。 根据同学们的汇报，我们可以得出结论：Fe^{3+} 在强还原剂（铁粉、铜粉、锌粉、KI 溶液、Na_2S 溶液等）的条件下可以转化为 Fe^{2+}。 我们也发现有些小组在实验过程中没有观察到现象，这就需要找出原因，加以改进。并且也发现在同一个实验中，有的加入量不同产生的实验现象不同，就比如加入锌粉，少量溶液变为浅绿色，过量溶液则无色；更明显的是加入少量 Na_2S 溶液，生成淡黄色沉淀，加入过量则变为黑色沉淀。化学世界是变化无穷的，就需要我们有一双“慧眼”去发现。	展示、分析讨论的结果，点评，修改完善实验步骤。 以小组为单位，进行实验，并记录实验现象。 学生代表汇报实验现象，和老师共同总结实验结果，得出实验结论。并且反思实验中出现的问题，修改实验步骤。	改变还原剂的用量，观察实验过程中颜色的变化。	得出结论：Fe^{3+} 在强还原剂(铁粉、铜粉、锌粉、KI 溶液、Na_2S 溶液等)的条件下可以转化为 Fe^{2+}。 同时发现同一个实验，有的加入量不同产生的实验现象不同，就比如加入锌粉，少量溶液变为浅绿色，过量溶液则无色；更明显的是加入少量 Na_2S 溶液，生成淡黄色沉淀，加入	引导学生从氧化还原和离子反应的角度来思考和分析，体会化学学科的基本概念和核心概念、具体知识之间的关系，引导学生通过理论分析获得实验探究的方法。 在学生进行实验预测和猜想的基础上，让学生开展合作探究，让学生通过实验发现锌粉、

续表 6-2

教学环节	教师教学行为	学生活动			设计意图
		整体表现	合作探究	成果展示	
Fe^{3+}和Fe^{2+}之间的转化	联系生活： 硫酸亚铁片说明书“药物相互作用”栏目 “维 C 和补血剂搭档更好” 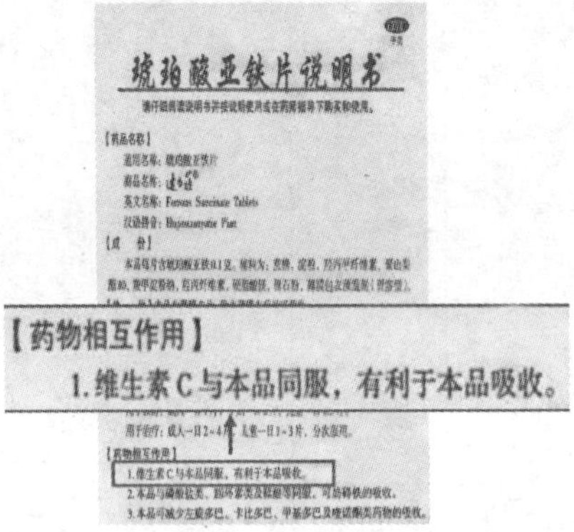 大家请看这张图片，为什么 VC 与补铁剂同服有利于吸收了？这说明加入 VC 也可以使Fe^{3+}转化为Fe^{2+}，眼见为实，我们就请一位同学来给大家实验一下。 现象非常的明显，大家记住 VC 也具有还原性。现在大家就此可以清楚地知道为什么 VC 与补铁剂同服有利于吸收了吧。 实验二：探究Fe^{2+}转化为Fe^{3+}的条件 准备阶段：自制点滴板、KSCN 溶液、铁粉、铜粉、锌粉、淀粉-KI 溶液、酸性$KMnO_4$溶液、H_2O_2溶液、氯水、KI 溶液、Na_2S溶液、$FeCl_3$溶液、$FeCl_2$溶液。 实施阶段： 提出问题： 人摄入了二价铁有利于补铁，如何防止实现Fe^{2+}转化为Fe^{3+}？ 学案导学： 我们还是以小组为单位。预测Fe^{2+}能转化为Fe^{3+}吗？若能，请根据学案提供试剂，设计实验方案。	观察硫酸亚铁片说明书，认真思考问题，积极回答，踊跃参与实验。 学生思考，并作出回答。 学生根据学案问题，预测性质，根据学案提供的试剂设计了实验方案。	过量则变为黑色沉淀。 在试管中加入$FeCl_3$溶液，然后加入 VC，再加入检验试剂 KSCN 溶液。	[回答] VC 具有还原性，可以使Fe^{3+}转化为Fe^{2+}，因而有利于吸收。	Na_2S溶液等还原剂都可以使Fe^{3+}转化为Fe^{2+}，让学生发现锌粉、Na_2S溶液的量不同，反应现象也不同，让学生进一步体会转化观和实验观。教师在实验后及时点评，引导学生明确如何做得更好。

续表 6-2

教学环节	教师教学行为	学生活动			设计意图
		整体表现	合作探究	成果展示	
Fe^{3+}和Fe^{2+}之间的转化	小组展示： 我们还是请各个小组派出你们的代表展示、分析你们的讨论结果。然后进行点评，修改完善。通过实验来验证你们的想法是否合理。 小组实验： 我们以小组为单位，根据你们设计的实验方案进行实验，记录实验现象，得出实验结论，注意自己加入试剂的量不同，是否会对实验现象有影响。 总结与反思： 请各个小组派一位同学来汇报你们的实验成果。 根据同学们的汇报，我们可以得出结论：Fe^{2+}在强氧化剂（酸性$KMnO_4$溶液、H_2O_2溶液、氯水）的条件下可以转化为Fe^{3+}。 由于前面已经探究了Fe^{3+}转化为Fe^{2+}的条件，大家也注意到了前面出现的问题，这次实验现象都非常明显，非常值得鼓励。 我们可得出以下结论： $Fe^{2+} \underset{铁粉、VC等还原剂}{\overset{酸性 KMnO_4、H_2O_2等氧化剂}{\rightleftharpoons}} Fe^{3+}$ 联系生活： 硫酸亚铁片说明书“性状”栏目 3.本品可减少左旋多巴、卡比多巴、甲基多巴及喹诺酮类药物的吸收。 4.如与其他药物同时会发生药物相互作用，详情请咨询医师或药师。 【性状】 本品为糖衣片，除去糖衣后显淡蓝绿色。 【儿童用药】 1.儿童用量请咨询医师或药师。 2.儿童必须在成人监护下使用。 大家请看这张图片性状栏目，本品为糖衣片，现在大家应该知道这层糖衣的作用了吧，就是防止Fe^{2+}转化为Fe^{3+}，防止药品失效	学生代表展示结果，点评，修改完善实验步骤。 以小组为单位进行实验，并记录实验现象。 学生代表汇报实验现象，和老师共同总结实验结果，得出实验结论。并且反思实验中出现的问题，修改实验步骤。 认真思考，积极回答	合作探究：Fe^{2+}能否转化为Fe^{3+}以及转化条件。 在自制点滴板上滴入$FeCl_2$溶液，再分别滴入酸性$KMnO_4$溶液、H_2O_2溶液、氯水，然后用 KSCN 溶液进行检验	在自制点滴板上滴入$FeCl_2$溶液，再分别滴$KMnO_4$溶液、H_2O_2溶液、氯水，然后用 KSCN 溶液进行检验。 Fe^{2+}在强氧化剂（酸性$KMnO_4$溶液、H_2O_2溶液、氯水）的条件下可化为Fe^{3+}。氧化剂用量对实验现象无影响。 [回答] 防止Fe^{2+}转化为Fe^{3+}	通过实际问题引导学生联系生活，做到学以致用，引导学生学会辩证的思考问题。 引导学生进一步从氧化还原和离子反应的角度来思考和分析。 培养学生学以致用的能力

续表 6-2

教学环节	教师教学行为	学生活动			设计意图
		整体表现	合作探究	成果展示	
绘制铁画	【图片展示】   【背景介绍】铁画创始于清代康熙年间，至今已有三百多年的历史，是中国工艺美术百花园中的一朵奇葩。铁画既有国画的神韵，又有雕塑的立体美，形成了独特的艺术风格，被誉为“中华一绝”。然而就是这种“中华一绝”的铁画也有不足之处。 【过渡】缺乏多样的颜色是这种铁画的最大缺陷。今天我们的实验产生了很多颜色，我想请同学们在自己准备的素描画上涂色来绘制一种全新的“铁画”。 【教师引导】在大家的素描画中，有树，树叶，花朵，大地，天空，白云等。在大家的印象中，这些一般都是什么颜色呢？请各位将所得的“颜料”分别对应地涂在相关的部位。回忆自己的实验过程，思考它的反应原理，并在对应颜色处写出相应的离子方程式。 【学生绘画展示】 【提问】化学课堂不仅仅是完成这幅画，更重要的是用化学知识解决现实生活中的问题。如果有人问你这些“颜料”是怎么得到的，为什么会出现这种颜色？你们能有合理的解释吗？	学生观察两张图片，感叹中国文化的博大精深。 了解铁画的历史。 给素描画上色，并在相应的颜色处写出化学方程式。 积极思考，作出解释	拿出提前画好的素描画，用实验产生的颜色给素描画上色。写出离子方程式	【绘画展示】向学生展示图6-11所示的铁盐绘画。 ［集体回答］能	铁画在芜湖可谓家喻户晓，展示铁画，让学生见识铁画。 让学生了解铁画的历史，引出铁画的不足，引导学生进行多彩多样的铁画的绘画。 通过绘制铁画，让学生回忆自己的实验过程，掌握颜色，会写离子反应方程式,加深对本节课的记忆

续表 6-2

教学环节	教师教学行为	学生活动			设计意图
		整体表现	合作探究	成果展示	
总结提高	以一首铁转化版青花瓷结束： 亚铁离子氢氧根，相遇难分离， 白色絮状的沉淀，跃然试管底， 转眼变成灰绿色，祸首是氧气， 浅绿色二价铁把人迷， 三价铁呈棕黄色，颜色要牢记， 遇硫氰根呈血红色，高中是唯一。 三价铁有氧化性，也是一种常见氧化剂， 能将那铜氧化，反应很容易， 铁元素补铁剂，真是好东西， “黄金搭档”，就是铁元素加 VC， 铁锅做饭做菜有道理， 二价铁三价铁互变很容易， 氧化剂还原剂合适就可以， 三种价态元素变来又变去，必须学仔细	回顾知识，牢记诗歌，理解应用			培养学生的总结能力和知识迁移能力

（七）板书设计

“铁盐和亚铁盐”的板书设计如图 6-15 所示。

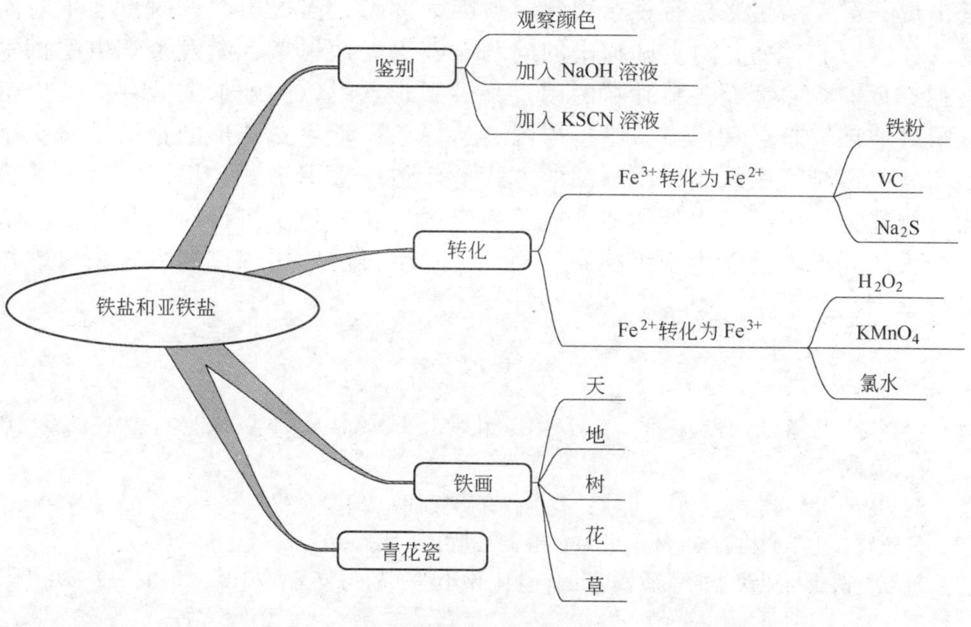

图 6-15 板书设计

（八）教学反思

本设计采用了合作实验探究教学法、问题讨论法、讲解法、比较归纳法，通过一条主线、五组实验、一幅铁盐画和一曲铁转化版青花瓷展开对铁盐和亚铁盐相关性质的学习。

教学设计从探讨“人”与“铁”的关系入手，通过生活情境、问题情境的创设，将知识生活化，关注引导学生在生活中学习，让学生深切感受到化学与生活处处有着紧密的联系。铁的化合物中，颜色各异，引导学生用铁的化合物做颜料进行绘画，这一教学活动将整节课推向了高潮，学生参与的兴趣更加高涨。本节课最后以一首“铁转化版青花瓷”结束，歌词朗朗上口，将本节课的学习内容总结得十分贴切，不仅让学生的学习变得非常轻松愉悦，而且更利于学生对知识的深化和理解。

此次设计采用了大量的图示呈现，能更直观地展示教学过程，使得教学过程可视化。采用可视化设计使得复杂的教学内容更简洁、明了，通过图形可以将教学设计的框架清晰地呈现出来，让人更容易明白实施过程。同时，可视化教学设计可以使教学设计更个性化和创新化。可视化教学设计使教师的教学过程更形象，通过图像可以明了地看出教学过程，当有新的想法时，可以便捷地更换，实现了文字内容或人的复杂思维过程的直观、简洁、序列和类别化处理。通过画图找逻辑关系，更多地体现了直觉分析的方法。

此次教学设计采用了大量的图，这些图中表达的内容都在日常生活中频繁出现，对于学生来说有种亲切感，就因为熟悉，当提出问题时，学生对问题的注意力非常高，对老师提出的问题能够更好地思考，激发了学生的探索兴趣。每一幅图都有各自独特的用意，讲到难点时以图的形式表现，学生可以很好地理解难点和重点。结尾以图表达形象，学生对图形的记忆比对文字的印象更深刻，用绘制思维导图的方式替代传统板书形式，提高了学生的逻辑思维能力。采用了大量的图片展示教学内容，避免了讲课时的枯燥。本节课最大的亮点就是学生亲手绘制铁画，使学生再次以更深刻的方式来对铁盐进行掌握。

参 考 文 献

[1] 宋心琦. 普通高中课程标准实验教科书：化学1（必修）[M]. 3版. 北京：人民教育出版社，2007.

[2] 刘知新. 化学教学论[M]. 北京：高等教育出版社，2012.

[3] 吴晓红. 化学微格教学[M]. 北京：冶金工业出版社，2012.

[4] 姚红. 铁盐与亚铁盐的性质教学设计[J]. 中小学实验与装备，2010，20(5)：19 ~ 20.

（选自第四届全国高等院校化学专业师范生教学素质大赛一等奖作品）

案例3 “难溶电解质的溶解平衡”教学设计

（设计者：高 霞 肖 敏 姚 慧）

一、教学设计思路分析

（一）教材内容

1. 教材的地位和作用

本节课选自人民教育出版社的化学选修四——《化学反应原理》中第三章第四节“难溶电解质的溶解平衡”。本节教材是在学生已经能够从化学平衡的视角对水自身的电离、弱电解质的电离、盐类的水解等化学平衡问题进行分析，并初步形成了从平衡的角度看问题、分析问题的能力的基础上，继续用化学平衡的观点来研究的另一类平衡——沉淀溶解平衡。而且沉淀溶解平衡在实际生活、工农业生产、科学研究中应用十分广泛，因此学好本节知识具有比较重要的理论意义和现实意义。

2. 内容分析

学生对化学反应原理知识的学习从接触化学学习就开始了，特别是通过选修教材《化学反应原理》进行了系统的学习，特别是学到整本书最后一个专题最后一个单元的内容后，学习能力较强的学生已经积累了一定学习的方法，他们在学习沉淀溶解平衡知识块的时候，教师只要设计相应的问题情境，如生活和工业生产真实的情境和探究实验，进行适当的引导，学生就能结合前面学习过的平衡的知识解决部分问题，而对于学习能力较弱的学生，教师在他们的学习过程中应起主导作用，帮助他们设计该部分内容中必须要掌握的一些基本知识，指导他们解决问题方法，帮助、指导他们总结解决不同类型问题的方法，从而能从纯粹知识的学习上升到学习方法学习和提高化学问题解决能力上。

3. 知识框架图

知识框架图如图6-16所示。

（二）学生基础

1. 知识基础

难溶电解质的溶解平衡是在高二第二学期开设的，这时候学生对高中化学基础知识有了一定的了解，并已具备一定的化学思维基础和实验技能，能对实验现象及结果作初步分析和处理。沉淀溶解平衡的内容虽然比较抽象，但与化学平衡有许多相似的地方，是平衡理论的一个重要应用，学习时要充分利用已经掌握的旧知识作为基础去探究新的知识。同时运用已学知识，解决实践问题和运用正向迁移能力，保证本节学习目标能顺利达成。

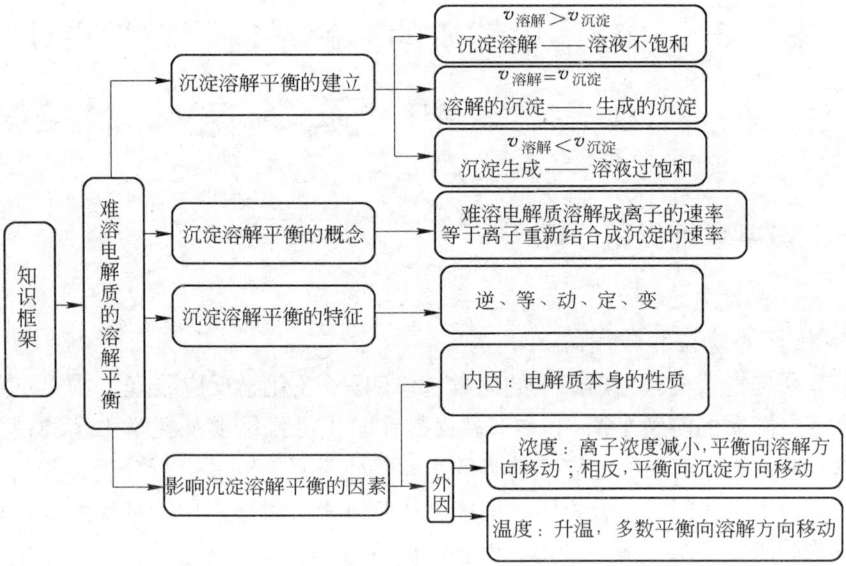

图 6-16　知识框架图

在学生学习了平衡移动原理、电离平衡及水解平衡之后，教科书接着介绍“难溶电解质的溶解平衡”。有关化学平衡的计算规则和平衡移动原理同样适用，只是从沉淀平衡原理的角度解释有关的化学现象和实际问题。

2. 能力基础

现在的学生信息意识强，见多识广，思维活跃，有创新意识，高二学生已经了解了 AgCl、AgI 等物质的颜色和溶解性，学习了复分解反应、化学平衡、电离平衡、盐类的水解平衡等知识，并具备应用其解决简单实际问题的能力。

（三）设计思路

沉淀溶解平衡只是化学平衡的一种，符合化学平衡的根本特征。在第二章建立了化学平衡的基本概念之后，第三章溶液中的平衡主要是侧重于具体条件下平衡原理的应用，其中沉淀溶解平衡的特别之处在于它是存在于固体和溶液离子间的两相平衡。具体到沉淀的生成、溶解和转化问题，归根结底都属于平衡移动的问题。因此本节教学设计立足于学生建立对沉淀溶解平衡的正确认识，重点讨论沉淀溶解平衡的移动问题。本节课是基于真实情景的“问题—解决”教学模式来设计教学活动环节的，教学设计选取了学生所了解的物质和已有的化学经验作为课堂教学的背景，以学科知识为支撑，围绕该背景生成问题、展开讨论并解决问题。教学活动采用“问题—探究—新问题—新探究……”环环相扣的方式层层推进，逐步将探究的问题引向深入。教学过程体现知识的延伸过渡和概念的自然生长，追求的是生态课堂的学习氛围。

创设情景，导入新课；自主迁移，生长新知；问题解决，消除疑惑。总设计思路图及各环节的设计思路如图 6-17 ~ 图 6-20 所示。

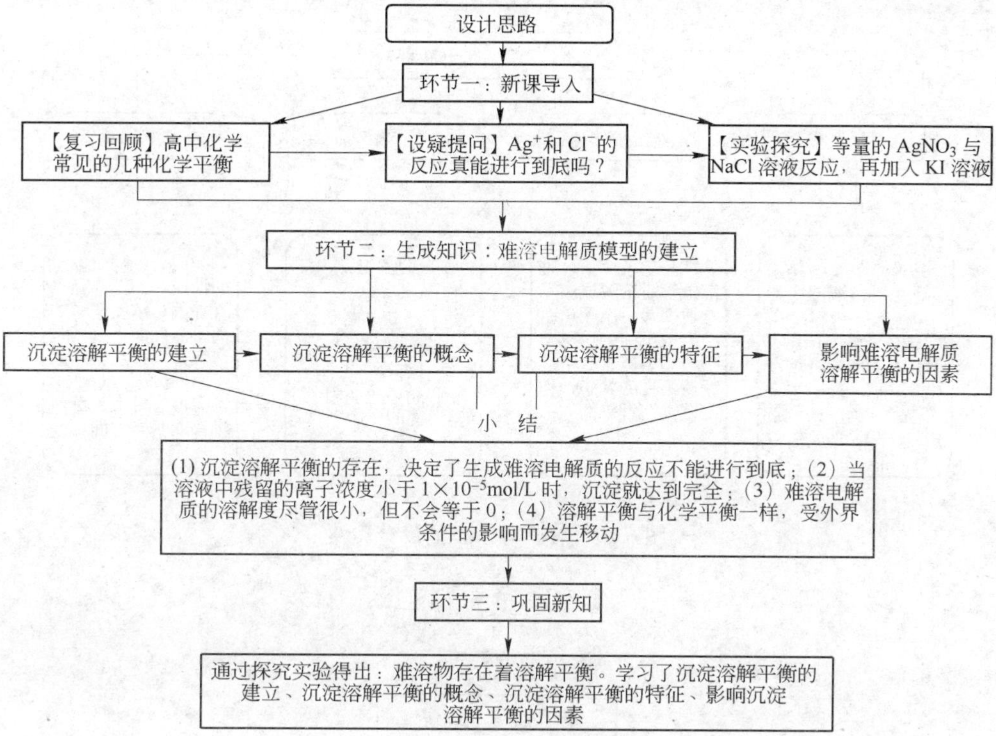

图 6-17　设计思路图

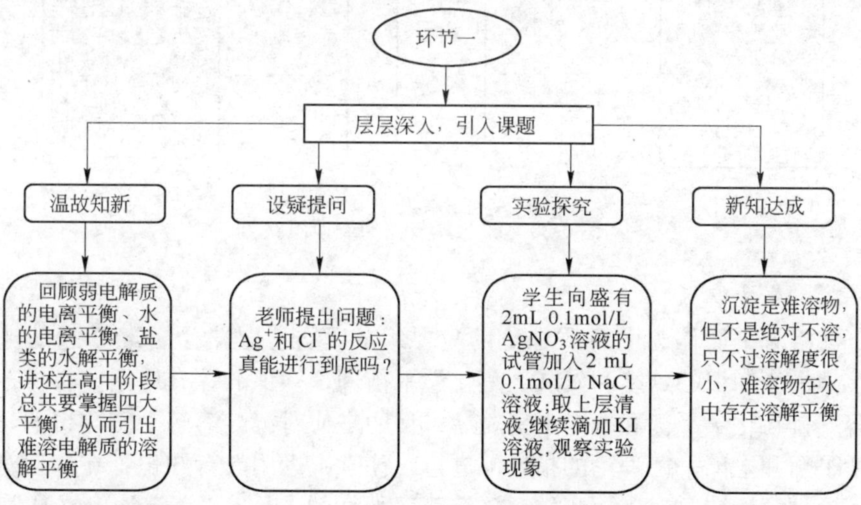

图 6-18　教学环节一的设计思路

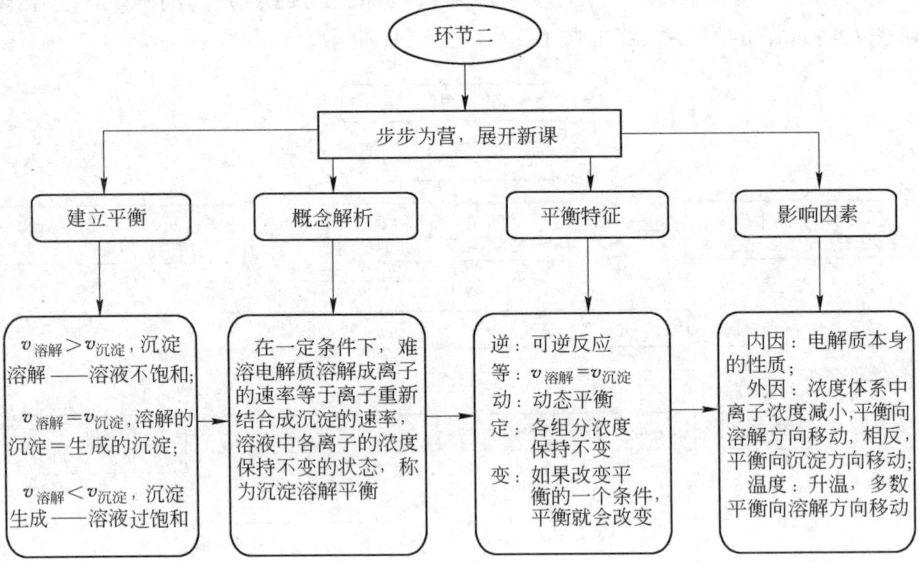

图 6-19　教学环节二的设计思路

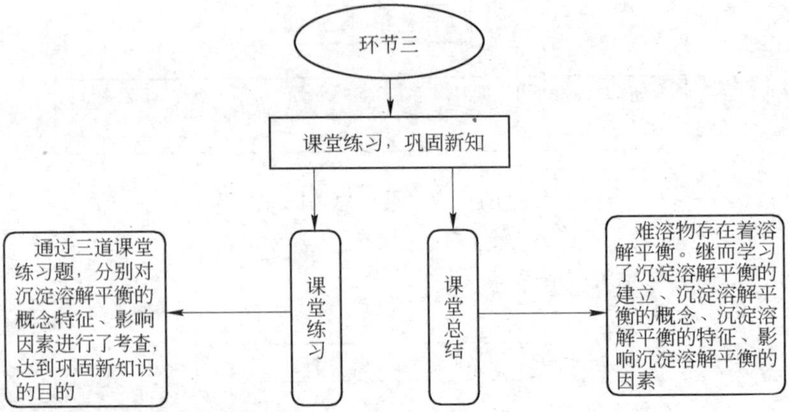

图 6-20　教学环节三的设计思路

（四）设计重点

沉淀溶解平衡作为电解质理论的重要组成部分，是学生曾经学过的电离平衡、水解平衡知识的延续和发展，是化学平衡理论知识的综合应用。教材把这部分内容安排在化学平衡和电离平衡之后，目的是使对沉淀溶解平衡知识的学习能在化学平衡和电离平衡理论的指导下进行，让学生运用已有知识，在深化对化学平衡理论理解的同时，进一步领会沉淀溶解平衡的本质。“沉淀溶解平衡”作为本专题的最后一个单元，既是电解质理论的进一步延伸，又是化学平衡知识的概括和整合。

二、教学设计方案

（一）教学目标

1. 知识与技能目标

（1）通过实验，学生了解到水溶液中存在着沉淀溶解平衡，并体会建立过程；

（2）回顾前面学习的化学平衡的特征及其影响因素，运用知识迁移来学习本节知识。

2. 过程与方法目标

（1）在建立沉淀溶解平衡时，体验科学探究的过程。

（2）通过回顾前面所学的化学平衡的知识来学习本节知识，学生体会知识迁移。

3. 情感态度与价值观目标

通过探究实验，激发学生求知的兴趣和理论联系实际的科学态度，培养学生学会探究、思考、合作、交流和创新的品质。教学目标图如图6-21所示。

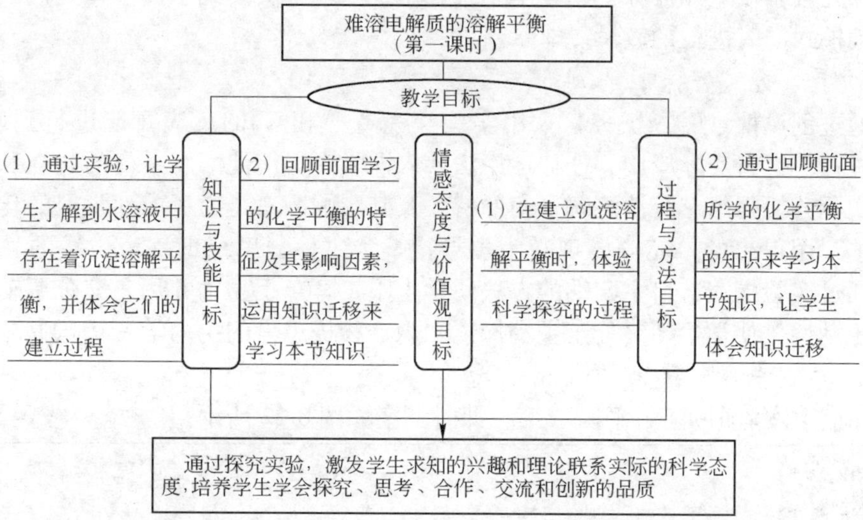

图6-21　教学目标图

（二）教学重难点

教学重点：

在学习化学平衡知识的过程中，运用平衡观点看问题贯穿始终；学生过去很少开放、自主地一次用多种药品来实验，并且实验药品紧贴第三节内容创设思维冲突，也为下节课沉淀的转化进行了铺垫。因此本节课的重点为：学生通过理论探究及实验探究，理解难溶电解质的溶解平衡，并学会从平衡角度判断溶解平衡的移动。

教学难点：

在教学过程中，学生对“溶”与“不溶”这个抽象的概念很难理解。因此本节课的难点是难溶电解质溶解平衡模型的建立。

突破方法：演示实验探究与理论分析相结合。

（三）教学设计特色

1. 教学理念新颖

本节课实验探究与理论分析并重，关注对学生探究能力的培养，注重学生的个性体验，注意调动学生的主动性和积极性。在教学过程中，以化学知识为载体，积极创设问题情景，提高学生的学习热情。重视学习过程的重要性，引导学生思考、设计，多让学生或引导学生书写或表达，强化思维加工和知识获取的过程，让学生在探究和问题驱动下感悟知识、形成方法，使知识结构化。帮助学生从微观角度理解沉淀溶解平衡的动态过程，让学生掌握沉淀溶解平衡的建立。

2. 教学模式恰当

本节课采用的教学方法主要是问题解决教学模式，在具体教学过程中，引入实验探究教学模式和任务驱动教学模式，做到问题解决模式、实验探究模式和任务驱动模式同时进行的教学。

3. 教学方法多样

通过创设情景引入任务，采用实验探究 Ag^+ 和 Cl^-的反应真能进行到底吗？教学过程中也将实际应用、迁移运用法渗入课堂中。沉淀溶解平衡的建立和概念通过实际分析得出，沉淀溶解平衡的特征及其影响因素是通过前面学习的化学平衡迁移运用得出的，充分体现教为主导，学为主体，思维训练为主线的教学原则。通过实验探究、自主归纳的方法使学生眼、耳、手、脑并用，充分调动了学生的主动性，使学生始终处于主动探索知识、积极思考的主动学习状态中。

4. 学案内容丰富

“难溶电解质的溶解平衡”第一课时学案如图 6-22 所示。

【知识梳理】

对于平衡 $AgCl(s) \rightleftharpoons Ag^+(aq) + Cl^-(aq)$

若改变条件，对其有何影响？

沉淀的生成、溶解、转化本质上都是沉淀溶解平衡的移动问题，其基本依据主要有：

（1）浓度：加水，平衡向溶解方向移动。

（2）温度：升温，多数平衡向溶解方向移动。

（3）加入相同离子，平衡向沉淀方向移动。

（4）加入与体系中某些离子反应生成更难溶或更难电离物质或气体的离子，使平衡向溶解的方向移动。

【交流讨论】

牙齿表面被一层硬的、组成为 $Ca_5(PO_4)_3OH$ 的物质保护着，它在唾液中存在下列平衡：$Ca_5(PO_4)_3OH(s) \rightleftharpoons 5Ca^{2+} + 3PO_4^{3-} + OH^-$，进食后，细菌和酶作用于食物，产生有机酸，这时牙齿就会受到腐蚀，其原因是____

已知 $Ca_5(PO_4)_3F(s)$ 的溶解度比上面的矿化产物更小、质地更坚固。用离子方程式表示当牙膏中配有氟化物添加剂后能防止龋齿的原因____

【自我检测】

1. 下列对沉淀溶解平衡的描述正确的是：(　)

A. 反应开始时，溶液中各离子浓度相等

B. 沉淀溶解达到平衡时，沉淀的速率和溶解的速率相等

C. 沉淀溶解达到平衡时，溶液中溶质的离子浓度相等，且保持不变

D. 沉淀溶解达到平衡时，如果再加入难溶性的该沉淀物，将促进溶解

2. 下列说法中正确的是：(　)

A. 物质的溶解性为难溶，则该物质不溶于水

B. 不溶于水的物质溶解度为0

C. 绝对不溶解的物质是不存在的

D. 某粒子被沉淀完全是指该粒子在溶液中的浓度为零

3. 为除去 $MgCl_2$ 酸性溶液中的 Fe^{3+}，可在加热搅拌的条件下，加入一种试剂，过滤后再加入适量盐酸，这试剂不可以是：(　)

A. $NH_3 \cdot H_2O$　　B. MgO　　C. $Mg(OH)_2$　　D. $MgCO_3$

4. 对于 $Ca(OH)_2(s) \rightleftharpoons Ca^{2+} + 2OH^-$，要想使 $c(Ca^{2+})$ 减少，$c(OH^-)$ 增多，可以采取：(　)

A. 加入少量 $MgCl_2$ 固体　　B. 加入少量 Na_2CO_3 固体

C. 加入少量 KCl 固体　　D. 加入少量 $Ba(OH)_2$ 固体

5. 在一定温度下，一定量的水中，石灰乳悬浊液存在下列平衡：$Ca(OH)_2(s) \rightleftharpoons Ca(OH)_2(aq) \rightleftharpoons Ca^{2+}(aq) + 2OH^-(aq)$，当向此悬浊液中加入少量生石灰时，下列说法正确的是：(　)

A. $n(Ca^{2+})$ 增大　　B. $c(Ca^{2+})$ 不变　　C. $n(OH^-)$ 增大　　D. $c(OH^-)$ 减小

6. 向5mL NaCl 溶液中滴入一滴 $AgNO_3$ 溶液，出现白色沉淀，继续滴加一滴 KI 溶液并振荡，沉淀变为黄色，再滴入一滴 Na_2S 溶液并振荡，沉淀又变成黑色。根据上述变化过程，分析此三种沉淀物的溶解度关系为：(　)

A. $AgCl = AgI = Ag_2S$　　B. $AgCl < AgI < Ag_2S$

C. $AgCl > AgI > Ag_2S$　　D. $AgI > AgCl > Ag_2S$

7. 工业废水中常含有 Cu^{2+}、Cd^{2+}、Pb^{2+} 等重金属离子，可通过加入过量的难溶电解质 FeS、MnS，使这些金属离子形成硫化物沉淀而被除去。根据以上事实，可推知 FeS、MnS 具有的相关性质是：(　)

A. 在水中的溶解能力大于 CuS、CdS、PbS

B. 在水中的溶解能力小于 CuS、CdS、PbS

C. 在水中的溶解能力与 CuS、CdS、PbS 相同

D. 两者均具有较强的吸附性

8. 当固体 AgCl 放在较浓的 KI 溶液中振荡时，部分 AgCl 转化为 AgI，其原因是：（ ）

A. AgI 比 AgCl 稳定　　B. KI 的加入对 AgCl 的溶解平衡没有影响

C. I^- 的还原性比 Cl^- 强　　D. AgI 的溶解度比 AgCl 小

9. 已知碳酸钙和氢氧化钙在水中存在下列溶解平衡 $Ca(OH)_2(s) \rightleftharpoons Ca^{2+} + 2OH^-$，$CaCO_3(s) \rightleftharpoons Ca^{2+} + CO^{2-}{}_3$。在火力发电厂燃烧煤的废气中往往含有 SO_2、O_2、N_2、CO_2 等，为了除去有害气体 SO_2 变废为宝，常常用粉末状的碳酸钙或熟石灰的悬浊液洗涤废气，反应产物为石膏。

（1）写出上述两个反应的化学方程式：

1）SO_2 与 $CaCO_3$ 悬浊液反应。

2）SO_2 与 $Ca(OH)_2$ 悬浊液反应。

（2）试说明用熟石灰的悬浊液而不用澄清石灰水的理由

____

10. 以 BaS 为原料制备 $Ba(OH)_2 \cdot 8H_2O$ 的过程是：BaS 与 HCl 反应，所得溶液在 70～90℃时与过量 NaOH 溶液作用，除杂，冷却后得到 $Ba(OH)_2 \cdot 8H_2O$ 晶体。据最新报道，生产效率高、成本低的 $Ba(OH)_2 \cdot 8H_2O$ 晶体的新方法是使 BaS 与 CuO 反应……

（1）新方法的反应方程式为：

（2）该反应的反应物 CuO 是不溶物，为什么该反应还能进行：

____

（3）简述新方法生产效率高、成本低的原因。

____

图 6-22　“难溶电解质的溶解平衡”第一课时学案

（四）教学方法与学习方法

教学方法：讨论法、实验探究法、多媒体展示法、问题解决法。

讨论法：在老师提出问题“等量的 NaCl 与 $AgNO_3$ 反应后的溶液中存在哪些阳离子?”之后，组织学生两人一小组进行问题讨论。

实验探究法：设计学生探究实验，如：“学生向盛有 2mL 0.1mol/L $AgNO_3$ 溶液的试管中加入 2mL 0.1mol/L NaCl 溶液”，帮助学生理解难溶物在溶液中的沉淀溶解平衡过程。

多媒体展示：用电脑展示真实的问题，通过真实的情景设计复习回顾已有知识，激发学生的学习兴趣去学习新的知识。例如：“Ag^+ 和 Cl^- 的反应真能进行到底吗?”

问题解决法：通过一系列生产和生活中真实存在的化学问题，激发学生的学习兴趣，并有主动掌握知识的目的。

学习方法：自主学习、探究学习、合作学习三种方法相结合。

（五）教学过程

教学环节	教书活动	学生活动	设计意图
环节1： 新课导入 5min	【复习回顾】首先，带领学生回顾前面所学过的几种化学平衡的类型，有弱电解质的电离平衡、水的电离平衡、盐类的水解平衡。并讲述在高中阶段总共要掌握四大平衡，从而引出本节课的内容——难溶电解质的溶解平衡，即高中阶段的最后一种平衡。那我们今天就共同来学习难溶电解质的溶解平衡。 【板书】§3.4　难溶电解质的溶解平衡 【老师提问】根据同学们现有的知识以及生活经验。老师提出问题：Ag^+和Cl^-的反应真能进行到底吗？产生疑惑，我将告诉同学验证这个问题最好的方法就是实验。 【探究实验】在老师的指导下，请一位学生做演示。实验一：学生向盛有2mL 0.1mol/L $AgNO_3$溶液的试管中加入2mL 0.1mol/L NaCl溶液。 这是老师预先装好的2mL 0.1mol/L的$AgNO_3$溶液，请这位同学向其中加入2mL 0.1mol/L NaCl溶液，然后轻轻震荡试管。下面的同学注意观察实验现象。 【老师提问】根据同学们观察到的实验现象：NaCl与$AgNO_3$反应后的溶液中存在哪些阳离子？同学们可以两人一小组讨论一下这个问题。 （过了一会儿）同学们讨论出来了吗？好。我请两组同学来分享一下你们的答案。 【实验】学生取上层清液，滴加KI溶液，有何现象？说明了什么？ 【老师提问】那么同学们知道刚才小组的讨论结果了吗？同时是不是也解决了刚开始老师提出的问题：Ag^+和Cl^-的反应真能进行到底吗？ 【老师讲解】对。同学们回答得很对。有黄色沉淀生成，说明溶液中依然有Ag^+、Cl^-存在，即Ag^+和Cl^-的反应不能进行到底。 【得出结论】其实沉淀是难溶物，但不是绝对不溶，只不过溶解度很小，难溶物在水中存在溶解平衡。资料：化学上通常认为残留在溶液中的离子浓度小于10^{-5}mol/L时，沉淀达到完全	学生准备课本，翻阅笔记跟着老师一起回顾旧知识。 一部分学生回答：Ag^+和Cl^-的反应不能进行到底。 另一部分学生回答：Ag^+和Cl^-的反应能进行到底。 学生认真观察实验现象。 【交流讨论】NaCl与$AgNO_3$反应后的溶液中存在哪些阳离子？两人一小组进行课堂讨论。 【讨论结果】某些小组认为溶液中只存在Na^+、H^+。另一些小组认为存在Na^+、H^+、Ag^+。 【学生回答】有黄色沉淀生成，说明在实验一的溶液中有Ag^+存在；Ag^+和Cl^-的反应不能进行到底。 学生聆听老师讲解。共同得出结论	回顾旧知识，达到巩固作用。 应用回顾旧知识法提出问题，激发学生思考，引出新课。 基于真实情景的问题——解决教学模式来进行教学活动。在此环节，遵循“问题—探究—新问题—新探究”环环相扣的方式层层推进，从而得到探究的答案

续表

教学环节	教书活动	学生活动	设计意图
环节2： 建立和表达难溶电解质的溶解平衡	【老师讲解】好。同学们，既然生成难溶物的反应不能进行到底，也就是说明在难溶物溶解体系中存在着溶解平衡。我们通常将难溶物称为沉淀。那么接下来我们就共同来学习：沉淀-溶解平衡的建立。 【板书】一、沉淀-溶解平衡的建立 【老师讲解】我们以 AgCl 为例： $AgCl(s) \underset{沉淀}{\overset{溶解}{\rightleftharpoons}} Ag^+(aq) + Cl^-(aq)$ 对于这个反应，同学们仔细思考一下： 当 $v_{溶解} > v_{沉淀}$ 时，该体系是一种什么状态呢？对。也就是沉淀溶解——溶液不饱和。 当 $v_{溶解} = v_{沉淀}$ 时，该体系又是一种什么状态呢？ 那么同学们自己来分析一下第三种情况。 【鼓励学生】同学们已经分析出来了，看来同学们对这一块知识已经掌握得差不多了。 【板书】 $v_{溶解} > v_{沉淀}$，沉淀溶解——溶液不饱和 $v_{溶解} = v_{沉淀}$，溶解的沉淀 = 生成的沉淀 $v_{溶解} < v_{沉淀}$，沉淀生成——溶液过饱和 【老师讲解】刚才我们共同分析了沉淀溶解平衡的建立过程。那么由此我们可以得出沉淀溶解平衡的概念。 【板书】二、沉淀溶解平衡的概念 同学们跟着我一起来说：在一定条件下，难溶电解质溶解成离子的速率等于离子重新结合成沉淀的速率，溶液中各离子的浓度保持不变的状态，称为沉淀溶解平衡。 这就是沉淀溶解平衡的概念。 【老师讲解】刚才我们学习了沉淀溶解平衡的建立过程以及它的概念。那么接下来我们做两道课堂练习。 【课堂练习1】下列有关 AgCl 沉淀的溶解平衡说法正确的是（双选）：(　) A. AgCl 沉淀生成和沉淀溶解不断进行，但速率相等 B. AgCl 难溶于水，溶液中没有 Ag^+、Cl^- C. 升高温度，AgCl 沉淀的溶解速率增大 D. 向 AgCl 沉淀中加入 NaCl 固体，沉淀的量不变 同学们仔细做，待会我请一位同学来回答。 好，这位同学来回答一下。 【老师讲解点评】其他同学还有没有不同意见。那我们一起来看这位同学做得对不对呢。根据刚才我们学的：沉淀在水溶液中并不是绝对不溶的，它存在着溶解平衡，当它达到平衡的时候，沉淀溶解的速率等于沉淀生成的速率。由此，我们可以知道正确答案就是 A、C。所以刚才这位同学的答案是正确的。	学生聆听老师讲解，记笔记。 【学生回答】AgCl 会继续溶解；沉淀不在溶解，也不在生成；$v_{溶解} < v_{沉淀}$ 时，沉淀生成，溶液达到过饱和状态。 学生聆听老师讲解，记笔记。 跟着老师一起总结沉淀溶解平衡的概念。 认真聆听、记笔记。 学生拿出练习本，开始做老师给出的练习题。 某一位学生回答：答案是 A、C。 聆听老师分析每个选项。	提出问题研究对象——AgCl 平衡系统。 基于对以前所学相关平衡自主形成对难溶电解质溶解平衡的描述。 设置练习题及时巩固学生所学的新知识。

续表

教学环节	教书活动	学生活动	设计意图
	【课堂练习2】下列说法中正确的是：(　) A. 物质的溶解性为难溶，则该物质不溶于水 B. 不溶于水的物质的溶解度为0 C. 绝对不溶解的物质是不存在的 D. 某离子被沉淀完全是指该离子在水中的浓度为0	继续做练习题。	
	【老师讲解】这道题很简单，有哪位同学可以帮着我们来分析一下。 非常好，请坐。 刚才这位同学回答得对不对呢？ 是的，这位同学分析得很透彻，那我们就不再多说了。	一位同学站起来逐个分析了各个选项，并最终得到答案C。 对。	运用知识迁移，通过回顾前面所学知识来学习本节知识。
	【老师讲解】做完上面的练习题。我们来继续学习沉淀溶解平衡的特征。同学们回顾一下前面我们学习的化学平衡的特征都有哪些呢？好，这位同学来回答一下。		
环节2：建立和表达难溶电解质的溶解平衡	好。这位同学回答得非常正确。其实，关于化学中的四大平衡，它们有着共同的特征，也就是老师在前面总结的那五个字：逆、等、动、定、变。我们分别来看一下它们表示的含义。 【板书】三、沉淀溶解平衡的特征 (1) 逆：可逆反应。 (2) 等：$v_{溶解}=v_{沉淀}$。 (3) 动：动态平衡。 (4) 定：达到平衡时，溶液中各离子的浓度将保持不变。 (5) 变：如果改变平衡的一个条件，平衡就会改变。	【学生回答】是一种可逆反应，存在着动态平衡，并且各离子浓度保持不变，正逆反应速率相等，如果改变平衡的一个条件，那么平衡将会改变，达到新的平衡。 学生聆听老师讲解记笔记。	
	【老师讲解】在前面我们学习了有关其他几种平衡的影响因素，我们一起来回顾一下：有温度、浓度等。接下来我们学习今天的最后一个内容：影响难溶电解质溶解平衡的因素。	学生跟着老师回答：温度、浓度。	
	【板书】四、影响难溶电解质溶解平衡的因素 【老师讲解】影响反应主要因素是其物质本身的性质，即内因：电解质本身的性质。 今天我们主要来学习影响难溶电解质溶解平衡的外因：(1) 浓度。通过分析得出：体系中离子浓度减小，平衡向溶解方向移动；体系中离子浓度增大，平衡向沉淀方向移动。 (2) 温度：升温，多数平衡向溶解方向移动。但是$Ca(OH)_2$除外。 下面我们来做一道巩固练习。	聆听老师讲解，记笔记。	
	【课堂练习3】氢氧化铝难溶于水，当它在水中溶解达到平衡后，为使氢氧化铝固体的量不断减少，可向其中加入少量的：(　) A. 氨水　　B. 烧碱 C. 二氧化碳　　D. 硫酸 老师给出点评	学生拿出练习本，思考老师给出的练习题。 某位同学回答：C、D	设置练习题，及时巩固新知识，达到进一步强化的作用
教学环节			

续表

教学环节	教书活动	学生活动	设计意图
环节三：总结 3～5min	今天我们通过探究实验得出：难溶物存在着溶解平衡。继而学习了沉淀溶解平衡的建立、沉淀溶解平衡的概念、沉淀溶解平衡的特征、影响沉淀溶解平衡的因素。 好，今天课就上到这里，我们的课后作业是第 67 页第 1、5 题	学生起立	

（六）布置作业

课本第 67 页第 1、5 题。

第一题是一道表格题，要求用文字描述生成 AgCl 反应达到沉淀溶解平衡的过程，该道题可以让学生体验反应初始、达到溶解平衡前、反应达到溶解平衡时溶液中各粒子浓度的变化，让学生巩固沉淀溶解平衡的特征。第五题是一道运用平衡移动原理解释一些实验现象，体验影响平衡移动的因素。

（七）板书设计

本节课的板书设计如图 6-23 所示。

§3.4　难溶电解质的溶解平衡

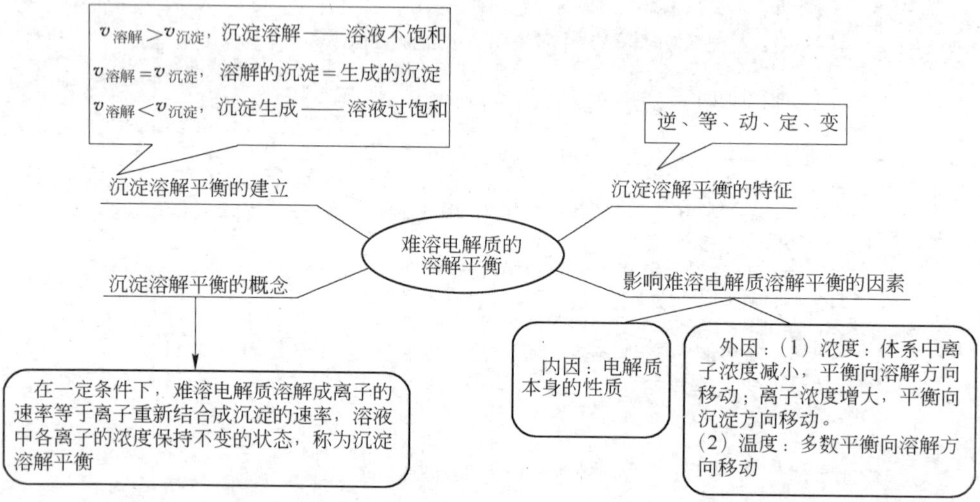

图 6-23　板书设计

（八）教学反思

教学设计采用了理论分析与实验探究相结合的形式完成本节课的教学。在具体教学过程中，通过创设情景引入任务，采用实验探究 Ag^+ 和 Cl^- 的反应真能进行到底吗？同时也将实际应用、迁移运用法渗入课堂中。沉淀溶解平衡的建立和概念通过具体反应分析得出，沉淀溶解平衡的特征及其影响因素也是通过前面学习的化学平衡迁移运用得出的，充分体现教为主导，学为主体，思维训练为主线的教学原则。通过实验探究、自主归纳的方法使学生眼、耳、手、脑并用，充分调动了学生的主动性，使学生始终处于主动探索知识、积极思考的主动学习状态中。在教学过程中，分析沉淀溶解时，学生对“溶”与“不溶”这个抽象的概念很难理解，于是采用实验探究具体反应，分析整个沉淀溶解过程的方法，帮助学生理解抽象的概念。

教学设计中在知识框架、设计思路、教学目标、教学过程、板书设计等多处运用到了图示，首先这使整个教学设计在外观上给读者一种赏心悦目的感觉，其次，将教师要表达的内容和思想清楚明了地呈现出来，实现了教学设计过程可视化，教学设计成果可视化。在具体课堂教学过程中，体现出了实践教学的指导意义，帮助教师理顺教学思路，教学目标更加明确，教学内容更加具体，整个教学过程顺利完成。

经过理论分析与实验探究两种方法相结合，在教学目标达成方面，通过实验，让学生体会沉淀溶解平衡在溶液中是如何建立的，从而学生自己能够总结出沉淀溶解平衡的概念；回顾前面学习的化学平衡的特征及其影响因素，运用知识迁移来学习沉淀溶解平衡的特征及其影响因素。在建立沉淀溶解平衡时，体验科学探究的过程；通过回顾前面所学的化学平衡的知识来学习本节知识，学生体会到知识迁移的重要性。通过探究实验，激发学生求知的兴趣和理论联系实际的科学态度，培养学生学会探究、思考、合作、交流和创新的品质。三维目标顺利达成，学生有效掌握了沉淀溶解平衡的建立、概念、特征及其影响因素。

参考文献

[1] 宋心琦．普通高中课程标准实验教科书：化学反应原理（选修4）[M]. 3版．北京：人民教育出版社，2007.

[2] 刘知新．化学教学论[M]. 北京：高等教育出版社，1990.

[3] 刘昌友．微格教学与课堂教学技能训练[M]. 贵州：贵州教育出版社，2007.

[4] 张新歌．化学研究性学习课程的教学实践与研究[D]. 天津：天津师范大学，2003.

[5] 陈懿．“难溶电解质的溶解平衡的应用”教学设计[J]. 化学教学，2010，3：43～47.

[6] 李小芬．“沉淀溶解平衡”（一）教学案例[J]. 化学教学，2008，11：38～39.

[7] 周昌林．对人教版《化学反应原理》教科书中一些习题及答案的商榷[J]. 化学教育，2008，10：57～58.

（选自第四届全国高等院校化学专业师范生教学素质大赛一等奖作品）

附　录

教育名家简介

杜威

约翰·杜威（John Dewey，1859～1952），美国著名哲学家、教育家，实用主义哲学的创始人之一，功能心理学的先驱，美国进步主义教育运动的代表。19世纪流行的是殖民时期沿袭下来的旧教育，再加上19世纪后期从德国传入的赫尔巴特教学方法逐渐刻板化，使得当时的学校陈陈相因，缺乏生气。美国实用主义教育家杜威是当时传统教育的改造者，是新教育的拓荒者，他提倡从儿童的天性出发，促进儿童的个性发展。他的主要教育著作有：《我的教育信条》（1897年）、《学校和社会》（1899年）、《儿童与课程》（1902年）、《民主主义与教育》（1916年）、《明日之学校》（1915年）、《经验与教育》（1938年）和《人的问题》（1946年）等。

在杜威看来，由于知识"旁观者理论"把认知主体与认知对象相隔离，强调认知是一种认识"对象"呈现给认知者的事情，这样在教育上就逐步形成了以知识为中心，学习是被动的接受，知识与行为相分离等弊端。结果，在学校教育中，学科变成了书本上的东西，变成了远离儿童经验和不能对行为发生影响的东西。杜威认为，人的知识和行为应当是合一的。如果一个人他所学的知识不能影响他的行为，他的行为又不能源于他所学的知识，那就只会养成一种轻视知识的习惯。从"知行合一"思想出发，杜威强调，学校应当把单纯的以知识为中心的教育转移到儿童的活动上来，依照儿童发展的程序，儿童运用他所学习的知识逐渐发展他的能力，直到他能教育自己为止。杜威对"知行分离"现象的批判和"知行合一"思想的阐述，提出了知识与行为相结合以及个体在获取知识上的主动性问题，为正确认识知识传授与儿童活动的关系，鼓励儿童主动地探究，通过探究活动获取知识和经验，提供了指导思想。

桑代克

桑代克，美国心理学家，动物心理学的开创者，心理学联结主义的建立者和教育心理学体系的创始人。他提出了一系列学习的定律，包括练习律和效果律等。1912年当选为美国心理学会主席，1917年当选为国家科学院院士。主要著作：《动物智慧》（1911年）、《教育心理学》（三卷本，1903/1913～1914年）、《智力测验》（1927年）、《人类的学习》（1931年）、《需要、兴趣和态度的心理学》（1935年）、《人类与社会秩序》（1940年）。

在桑代克的动物实验中有一个著名的“饿猫逃出迷笼实验”。桑代克设计了“桑代克迷笼”，将饿猫关入此笼中，笼中放一条鱼，饿猫急于冲出笼门去吃笼外鱼，但是要想打开笼门，饿猫必须一气完成三个分离的动作。首先要提起两个门闩，然后是按压一块带有铰链的台板，最后是把横于门口的板条拨至垂直的位置。经观察，刚放进笼中的饿猫以抓、咬、钻、挤等各种方式想逃出迷笼，在这些努力和尝试中，它可能无意中一下子抓到门闩或踩到台板或触及横条，结果使门打开，多次实验后，饿猫的无效动作越来越少，最后一入迷笼就会立即以一种正确的方式去触及机关打开门。桑代克据此认为，学习的实质就是有机体形成“刺激”（S）与“反应”（R）之间的联结。他明确地指出“学习即联结，心即是一个人的联结系统。”同时，他还认为学习的过程是一种渐进的尝试错误的过程。在这个过程中，无关的错误的反应逐渐减少，而正确的反应最终形成。根据他的这一理论，人们称他的关于学习的论述为“试误说”。

加涅

罗伯特·加涅（1916～2002），1916年出生在美国马萨诸塞州的北安多弗。1933年进入耶鲁大学主修心理学，受到了新行为主义的严格训练，1937年获学士学位。毕业后进入布朗大学攻读实验心理学，于1939年和1940年分别获理科硕士学位和哲学博士学位。加涅在教育心理学方面作出了很大贡献，他是世界著名的心理学家、教育家、教育技术学专家。

加涅在教育心理学方面作出了很大贡献。他把学习理论研究的结果运用于教学设计。他曾当选为美国心理学会教育心理学分会主席、美国教育研究会主席。曾获美国心理学会颁发的桑代克教育心理学奖和杰出科学贡献奖。

主要代表著作《学习的条件》(The Conditions of Learning）使他饮誉全球。该书自1965年首次出版以来，于1970年、1977年和1985年分别出版了修订版，每版的体系与内容都作了相当大的调整和充实，被认为是“关于学与教的最重要的著作之一”。他的《教学设计的原理》（Principles of Instructional Design）（1988年，与人合作）和《教学的学习要素（Essentials of Learning for Instruction）》（1974年）注重教学实践的改革，日益受到心理学界和教育界人士的重视。罗伯特·加涅后半生将主要精力集中于学习理论、教学设计乃至教育技术学基础理论的研究和构建中，并成为心理学和教育技术学这两个研究领域公认的大师级人物。

何克抗

何克抗，1937年生，1963年硕士毕业于北京师范大学物理系无线电专业，现为北京师范大学信息科学学院教授，北京师范大学现代教育技术研究所所长，1993年12月被国务院学位委员会批准为我国第一位教育技术学博士生导师。

主要科研项目有：

（1）2000年至今承担教育部“十五”重点课题、北京师范大学211工程重点课题“基于网络环境的基础教育跨越式发展创新探索试验”项目。该项目目前有十多个试验区130多所试验学校，成倍地提升了学生的学习质量，受到社会好评。

（2）2003年7月至今承担教育部2003年度哲学社会科学研究重大课题攻关项目“创新人才与教育创新研究”。

（3）参与教育部师范司重点项目“全国中小学教师教育技术能力建设项目”，参与标准制定与解读、培训大纲编写、教学人员（初级）培训教程编写、考试大纲研制等工作。

（4）何克抗、李克东、王本中等，2000~2010年承担教育部基础司重点教学改革项目“中小学各学科‘四结合’教学改革试验研究”，继续深入探讨信息技术与课程整合的教学模式与教学结构，推进信息技术在教育中的应用，实施信息技术环境下的素质教育与创新教育。

（5）何克抗在1994年至今，承担教育部教学改革重点课题“学科‘四结合’教学改革实验”，重点探索信息技术环境下的教学模式，该项实验在国内已取得广泛的社会影响，被誉为“教育技术界最重要的两个实验之一”，目前已有600多所实验学校。该项目获国家教委基础教育优秀教改成果二等奖。

（6）1992~1994由何克抗主持的国家教委“八五”重点科技项目“全国中小学教学用汉字编码规范及汉字输入系统”，其成果“认知码汉字输入方法”已于1995年1月由国家教委全国中小学计算机教育研究中心正式发文在全国中小学普遍推广（上述“四结合”项目就是以“认知码”作为必要的工具和手段进行的）。与此同时，“认知码输入方法及汉字系统”获1996年度国家教委科技进步三等奖。

皮连生

我国著名教育心理学家，现为华东师大的著名教授，曾独创我国六部三段两分支课堂教学模型。主要从事教育心理学、教学心理学研究。任硕士、博士生导师。科研主攻方向是解决心理学原理，特别是学习心理学原理如何运用于学科教学并提高教学的科学性问题。经长期研究发现，西方发达国家在20世纪后期出现的“教学设计”这门教育技术学科正好承担将科学心理学原理转化为教师的教学行为的作用，于是转向用教学设计原理与技术改革我国教师培训和学科教学的研究。

主要著作：《教学设计原理》《学习的条件和教学论》《现代教学设计》《教学设计》《学习、教学和评估的分类学》《智育心理学》《教育心理学》《学科教学论新体系》《现代认知学习心理学》《知识分类与目标导向教学》《学与教的心理学》。《学与教的心理学》这本书的主要内容包括：教师与学生心理，学习心理，教学心理；将新的学习论和教学论及其教学设计技术贯穿全文；采取了以学校学习和教学中的心理学问题为基本线索，分析学与教的重要方面和主要环节的心理学理论。

乌美娜

乌美娜出生于1939年，毕业于北京师范大学物理系，曾任现代教育技术研究所副所长。著有《教学设计》《教育电视节目制作》等。专著译著《教学设计》《教育电视节目制作》《现代教育技术》《教学技术：领域的定义与范畴》。1981年以后在美国University of Mass、University of San Francisco、ETV Network of Stanford University做访问学者，1988年在日本东京学芸大学等高校任客座研究员。

曾多次作为中国专家或顾问参加教育技术方面的国际合作项目和学术活动。先后承担了联合国儿童基金会、国际劳工组织、国家和省部级等科研攻关项目并多次获奖。兼任高校教育技术学教学指导委员会秘书长，中国教育电视协会常务理事，中国科教电影电视协会理事，中国电教协会学术委员会委员，中央广播电视大学教学指导委员会委员，《开放教育》《中国远程教育》《教育技术研究》等杂志编委。研究方向：教育技术学，教学设计、开发、评价与管理，远程教育及教育电视。

乔纳森

戴维·乔纳森（David H. Jonassen）博士现为美国密苏里哥伦比亚大学教育学院的杰出教授。自1976年取得坦普尔大学教育媒体与教育心理学博士学位以来，乔纳森先后在世界上多所大学任教，例如美国的宾夕法尼亚州立大学、科罗拉多大学、北卡罗纳大学，荷兰的特温特大学，巴西的巴西大学，新加坡的南洋理工大学，挪威的卑尔根大学等。乔纳森教授发表了27本专著以及大量的文章、论文，其研究领域涉及视觉文化、认知风格、教学设计、基于计算机的学习、超媒体、建构主义、建构主义学习环境以及认知工具等。最近编辑出版的专著有：《学习环境的理论基础》(2000年)、《学会用技术解决问题：一个建构主义者的观点》(2003年)、《教育传播与技术研究手册》(2004年）和《学会解决问题：教学设计指南》(2004年)。乔纳森博士当前的研究主要关注认知建模与认知任务分析、问题解决、建构主义学习环境设计、学习中认知工具的开发等。

乔纳森是美国宾夕法尼亚州立大学教授，美国教学设计领域著名专家，被认为是继加涅（Robert M. Gagnd)、梅瑞尔（David. Merrill）之后美国教育技术学领域的第三代领军人物。我国教育技术学领域的专家学者频繁引用乔纳森的建构主义观点，其建构主义观点对我们教育技术学领域影响颇深。例如，华东师范大学祝智庭教授的《网上教学环境的分类模型》就隐含着乔纳森的建构主义的某些观点。

乔纳森在《客观主义与建构主义：我们需要一种新的哲学范式吗?》一文中

曾绘出二维学习理论——用来说明各种不同教学方式或学习方式所赖以支撑的不同学习理论与认识论。横轴表示学习理论，认知主义与行为主义则代表学习理论的两个极端，纵轴表示认识论，建构主义与客观主义则代表认识论的两个极端。在该文中，乔纳森还从现实、心智、思想、意义和符号五个方面将客观主义和建构主义所隐含的假设进行比较，认为建构主义所隐含的假设与客观主义是对立的。

托尼·博赞

托尼·博赞（Tony Buzan）1942 年生于英国伦敦。1964 年毕业于美国哥伦比亚大学，拥有心理学、语言学和数学多种学位，英国头脑基金会的总裁，世界著名心理学家、教育学家。他因发明“思维导图（Mind Map）”这一简单便捷的思维工具，以大脑先生（Mr. Brain）闻名世界。曾因帮助英国查尔斯王子提高记忆力被誉为英国的“记忆力之父”。

托尼·博赞是著名大脑潜能和学习方法研究专家，世界记忆锦标赛和世界快速阅读锦标赛创始人。他是全球的公众媒体人物，在英国和国际电视台出现的累计时间超过 1000h，拥有超过 3 亿的观众和听众。托尼·博赞的人生颇为传奇。在 7 岁刚入学读书时，他是同学中公认的“蠢材”，数学、写作等多数课程都不行，是全班学习最差的学生之一。而学习中遇到的困顿，却让他潜心研究，最终发现人类记忆的奥秘。

托尼·博赞，在大脑和记忆方面是超级的作家，他出版了 80 多本书刊，并且是世界记忆锦标赛的创始人，被全世界学生们称为“世界记忆之父”和“记忆大师”。如今，他发明的“思维导图”已经让全世界两亿多的人口受益。让记忆不再成为困扰人们的难题，是他今生最大的愿望。

他已经出版、合著近 90 本书。博赞在 20 世纪 60 年代创立了“思维导图”（Mind Map）学说。根据这一学说，每一种进入大脑的资料，不论是感觉、记忆或是想法都可以成为一个思考中心，并由此中心向外发散出成千上万的挂钩，每一个挂钩代表与中心主题的一个联结，而每一个联结又可以成为另一个中心主题，再向外发散出成千上万的挂钩……这些挂钩联结可以视为人的记忆，也就是个人数据库。

约瑟夫·D·诺瓦克

约瑟夫·D·诺瓦克（Joseph D. Novak）于 20 世纪 70 年代在康奈尔大学（Cornell University）发展出概念图绘制技巧。当时，Novak 将这种技巧应用在科学教学上，作为一种增进理解的教学技术。Novak 的设计是基于大卫·奥苏伯尔（David Ausubel）的同化理论（assimilation theory）。奥苏伯尔根据建构式学习（constructivism learning）的观点，强调先前知识（prior knowledge）是学习新知识的基础框架（framework），并有不可取代的重要性。在 Novak 的著作《习得学习》(Learning to Learn) 中，指出“有意义的学习，涉及将新概念与命题同化于既有的认知架构中”。

Novak 教授认为，概念图是某个主题的概念及其关系的图形化表示，概念图是用来组织和表征知识的工具。它通常将某一主题的有关概念置于圆圈或方框之中，然后用连线将相关的概念和命题连接，连线上标明两个概念之间的意义关系。概念图又可称为概念构图 (concept mapping) 或概念地图 (concept maps)。前者注重概念图制作的具体过程，后者注重概念图制作的最后结果。现在一般把概念构图和概念地图统称为概念图而不加于严格的区别。在概念图中，用方形表示概念，如“狗”和“动物”等。概念间的关系则以标名 (labelled) 的箭头线段联结，箭头的方向表示往下发展的层次。这些线段会像是“引发”“导致”“需要”“提供”等。

奥苏伯尔

奥苏伯尔 (David P Ausubel, 1918 ~)，美国心理学家、学者，纽约市立大学研究生院荣誉教授。1940 年、1943 年、1950 年相继获得哥伦比亚大学心理学硕士学位、布兰迪斯大学医学博士学位和哥伦比亚大学发展心理学博士学位，先后曾任伊利诺斯大学教育研究所教授、纽约市立大学研究生院和大学中心教授，并担任过美国心理学会、美国教育委员会、美国医学协会和白宫吸毒问题研究小组等组织机构的成员。他在医学、精神病理学和发展心理学等领域均颇有学术建树，在心理学的教育学科领域中尤有突出的贡献和重大的影响。先后曾应邀赴西德、意大利、加拿大、日本、奥地利、澳大利亚和北欧等国的著名大学讲学。

主要著作有：《儿童发展的理论与问题》(1958 年，合著)、《自我发展与人格失调》(1952 年)、《有意义言语学习心理学》(1963 年)、《教育心理学：认知观》(1968 年)、《学校学习：教育心理学导论》(1969 年) 等；主要论文有：《有意义言语学习和保持的归属理论》(1962 年)、《组织者：一般背景与序列化言语学习》(1962 年)、《认知结构与有意义言语学习的促进作用》(1963 年)、《发现学习在心理与教育上的局限》(1964 年)、《学习理论和课堂实践》(1967 年) 等。

奥苏伯尔是当代美国著名的教育心理学家，他在语言学习研究方面作出了巨大贡献。奥苏伯尔提出的“同化论”体现了外因是变化的条件、内因是变化的依据的辩证思想。了解新旧知识之间的同化模式，有利于人们掌握知识的一般方法。教师在进行讲解结构设计时，按照新知识本身的逻辑意义，追溯到新知识在原有认知结构中的植根点，形成符合有意义学习标准的、有针对性的讲解结构。在这样的系统分析下，才有可能抓住讲解的重点，有目的地强调各种关系，对有实质性联系的原有知识经验进行有目的的诊断，对各种关键联系的理解进行有针对性的反馈，了解学生的掌握情况。在理论的指导下，各项技能要素的应用不是简单的形式模仿，而是有明确目的的灵活运用。

皮亚杰

让·威廉·弗里兹·皮亚杰（Jean William Fritz Piaget，1896 年 8 月 9 日～1980 年 9 月 16 日），瑞士近代最有名的儿童心理学家。皮亚杰早年接受生物学的训练，但他在大学读书时就已经开始对心理学产生兴趣，共曾涉猎心理学早期发展的各个学派，如病理心理学、精神分析学、容格的格式塔学和弗洛伊德的学说。从 1929 年到 1975 年，皮亚杰在日内瓦大学担任心理学教授。皮亚杰一生的贡献并不止于心理学，他的理论对现今的哲学、教育学、人工智能的发展都产生了难以估量的深远影响。皮亚杰 1980 年 9 月 16 日在日内瓦与世长辞，享年 84 岁。

皮亚杰在任日内瓦“发生认识论国际研究中心”主任期间，创立了“发生认识论”，主要研究作为知识形成基础的心理结构（即认识结构）和探讨知识发展过程中新知识形成的机制。“发生认知论”的内容是关于人类知识问题的研究，皮亚杰着重于探讨人的知识是如何形成的以及人类的知识是如何增长的。“发生知识论”的特点便是从各种知识最基本形式，开始去发觉它们的根源，是追溯它们从最初水平直到科学思想的发展过程。除此之外，皮亚杰主要的观念还包括：同化、适应、平衡、图式、结构的机制，他将儿童发展阶段分为感觉运动期、前运思期、具体运思期、形式运思期。

陶行知

陶行知（1891 年 10 月 18 日～1946 年 7 月 25 日），本名陶文濬，汉族，在金陵大学毕业，因欣赏王阳明的“知行合一”学说改名为知行，后认为“行是知之始；知是行之成”，又改名为行知，中国著名教育家。1891 年生于安徽歙县，1914 年从金陵大学毕业。1914 年赴美国留学，先入伊利诺伊大学攻读市政学，次年获政治学硕士学位，1915 年入哥伦比亚大学教育学院学习。1917 年 8 月回国，在南京高师主讲教育学、教育行政、教育史、教育心理等。1939 年在重庆创办育才学校，1946 年 1 月创办重庆社会大学，4 月筹备将育才学校迁沪及筹办上海“生活即教陶行知真迹”。

“生活即教育”是陶行知生活教育理论的核心。在陶行知看来，教育和生活是同一过程，教育含于生活之中，教育必须和生活结合才能发生作用，他主张把教育与生活完全熔于一炉。“生活即教育”的核心内容是“过什么生活便是受什么教育”。陶行知认为，人们在社会上的生活不同，因而所受的教育也不同，“过好的生活，便是受好的教育；过坏的生活，便是受坏的教育，过有目的的生活，便是受有目的的教育。”他还指出：“生活教育与生俱来，与生同去。出世便是破蒙；进棺材才算毕业。”陶行知所说的“教育”是指终生教育，它以“生活”为前提，不与实际生活相结合的教育就不是真正的教育。活到老，学到老。

他坚决反对没有“生活做中心”的死教育、死学校、死书本。

苏霍姆林斯基

瓦西里·亚力山德罗维奇·苏霍姆林斯基（1918～1970），前苏联著名教育实践家和教育理论家。他从17岁即开始投身教育工作，直到逝世，在国内外享有盛誉。出生于乌克兰共和国的一个农民家庭。1936～1939年就读于波尔塔瓦师范学院函授部，毕业后取得中学教师证书。1918年起至1970去世，担任他家乡所在地的一所农村完全中学——巴甫雷什（也译作帕夫雷什）中学的校长。自1957年起，一直是俄罗斯联邦教育科学院通讯院士。1968年起任苏联教育科学院通讯院士。1969年获乌克兰社会主义加盟共和国功勋教师称号，并获两枚列宁勋章、1枚红星勋章、多枚乌申斯基和马卡连柯奖章等。

苏霍姆林斯基在从事学校实际工作的同时，进行了一系列教育理论问题的研究，写有《给教师的一百条建议》《把整个心灵献给孩子》《巴甫雷什中学》《公民的诞生》《失去的一天》和《学生的精神世界》《致女儿的一封信》《我不是最弱小的》等教育专著，收在《苏霍姆林斯基选集》(五卷本)。

苏霍姆林斯基的著作中既有关于教学基本理论的论述，又有各个教学环节的体经验介绍和建议，基本上构成了一套较完整的教学论。他从智育的基本任务出发，要求正确解决教学过程中的两对矛盾，即教学—教育、教学—发展，要求在促进矛盾的辩证统一过程中，完成目的，实现和谐发展的总任务。关于教学—教育的统一，他提出了教育性教学（或教学的教育性）原则，指出这一原则不仅要求世界观教育，道德教育也必须在科学知识的教学过程中来进行。反对把教育看成与学习和教养相隔绝的东西，他说：“训练和教养能够形成各种世界观吗？考虑一个人在教学过程所见到、所理解、所思考的东西，能够对他的心灵实施教育吗？”可见，他是教学、教育和教养的统一论著。

参 考 文 献

[1] D·H·乔纳森. 用于概念转变的思维工具：技术支持的思维建模[M]. 顾小清，等译. 3版. 上海：华东师范大学出版社，2008.
[2] 罗伯特·D. 坦尼森，弗兰兹肖特，等. 教学设计的国际观：理论·研究·模型[M]. 北京：教育科学出版社，2005.
[3] 王磊. 化学学科知识与教学能力[M]. 北京：高等教育出版社，2011.
[4] 王磊，胡久华. 必修课教与学：化学[M]. 北京：北京大学出版社，2006.
[5] 王磊，胡久华. 选修课教与学：化学[M]. 北京：北京大学出版社，2006.
[6] 周青. 化学学习论[M]. 北京：科学出版社，2010.
[7] 王军翔. 中学化学教学设计与案例[M]. 西安：陕西师范大学出版社，2010.
[8] 黄梅. 中学化学教学设计[M]. 北京：化学工业出版社，2013.
[9] 杨承印. 中学化学教材研究与教学设计[M]. 西安：陕西师范大学出版社，2011.
[10] 郑柳萍. 化学教学设计[M]. 北京：化学工业出版社，2011.
[11] 毕华林. 化学教学设计——任务、策略与实践[M]. 北京：北京师范大学出版社，2013.
[12] 姜建文. 化学教学设计与案例研讨[M]. 北京：化学工业出版社，2012.
[13] 胡小勇. 概念图教学实训教程[M]. 南京：南京师范大学出版社，2008.
[14] 陆宏，孙月圣. 信息技术与课程整合的理念与实施[M]. 北京：首都师范大学出版社，2010.
[15] 王后雄. 中学化学课程标准与教材分析[M]. 北京：科学出版社，2012.
[16] 衷明华. 化学新课程教学设计[M]. 广州：暨南大学出版社，2010.
[17] 周青，魏壮伟. 化学教学设计与案例分析[M]. 北京：科学出版社，2014.
[18] 杨承印. 化学教学设计与技能实践[M]. 北京：科学出版社，2007.
[19] 钟志贤. 阐释学、模糊逻辑、混沌理论与教学设计[J]. 电化教育研究，2004，2：9～14.
[20] 钟志贤. 建构主义学习理论与教学设计[J]. 电化教育研究，2006，5：10～16.
[21] 刘春雷，陈睿渊，冯义东. 脑科学视角下的教育技术理论与实践[J]. 开放教育研究，2009，3：40～45.
[22] 程志，范爱华. 现代脑科学研究及其对教学设计的启示[J]. 现代远距离教育，2010，1：22～24.
[23] 张浩达. 图形、图像时代的视觉传播[J]. 中国美术馆，2012，11：33～37.
[24] 苏清香，尹永田，孙丽娜. 运用思维建模促进问题解决式学习[J]. 中小学电教，2008，Z1：15～17.
[25] 陈亮. 体验式教学设计研究[D]. 重庆：西南大学，2008.
[26] 张广兵. 参与式教学设计研究[D]. 重庆：西南大学，2009.
[27] 余胜泉，杨晓娟，何克抗. 基于建构主义的教学设计模式[J]. 电化教育研究，2000，12：7～13.
[28] 黄梅，宋乃庆. 基于三维目标的教学目标设计[J]. 电化教育研究，2009，5：99～103.
[29] 王悦鹏. 浅析课堂教学模式的选择与应用[J]. 素质教育大参考，2012，11(1)：24～26.

[30] 于世华，谢树平．动态生成的教学过程设计[J]．天津师范大学学报（基础教育版），2004，5(4):36～39.
[31] 谢幼如，王淑芳，董继燕．教学设计的研究热点与发展趋势[J]．电化教育研究，2011，2：16～19.
[32] 裴新宁．现代教学设计的概念与特征[J]．开放教育研究，2005，2：65～70.
[33] 邱婧玲，吴秀君．教学设计理论体系综述[J]．河西学院学报，2008，5：100～104.
[34] 国程悦．参与式可视化教学设计的应用研究[D]．上海：华东师范大学，2012.
[35] 徐顺．面向复杂学习的整体性教学设计模式研究[D]．武汉：华中师范大学，2013.
[36] 叶云露．四要素教学设计模式的设计策略研究[D]．上海：上海师范大学，2013.
[37] 周倩．导教图在中学化学课堂教学设计中的应用研究[D]．芜湖：安徽师范大学，2013.
[38] 王丽华．论迪克-凯瑞的系统教学设计模式[J]．外国教育研究，2004，8：38～41.
[39] 李芒，蔡旻君，蒋科蔚，等．可视化教学设计方法与应用[J]．电化教育研究，2013，3：16～22.
[40] 王峰．整合文字云图的高中英语可视化教学设计[J]．上海教育科研，2013，6：85～87.
[41] 彭勇．《网络协议分析》可视化教学设计与实现[J]．佳木斯教育学院学报，2013，9：241，242.
[42] 钱旭鸯．教学设计可视化研究：教学设计的视觉转向[J]．全球教育展望，2010，7：30～35.
[43] 李朝锋．人工智能课程的可视化教学设计[J]．南通纺织职业技术学院学报，2010，3：96～98.
[44] 张维忠，唐慧荣．可视化教学内容设计的五大原则[J]．电化教育研究，2010，10：99～102.
[45] 陈婧雅．可视化教学设计研究[J]．教学仪器与实验，2013，11：59～62.
[46] 安倩茹．可视化环境下的教育梦——可视化教学的探索分析[J]．新课程学习（上），2014，1：40，41.
[47] 叶新东．未来课堂环境下的可视化教学研究[D]．上海：华东师范大学，2014.
[48] 顾培蒂．可视化技术在教育中的应用[D]．北京：北京师范大学，2008.
[49] 曹晓明．可视化教学过程设计研究[J]．中国电化教育，2009，3：16～19.
[50] 赵慧臣，王玥．我国思维可视化研究的回顾与展望——基于中国知网 2003～2013 年论文的分析[J]．中国电化教育，2014，4：10～17.
[51] 孙蕊．中小学英语课堂教学活动设计要素研究[D]．武汉：华中师范大学，2009.
[52] 刘俊．化学教学实验的绿色化思考[J]．安庆师范学院学报（自然科学版），1999，3：94，95.
[53] 李雄记．化学教学实验的设计与评价[J]．化学教学，2000，2：4～6.
[54] 王爱香．学科教学改革的理论成果——《化学教学实验研究》评述[J]．菏泽师专学报，2000，2：87～89.
[55] 冷燕平，宋心琦．关于中学化学教学实验改革问题的思考[J]．化学教学，2008，4：1～4.
[56] 黄永忠．信息网络环境下化学多媒体教学实验研究[D]．长沙：湖南师范大学，2001.

[57] 吴静．基于思维导图培养学生创新思维的教学模式研究[D]．石家庄：河北师范大学，2012.
[58] 胡艺文，吴迪，陈绍东．教学中基于思维导图的知识块建构研究[J]．科技广场，2011，7：244～247.
[59] 陈凯．基于思维导图的微型化学实验设计——用技术做实验研究的新思路[J]．化学教育，2010，4：11～14.
[60] 马永平．论化学教学原则[J]．化学教育，2014，11：7～13.
[61] 杨玉琴，倪娟．彰显"技术思想"的教学设计——以"镁的提取及应用"为例[J]．化学教育，2014，11：19～22.
[62] 闫蒙钢，蒋建伟．基于化学实验主题的综合实践活动教学——蛋壳中碳酸钙含量的测定[J]．化学教育，2014，11：32～35.
[63] 吴庆生．化学活动小课题——素养影响大乾坤[J]．化学教学，2014，7：26～29.
[64] 刘一兵．论化学教学的比喻艺术[J]．化学教学，2014，7：31～35.
[65] 王建军．高三"常见非金属元素化合物单元复习"的学案设计[J]．化学教学，2014，7：41～44.
[66] 吴孙富，陈卫东．"探究除掉碳酸钡中硫酸钡杂质的实验方案"教学设计[J]．化学教学，2014，7：53～56.
[67] 刘翠，庄启亚，李团结．化学教案设计样式初探[J]．化学教育，2014，11：42～45.
[68] 于忠荣．如何让化学课堂提问更有效果[J]．化学教育，2014，11：58，59.
[69] 宋心琦．普通高中课程标准实验教科书：化学(必修1)．北京：人民教育出版社，2011.
[70] 宋心琦．普通高中课程标准实验教科书：化学(必修2)．北京：人民教育出版社，2011.
[71] 宋心琦．普通高中课程标准实验教科书：化学（选修4)．北京：人民教育出版社，2011.